工业控制与智能制造丛书

智能工厂数字化规划方法与应用

陆剑峰　张浩　杨海超　赵荣泳　著

机械工业出版社

智能制造以智能工厂为载体，智能工厂作为智能制造重要的实践领域，引起制造企业的广泛关注和各级政府的高度重视。智能工厂是新兴 IT 技术、智能化技术与制造业高度融合与全面渗透而形成的一种新型工厂，着眼于打通企业生产经营的全部流程，实现从设备控制到企业资源管理所有环节的信息快速交换、传递、存储、处理和无缝智能化集成。本书面向智能制造发展过程中对智能工厂规划设计的需求，介绍数字化工厂技术的相关理论和方法，结合该领域中的优势产品——达索公司的 3D EXPERIENCE 平台，介绍其数字化工厂解决方案在智能制造、智能建造中的实际应用。

本书可作为智能制造相关领域的技术人员和实际工作人员的参考书，也可作为教材为智能制造及其相关专业的本科生或研究生使用。

图书在版编目（CIP）数据

智能工厂数字化规划方法与应用/陆剑峰等著. —北京：机械工业出版社，2020.10（2022.4 重印）

（工业控制与智能制造丛书）

ISBN 978-7-111-66580-9

Ⅰ.①智⋯　Ⅱ.①陆⋯　Ⅲ.①智能制造系统 – 制造工业 – 研究

Ⅳ.①F407.4

中国版本图书馆 CIP 数据核字（2020）第 179848 号

机械工业出版社（北京市百万庄大街 22 号　邮政编码 100037）
策划编辑：付承桂　责任编辑：付承桂　杨　琼
责任校对：炊小云　封面设计：马精明
责任印制：张　博
涿州市般润文化传播有限公司印刷
2022 年 4 月第 1 版第 3 次印刷
169mm×239mm · 16.25 印张 · 289 千字
2101—2900 册
标准书号：ISBN 978-7-111-66580-9
定价：79.00 元

电话服务　　　　　　　　网络服务
客服电话：010-88361066　　机 工 官 网：www.cmpbook.com
　　　　　010-88379833　　机 工 官 博：weibo. com/cmp1952
　　　　　010-68326294　　金 书 网：www.golden-book.com
封底无防伪标均为盗版　机工教育服务网：www.cmpedu.com

前　言

　　新一轮的科技革命，特别是移动互联网、大数据、人工智能、物联网、云计算等新一代信息技术的普及，带动了几乎所有领域发生了以绿色、智能、服务化、网络化为特征的群体性技术革命，新一代信息技术与制造业深度融合，孕育了智能制造的新理念。智能制造的研究起始于 20 世纪 80 年代人工智能在制造领域中的应用，到 20 世纪 90 年代智能制造技术、智能制造系统的提出，Wright 和 Bourne 正式给出了智能制造的概念。随着德国"工业 4.0"战略的高调提出，智能制造（Smart Manufacturing）的研究成为 21 世纪以来新一代新兴信息技术引领的新热点。

　　智能制造以智能工厂为载体，智能工厂作为智能制造重要的实践领域，引起制造企业的广泛关注和各级政府的高度重视。智能工厂是新兴 IT 技术、智能化技术与制造业高度融合与全面渗透而形成的一种新型工厂，着眼于打通企业生产经营的全部流程，实现从设备控制到企业资源管理所有环节的信息快速交换、传递、存储、处理和无缝智能化集成，所有的活动均能在信息空间中得到充分的数据支持、过程优化与验证，同时在物理系统中能够实时地执行并与信息空间进行深度交互。智能工厂由内部的人、技术、设备的综合集成向包含物理和虚拟制造资源的跨领域、跨行业、跨区域的立体化网络化制造系统延伸，其规划建设与运营管理面临着新的挑战。供应商和客户在智能工厂的规划和智能制造系统设计的前期、组装和调试新设备并将其投入到生产的过程中经常面临着日益严峻的问题。传统的手工处理方式，设计人员不能对新的制造技术和制造系统有正确的了解，可能导致产品设计上的错误，就需要在以后的设备现场安装调试中以更大的代价去更正。而生产制造过程的经验也不能很好地反馈到设计阶段。设计和制造两个环节的脱节就需要迫切提高企业的生产规划能力和制造系统的设计能力。另一方面，传统的人工规划方法基本上是"粗放式"的设计方法。新生产系统设计完成后，具体的设备进厂、试生产和投产都是一个不确定的纸上方案，给建造供应商提供了很大的发挥空间。这样会导致新工厂的建设时间、建设成本都不能很好地进行控制，最后往往会导致费用超支、工程的拖期。

对于传统工厂规划的局限性，数字化工厂技术的引入能够很好地解决这些问题。集现代制造技术、现代管理技术、自动化技术、计算机信息技术和系统工程技术于一体的工厂布局/规划系统，运用先进的规划软件，可模拟现代制造企业进行生产运作管理、车间制造自动化、质量监控、现代物流控制等活动，充分体现出数字化工厂规划的综合性、工程性、集成性、系统性和可拓展性等特征。

数字化工厂是数字制造中的关键环节之一，数字化工厂技术最主要的是解决产品设计和产品制造之间的"鸿沟"，面向产品从设计到制造实现的转换过程，降低工厂、车间和生产线规划设计的不确定性，在数字空间中将生产制造过程压缩和提前，使生产系统在实际运行前先于数字空间进行检验，提高将来物理系统的成功实施率和可靠性，缩短设计到生产的转换时间。

数字化工厂（Digital Factory）一词最早出现在 1998 年，Dwyer John 在 1999 年的一篇论文中指出"制造的所有细节在其发生前被模拟"。德国工程师协会（VDI，Association of German Engineers）对数字化工厂（Digital Factory）下的定义是："数字化工厂是有关网络工厂的，集成在常用数据管理系统中的数字模型、数字方法和数字工具的总体概念。其目的在于统一的工厂规划、评估和不断地对所有重要的工厂生产工艺过程和资源结合产品进行改进。"可以看到，这些数字化工厂的定义，是针对工厂规划设计阶段提出的。在物理工厂还没有建设之前，通过建立数字化工厂，来构建一个虚拟的、数字化的工厂模型，用以对未来工厂的运行进行仿真和分析，从而提高工厂规划的质量。

伴随着德国"工业4.0"概念在国内的流行，另一个"数字工厂"词汇也开始为大家熟悉，其对应的英文也为"Digital Factory"。数字工厂作为支撑工业4.0现有的最重要的国际标准之一，是 IEC（国际电工委员会）/TC 65（65 技术委员会：工业过程测量、控制和自动化）的重要议题。2011 年 6 月，IEC/TC 65 成立 WG 16"数字工厂"工作组，西门子、施耐德电气、罗克韦尔自动化、横河等国际自动化企业，以及我国机械工业仪器仪表综合技术经济研究所等研究机构，都参与了"IEC/TR 62794：2012 数字工厂标准"的制定。全国工业过程测量控制和自动化标准化委员会（SAC/TC 124）将该标准等同转化为我国国家标准《工业过程测量、控制和自动化 生产设施表示用参考模型（数字工厂）》（GB/Z 32235—2015，2015 年 12 月发布）。GB/Z 32235—2015 中对"数字工厂"的定义为：工厂通用模型，用于表示基本元素、自动化资产，及其行为和关系。注：这个通用模型可以应用于任何实际工厂。从标准的名称以及定义来看，这个"数字工厂"更多的是针对工厂运维阶段的数字化监控和管理优化，是通过工业物联网等技术将工厂实际运行数据进行采集，在数据空间利用数字化模型进行管控和优化的一个技术与方法，即实际工厂的"数字化"体现。

根据这两种定义，可以把数字化工厂（Digital Factory）这个词理解为：1）Digital Factory 是工厂基于数字化制造原理的一个/一套数字模型，这个模型能在数字空间对实际工厂的运作情况进行仿真模拟或者进行监控。2）数字化工厂是一个面向工厂全生命周期的概念。在工厂设计规划阶段，利用仿真手段对将来的工厂进行分析与优化；在工厂建设阶段，可以指导工厂的建设调试；在工厂运维阶段，可以利用模型结合实际工厂的运行数据，对工厂进行管理优化。3）离散制造和流程制造行业，"数字化工厂"技术应用的重点各不相同。离散制造行业的"数字化工厂"重点在于如何更好地实现产品的客户化定制，保证新产品快速上市，因此，数字化工厂技术更多在于架构从产品设计到量产的一个桥梁；而流程制造行业的"数字化工厂"重点在于生产系统的稳定运行，以及工艺的优化，数字化工厂技术是构建实际工厂到数字工厂的桥梁。

工厂全生命周期的概念可以把这两个数字化工厂的定义关联起来。智能工厂是一个信息物理系统（CPS），信息空间的虚拟工厂（数字化工厂）和实际运行的物理智能工厂相互关联，形成一个 CPS，实现完整的智能化制造。数字化工厂是以产品全生命周期的相关数据为基础，覆盖整个工厂全生命周期的智能工厂的数字化影像，或者说是物理工厂的"数字孪生"。

数字化工厂是不断发展的信息技术、自动化技术、制造技术和人工智能技术与方法、现代管理方法相结合的产物，是改造传统工业的有力工具，是两化融合、智能化改造的起点。国内外提供完整数字化工厂解决方案的厂商不多，达索公司是其中一家。其产品"3D Experience"是一个数字化产品设计、工艺、制造协同管理平台，其以产品研发为源头，以工艺为过程，优化业务流程及信息，提供基于协作、交互环境下的 3D 设计、分析、模拟仿真。产品应用于机械、电气、土木、材料、轻工等学科领域的复杂机电产品设计、仿真分析、数字化工艺与制造仿真、数字化智能工厂建设，在国内外得到了广泛的应用。另外，"3D Experience"平台在 BIM（建筑信息模型）、智能建造领域也有应用。

本书针对智能工厂的规划过程，介绍数字化工厂的相关理论、方法及其应用。全书分为 7 章。第 1 章介绍了智能制造与智能工厂的基本概念，以及数字化工厂方法的起源及发展；第 2 章介绍了面向工厂规划的数字化工厂方法；第 3 章介绍了数字化工厂的建模方法；第 4 章介绍了数字化工厂的仿真方法；第 5 章介绍了数字化工厂技术的应用；第 6 章介绍了达索 3D EXPERIENCE 平台数字化工厂的基本功能；第 7 章分别针对"智能制造"和"智能建造"两大领域，介绍了基于 3D EXPERIENCE 的数字化工厂实施案例。

本书面向智能制造发展过程中对智能工厂规划设计的需求，介绍数字化工厂技术的相关理论和方法，结合该领域中的优势产品介绍其实际的应用，可以让相关领域的技术人员和实际工作人员作为参考，也可以作为教材为智能制造及其相关专业的高年级本科生或研究生使用。

本书的编写工作由同济大学 CIMS 研究中心的陆剑峰副教授、张浩教授、赵荣泳副教授以及来自达索析统（上海）信息技术有限公司的杨海超工程师合作完成。另外，同济大学电子与信息工程学院的博士研究生夏路遥、韩调娟和吴伟等也做了大量书稿整理工作。

本书的部分研究工作得到了国家自然科学基金重大项目"互联网与大数据环境下面向高端装备制造的智能工厂运营优化"（项目编号：71690230/71690234）、政府间国际科技创新合作重点专项"基于 3D 实时位置信息的智能工厂物流优化与碰撞规避技术研究"（项目编号 2017YFE 0100900）的资助，部分方法也来自自然科学基金"含双向充电桩的新能源微电网运行机制建模及优化策略"（项目编号 71871160）、工信部工业互联网专项、上海市经信委工业互联网专项、人工智能专项等项目的研究成果。在本书的编写过程中，得到了达索析统（上海）信息技术有限公司、武汉迪克斯信息技术有限公司、机械工业出版社等相关单位的大力支持。特别是达索析统（上海）信息技术有限公司的秦洪现经理、机械工业出版社的付承桂编辑、武汉迪克斯信息技术公司的付竹经理为本书的出版提供了大力帮助，在此一并感谢。

信息技术和人工智能技术的高速发展，推动了智能制造的理念和方法的不断进步，数字化工厂的技术与方法也在不断发展之中。智能制造本身就是一个多学科、多领域的交叉，不同的技术人员会有不同的见地，加以作者水平有限，本书难免存在不足、片面甚至错误之处，恳请广大读者给予批评指正。

作　者

2020 年 10 月

目　录

前　言

第1章　智能工厂——智能制造的载体与体现 ……………………………………… 1

　1.1　智能制造趋势/发展背景 ……………………………………………………… 1

　　1.1.1　引言 …………………………………………………………………… 1

　　1.1.2　国内外智能制造战略 ………………………………………………… 2

　　1.1.3　智能制造的概念及其特点 …………………………………………… 9

　1.2　智能制造系统与智能工厂 …………………………………………………… 20

　　1.2.1　智能制造系统 ………………………………………………………… 20

　　1.2.2　智能工厂是智能制造的载体 ………………………………………… 26

　1.3　数字化工厂与数字化工厂规划方法 ………………………………………… 27

　　1.3.1　面向工厂全生命周期的数字化工厂 ………………………………… 27

　　1.3.2　数字化工厂规划 ……………………………………………………… 30

　　1.3.3　智能工厂的数字化规划 ……………………………………………… 37

第2章　面向工厂规划的数字化工厂方法 ……………………………………… 40

　2.1　数字化工厂规划体系框架 …………………………………………………… 40

　　2.1.1　数字化工厂在企业信息化中的功能定位 …………………………… 40

　　2.1.2　数字化工厂功能分析 ………………………………………………… 41

　　2.1.3　数字化工厂的系统架构 ……………………………………………… 44

　2.2　数字化工厂系统功能分解 …………………………………………………… 47

　　2.2.1　工厂布局 ……………………………………………………………… 47

　　2.2.2　工艺规划 ……………………………………………………………… 50

　　2.2.3　仿真优化 ……………………………………………………………… 55

　2.3　数字化工厂的实施和应用 …………………………………………………… 59

第3章　数字化工厂的建模方法 ………………………………………………… 62

　3.1　制造系统的建模框架 ………………………………………………………… 63

　　3.1.1　企业模型框架 ………………………………………………………… 63

   3.1.2　智能制造体系下的工厂建模框架 ················· 68

3.2　数字化工厂的典型建模方法 ·························· 69

   3.2.1　建模要求 ·································· 70

   3.2.2　DEDS 建模方法 ··························· 71

   3.2.3　Petri 网建模方法 ························· 76

   3.2.4　IDEFX 建模方法 ························· 78

   3.2.5　UML 建模方法 ·························· 82

   3.2.6　基于多智能体的建模方法 ················· 97

第4章　数字化工厂的仿真方法 ·················· 104

4.1　仿真的基本概念 ······························ 104

4.2　仿真模型 ································ 105

4.3　仿真建模方法 ······························ 109

   4.3.1　离散事件仿真 ··························· 110

   4.3.2　系统动力学仿真 ························· 113

   4.3.3　多智能体仿真 ··························· 114

4.4　制造系统的仿真优化 ························· 116

   4.4.1　制造行业仿真分类 ······················ 118

   4.4.2　制造系统仿真的一般过程 ················· 119

   4.4.3　制造系统的仿真评价 ···················· 123

   4.4.4　制造系统的仿真优化 ···················· 136

第5章　数字化工厂技术的应用 ·················· 141

5.1　布局规划 ································ 142

   5.1.1　布局设计的一般流程 ···················· 142

   5.1.2　车间布局 ······························ 144

   5.1.3　数字化工厂技术的应用 ·················· 152

   5.1.4　工厂布局规划的关键技术 ················· 153

   5.1.5　工厂布局规划的实施 ···················· 155

   5.1.6　工厂数字模型 ·························· 158

5.2　生产线规划与装配规划 ······················ 164

   5.2.1　PERT 图与数字化工厂 ·················· 164

   5.2.2　生产线规划设计 ························· 168

   5.2.3　生产线规划的建模仿真 ·················· 170

5.2.4　数字化装配概述 ·· 175

5.2.5　数字化装配功能模块 ···································· 177

5.3　VR/AR 应用 ·· 179

5.3.1　虚拟现实技术的起源和发展 ······················ 179

5.3.2　虚拟现实技术的基本概念 ·························· 181

5.3.3　虚拟现实系统的分类 ································ 182

5.3.4　虚拟现实的应用 ······································ 183

5.3.5　虚拟现实技术在工厂规划中的应用 ············· 185

5.3.6　增强现实技术概述 ···································· 186

5.3.7　增强现实与虚拟现实的关系 ······················ 187

5.3.8　增强现实系统的支撑技术 ·························· 187

5.3.9　增强现实在工厂规划中的作用 ··················· 192

第6章　数字化工厂规划的实现——基于 3D EXPERIENCE 的

方法 ·· **194**

6.1　三维体验平台的功能概述 ································ 195

6.1.1　制造企业的变革需求 ································ 195

6.1.2　三维体验平台的四个象限 ·························· 198

6.1.3　三维体验平台的数字化制造理念 ················· 202

6.2　BOM 与 PPR 模型 ·· 202

6.2.1　从 EBOM 到 MBOM ································ 202

6.2.2　PPR 模型 ·· 204

6.3　工厂布局 ·· 210

6.3.1　定义资源 ·· 211

6.3.2　放置对象 ·· 212

6.3.3　使用资源库 ··· 213

6.4　工艺仿真 ·· 214

6.4.1　装配仿真 ·· 215

6.4.2　人机工效仿真 ·· 217

6.4.3　机器人仿真 ··· 221

6.5　物流优化 ·· 223

第7章　数字化工厂实施案例 ······························ **230**

7.1　智能制造案例 ·· 230

7.1.1　案例背景 ┈┈┈┈┈┈┈┈┈┈┈┈┈┈┈┈┈┈┈┈ 230

7.1.2　技术路线 ┈┈┈┈┈┈┈┈┈┈┈┈┈┈┈┈┈┈┈┈ 232

7.1.3　项目收益 ┈┈┈┈┈┈┈┈┈┈┈┈┈┈┈┈┈┈┈┈ 240

7.1.4　核心技术与解决的问题 ┈┈┈┈┈┈┈┈┈┈┈┈ 241

7.2　智能建造案例 ┈┈┈┈┈┈┈┈┈┈┈┈┈┈┈┈┈┈┈┈┈ 242

7.2.1　案例背景 ┈┈┈┈┈┈┈┈┈┈┈┈┈┈┈┈┈┈┈┈ 242

7.2.2　技术路线 ┈┈┈┈┈┈┈┈┈┈┈┈┈┈┈┈┈┈┈┈ 243

7.2.3　项目收益 ┈┈┈┈┈┈┈┈┈┈┈┈┈┈┈┈┈┈┈┈ 248

参考文献 ┈┈┈┈┈┈┈┈┈┈┈┈┈┈┈┈┈┈┈┈┈┈┈┈┈┈┈ **249**

第 1 章
智能工厂——智能制造的载体与体现

1.1 智能制造趋势/发展背景

1.1.1 引言

制造技术是当代科学技术发展最为活跃的领域，是产品更新、生产发展、国际间技术竞争的重要手段，各工业化国家都把先进制造技术列为国家的高新关键技术和优先发展的项目，给予极大的重视和关注。制造业是各种产业的支柱工业，各种产业的发展有赖于制造业的支持，其中包括尖端、专业设备的提供，高水平通用设备的供应等，国家在经济上的独立、在工业上的自力更生能力，在很大程度上体现在制造技术的水平上。

随着科学技术的迅速发展，新产品不断涌现，产品的复杂程度也随之增高，而产品的市场寿命日益缩短，更新换代加速，大批量生产方式遇到挑战。1954年，美国麻省理工学院研制出第一台数字控制铣床，揭开了柔性自动化的序幕。从 20 世纪 70 年代初，柔性自动化开始进入生产实用阶段，20 多年里，从单台数控车床和铣床的应用，逐渐发展到自动换刀的加工中心、自动更换工件的柔性制造单元和柔性制造系统，直至全面自动化的计算机集成制造系统。随着电子、信息等高新技术的不断发展，以及市场需求的个性化与多样化，未来先进制造技术发展的总趋势是向精密化、柔性化、网络化、虚拟化、智能化、清洁化、集成化、全球化的方向发展。

制造业的发展历史就是不断地满足客户的需要，提高自己竞争力的历史。图 1-1 所示为 20 世纪 20 年代后制造业的发展和变化，20 世纪 90 年代的竞争主要表现在市场响应的速度上，进入 21 世纪后竞争表现为个性化的产品和产品的创新能力，因而人们将研究的重点从面向企业内部封闭的 CIMS、并行工程向敏捷制造、基于工业互联网的协同制造、知识和创新方面发展。

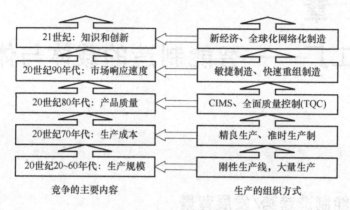

图 1-1　制造概念的变化

制造业是国民经济最重要的支柱产业。在工业化国家，约有四分之一的人口从事制造业，70% ~80% 的物质财富来自制造业。制造业是我国国民经济的核心和工业化的原动力，2019 年我国制造业工业的总产值约占全国 GDP 的 39% 。

没有一个强大而具有创新性的制造业体系，任何一个经济体都不可能实现繁荣发展。然而，自国际金融危机爆发以来，世界各国的制造业均面临着市场需求萎缩、产值下降等困境，客户个性化需求增加、交货期要求越来越短、低能耗、高资源利用率等挑战倒逼制造业要转型升级。与此同时，云计算、大数据、物联网等新兴技术逐渐兴起，给各国的制造业企业带来了新的转型思路。因此，主要经济体纷纷提出了利用信息技术提升传统制造业发展的国家级战略和规划，如美国的"先进制造业国家战略计划"、德国的"工业 4.0"、日本的"科技工业联盟"、英国的"工业 2050 战略"、中国的"中国制造 2025"等，制造业已成为各国在新一轮技术革命和产业变革中占据制高点的必争战场。

1.1.2　国内外智能制造战略

随着新一代信息技术与制造的融合和落地，各个国家都提出了各自的智能制造战略，主要有美国的"工业互联网"、德国的"工业 4.0"及中国的"中国制造 2025"，不同的战略思想代表着各个国家对于智能制造内涵的不同理解，但是在当前的制造业背景下，虽然提出的战略不同，但是其内涵却存在着相似的地方。

1. 美国在智能制造领域的发展

2011 年 6 月，美国《实施 21 世纪智能制造》报告指出智能制造是先进智能系统强化应用，新产品快速制造，产品需求动态响应，以及工业生产和供应链网络实时优化的制造。2014 年 12 月，美国"智能制造创新研究院"提出智能制造是先进传感器、仪器、监测、控制和过程优化的技术和实践的组合，融合了信息、通信技术以及制造环境，实现对企业生产制造的实时管控。同时还提出智能制造的四大目标：产品智能化、生产自动化、信息物资流合一及价值链同步。从美国政府给出的智能制造的定义和目标来看，智能制造的技术内涵包括传感技术、数据采集处理技术、数据库技术、人工智能技术、信息数据、数控技术等先进技术。

除了政府部门，美国学术界也对智能制造的内涵做了深入的研究，其中影响最为广泛的是"工业互联网"。"工业互联网"是 2012 年由通用电气提出的，倡导设备、数据、人三者之间的有效连接融合，形成开放而全球化的工业网络，其内涵强调对产品生命周期整个价值链的控制，如图 1-2 所示。

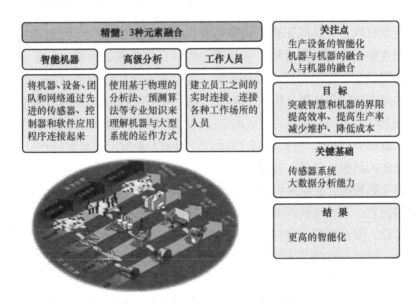

图 1-2　美国 GE 工业互联网示意图

美国工业互联网联盟（IIC）是促进工业物联网（IIoT）加速增长的全球成员驱动型组织，由 AT&T、思科（Cisco）、通用电气（GE）、IBM 和英特尔（Intel）等公司发起成立。IIRA（Industrial Internet Reference Architecture）是其发布的工业互联网参考架构，2019 年 6 月 19 日发布了 1.9 版本。IIRA 注重跨行业的通用性和互操作性，提供了一套方法论和模型，以业务价值推动系统的设计，把数据分析作为核心，驱动工业互联网系统从设备到业务信息系统的端到端的全面优化。IIRA 架构与应用如图 1-3 所示。

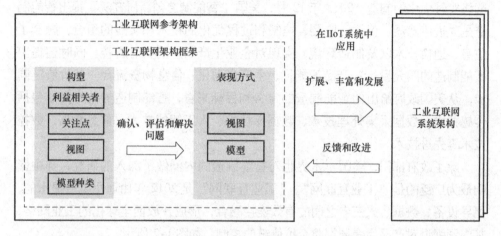

图 1-3　IIRA 架构与应用

工业互联网是互联网和新一代信息技术在工业全领域、全价值链、全产业链中的融合集成应用，是实现工业智能化的综合信息基础设施。工业互联网的本质是实现设备、控制系统、信息系统、人、产品之间的网络互联，通过工业大数据的深度感知和计算分析，实现整个工厂的智能决策和实时动态优化。

工业互联网可理解为在基于云的安全网络环境下，物联/人联网、工业数据系统、大数据分析技术支撑下的有机运行，如图 1-4 所示。首先从物联/人联网提取、采集的数据是基础，收集之后利用大数据分析技术进行数据的分析和可视化，产生的智能分析结果可以供决策者在判断处理时使用。

总结而言，工业互联网的核心要素可抽象为智能设备、智能系统、智能决策三大部分，涉及数据、硬件、软件的智能交互。智能设备主要是指可智能互联的设备，机器与机器、人与机器交互的智能化是工业互联网的基础。智能系统是指智能设备互联形成的一个系统，智能系统的目标是实现智能化自主学习。智能决策则是基于工业大数据和互联网的实时智能决策，基于智能设备和系统的数据信息来驱动智能化实时判断与处理。

2. 欧洲在智能制造领域的发展

欧洲在 1982 年制定的信息技术发展战略计划中就强调了面向未来制造核心技术的开发。德国、法国、英国发起的主题为"未来的工厂"的尤里卡项目，将智能制造方面的研究与开发作为重点。英国为加大制造业在促进本国经济发展中的作用，启动了对未来制造业开展预知的策略研究项目，即"英国制造2050"。英国认为制造业不再是"制造之后再售卖"，而是"服务再制造（以生产为核心的价值体系）"。法国于 2015 年提出"未来工业"战略，旨在通过信息化改造产业模式，实现再工业化的目标。并在 2015 年秋，法国"未来工业"项目正式和德国工业 4.0 建立合作关系。在欧洲各国的智能制造发展战略中，德国工业 4.0 最为典型和完善，下面将简单介绍德国工业 4.0 的内容。

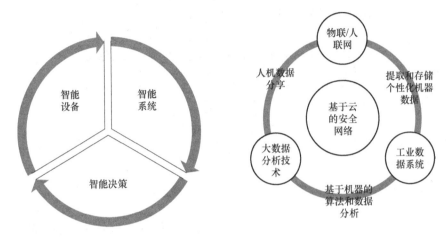

图 1-4 美国工业互联网及核心要素

2011 年，德国人工智能研究中心 Wolfgang Wahlster 教授提出了"工业 4.0"概念，旨在通过互联网推动第四次工业革命。2013 年德国《高技术战略 2020》将其列为十大未来项目之一。2015 年 4 月《工业 4.0 战略计划实施》严格定义了工业 4.0 的概念：工业 4.0 指第四次工业革命，它意味着对产品全生命周期内价值创造链的进一步组织和控制，生命周期内参与价值创造的相关实体形成网络，获得从数据中创造最大价值的能力，实现相关信息的实时分享。在此基础上，通过人、物、系统的连接，动态建立企业价值网络，实时优化和自组织。2013 年德国《工业 4.0 实施建议》提出工业 4.0 的核心技术是信息物理系统（CPS）。CPS 基于通信技术将生产工厂的相关要素融合到整个网络环境中，涵盖内部物流、生产、市场销售、外部物流及延伸服务，使得它们之间可以进行独立的信息交换、进程控制、触发行动等，将资源、信息、物体及人紧密地联系在一起，从而创造物联网及服务网，将生产工厂转变成一个智能环境，其本质就是构建一套信息空间与物理空间之间基于数据自动流动的状态感知、实时分析、科学决策、精准执行的闭环赋能体系，解决生产制造、应用服务过程中的复杂性和不确定性问题，提高资源配置效率，实现资源优化。工业 4.0 中的互联架构如图1-5所示，包括了服务互联网、物联网、智能材料、智能工厂、智能产品。

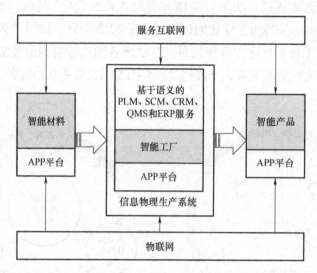

图1-5 工业4.0中的互联架构

为了实现从工业生产到工业4.0的转变，德国采取了双重战略（Dual Strategy）。不断地将信息和通信技术融入其传统的高科技战略中，同时为CPS技术和产品创造新的主要市场并为其提供服务。为了实现CPS的双重战略目标，德国工业4.0具有以下特点：

1）整个价值网络的横向一体化（Horizontal Integration）；

2）整条价值链中工程的端到端数字一体化（Digital Integration）；

3）纵向一体化（Vertical Integration）与网络化的制造系统。

德国"工业4.0"战略的要点可以概括为：建设1个网络、研究2大主题、实现3项集成、实施8项计划。

建设1个网络：信息物理系统网络。信息物理系统是将物理设备连接到互联网上，让物理设备具有计算、通信、精确控制、远程协调和自治5大功能，从而实现虚拟网络世界与现实物理世界的融合。CPS可以将资源、信息、物体以及人紧密地联系在一起，从而创造物联网及相关服务，并将生产工厂转变为一个智能环境。这是实现工业4.0的基础。

研究2大主题：智能工厂和智能生产。"智能工厂"是未来智能基础设施的关键组成部分，重点研究智能化生产系统和过程以及网络化分布生产设施的实现。"智能生产"的侧重点在于将人机互动、智能物流管理、3D打印等先进技术应用于整个工业生产过程，从而形成高度灵活、个性化、网络化的产业链。生产流程智能化是实现工业 4.0 的关键。

实现 3 项集成：横向集成、纵向集成与端到端的集成。

实施 8 项计划：这是工业 4.0 得以实现的基本保障。一是标准化和参考架构；二是管理复杂系统；三是一套综合的工业宽带基础设施；四是安全和保障；五是工作的组织和设计；六是培训和持续的职业发展；七是监管框架；八是资源利用效率。

总的来看，"工业 4.0"战略的核心就是通过 CPS 网络实现人、设备与产品的实时连通、相互识别和有效交流，从而构建一个高度灵活的个性化和数字化的智能制造模式。在这种模式下，生产由集中向分散转变，规模效应不再是工业生产的关键因素；产品由趋同向个性转变，未来产品都将完全按照个人意愿进行生产，极端情况下将成为自动化、个性化的单件制造；用户由部分参与向全程参与转变，用户不但出现在生产流程的两端，而且广泛、实时地参与生产和价值创造的全过程。

3. 中国在智能制造领域的发展

面临世界格局内制造业的改革，新一代信息技术与制造业深度融合、发达国家"再工业化"，同时我国已具备了建设工业强国的基础和条件，必须紧紧抓住当前难得的战略机遇，因此中国提出了自己的智能制造战略"中国制造 2025"。"中国制造 2025"采取"总体规划、分步实施、重点突破、全面推进"的发展策略。也就是 10 年规划，分两个阶段实施：第一阶段（2015～2020 年），全面推广数字化网络化技术的应用，部分行业和企业开展智能化技术应用的试点和示范，如大力推进"数控一代"机械产品创新工程；第二阶段（2020～2025 年），大力推进网络化智能化技术的应用，如着力推动"智能一代"机械产品创新工程。

"中国制造 2025"战略的主要内容可概括为十大重点领域、九项战略任务和五项工程。十大重点领域主要包括新一代信息技术产业、高档数控机床和机器人、航空航天装备、先进轨道交通装备等。围绕实现制造强国的战略目标，明确了九项战略任务：一是提高国家制造业创新能力；二是推进信息化与工业化深度融合；三是强化工业基础能力；四是加强质量品牌建设；五是全面推行绿色制造；六是大力推动重点领域突破发展；七是深入推进制造业结构调整；八是积极发展服务型制造和生产性服务业；九是提高制造业国际化发展水平。五项工程包括国家制造业创新中心建设工程、智能制造工程、工业强基工程、绿色制造工程、高端装备创新工程。其中，最核心的是实施智能制造工程。"中国制造 2025"如图 1-6 所示。

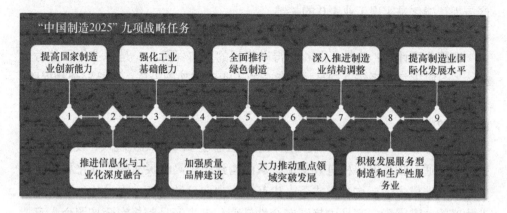

"中国制造2025"九项战略任务

提高国家制造业创新能力 → 1
强化工业基础能力 → 2
全面推行绿色制造 → 5
深入推进制造业结构调整 → 7
提高制造业国际化发展水平 → 9

推进信息化与工业化深度融合 → 3
加强质量品牌建设 → 4
大力推动重点领域突破发展 → 6
积极发展服务型制造和生产性服务业 → 8

"中国制造2025"五项工程

国家制造业创新中心建设工程　智能制造工程　工业强基工程　绿色制造工程　高端装备创新工程

"中国制造2025"十大重点领域

新一代信息技术产业	高档数控机床和机器人
航空航天装备	海洋工程装备及高技术船舶
先进轨道交通装备	节能与新能源汽车
电力装备	农机装备
新材料	生物医药及高性能医疗器械

图 1-6　"中国制造 2025"

　　围绕十大重点领域、九项战略任务、五项工程,《国家智能制造标准体系建设指南(2015 版)》发布了智能制造系统架构。从该架构的关键技术来看,中国对于智能制造内涵的理解关键点为数字化、网络化和智能化。智能设备是智能制造中关键的底层装备支持,与智能制造的实际生产联系最为紧密,为工业互联网的架设、智能工厂的构建、生产全生命周期数据的支持提供保障;智能工厂是对智能制造装备、软件、数据的综合集成;工业软件和大数据以及工业互联网能够打通物理世界和信息世界,推动生产型制造向服务型制造转型。

总结而言，中国推动的智能制造模式与工业互联网、工业 4.0 等均有异曲同工之处，即推行制造的数字化、网络化和智能化，以智能设备和网络通信为基础，架设生产制造数字化网络，打通信息和物理世界，结合工业大数据分析推动智能化服务。

4. 各国智能制造战略的共同点

智能制造技术已经成为制造业的发展趋势，得到各个工业大国的推广和应用，虽然各个国家提出的战略都有所不同，但是它们的核心内涵部分都存在着共同点：

(1)"人-机-物"的互联互通

智能制造改变了传统模式下"人-机-物"的沟通模式，传统制造模式中，车间的信息交流只能发生在人-机以及人-人之间，而在智能制造模式下，机器间可以直接通信，进行信息交互，人与机器之间的通信结构为网状，大大提高了信息交互的效率。

(2)数字化、网络化、智能化

各国的智能制造战略均强调制造的数字化、网络化、智能化。数字化和网络化改变了信息的获取、使用和共享的方式，使得信息的传输变得极其快速和普及。而随着新一代人工智能技术的突破和应用则加快了制造的智能化进程，使制造系统具备认知和学习的能力以及生成知识和运用知识的能力，从根本上推动工业知识的产生和利用的效率，解放人的体力和脑力。

(3)智能制造技术贯彻产品全生命周期

智能制造改变了传统模式下对于产品的管控，在产品的设计、制造、交付、维修、报废生命周期的各个阶段都能更好地满足日益个性化的客户需求。建立制造价值链网络，实现所有相关信息的共享，挖掘各个阶段的相关信息，根据需求提供智能化服务。

对比各国关于制造业转型发展的战略规划，我们不难发现，在这场占据制造业产业变革制高点的争夺中，各国都将发展智能制造作为其战略核心，不断推动制造业向数字化、网络化、智能化发展，向绿色化、服务化转型。在可以预见的未来，以智能制造为代表的新一轮产业革命，将是释放未来竞争力的关键，发展智能制造是制造业转型升级的必经之路。

1.1.3　智能制造的概念及其特点

1. 智能制造的内涵与定义

智能制造的概念起源于 20 世纪 80 年代人工智能在制造业领域中的应用，随着 21 世纪信息技术的不断成熟和发展，智能制造的概念不断完善，技术体系逐渐成熟。它把智能技术、网络技术和制造技术等应用于产品管理和服务的全过程中，实现对于产品全生命周期的管理。它改变了制造业中的生产方式、人机关系和商业模式，因此，智能制造不是简单的技术突破，也不是简单的传统产业改造，而是计算机技术、控制技术、通信技术、人工智能技术等和制造业的深度融合与创新集成。

有关智能制造的定义有很多，不同组织和专家在不同时期从不同角度对智能制造进行了定义，列举如下：

1) 1991 年，日、美、欧共体发起实施的"智能制造国际合作研究计划"中定义为："智能制造系统是一种在整个制造过程中贯穿智能活动，并将这种智能活动与智能机器有机融合，将整个制造过程从订货、产品设计、生产到市场销售等各个环节以柔性方式集成起来的能发挥最大生产力的先进生产系统。"这个定义是对智能制造系统的一个定义，侧面定义了智能制造的一些特点。

2) 2011 年 6 月，美国智能制造领导联盟（Smart Manufacturing Leadership Coalition，SMLC）发表了《实施 21 世纪智能制造》报告。定义智能制造是先进智能系统强化应用、新产品快速制造、产品需求动态响应，以及工业生产和供应链网络实时优化的制造。其核心技术是网络化传感器、数据互操作性、多尺度动态建模与仿真、智能自动化以及可扩展的多层次网络安全。融合从工厂到供应链的所有制造，并使得对固定资产、过程和资源的虚拟追踪横跨整个产品的生命周期。结果将是在一个柔性的、敏捷的、创新的制造环境中，优化性能和效率，并且使业务与制造过程有效地串联在一起。

3) 2015 年 12 月，《国家智能制造标准体系建设指南（2015 年版）》提出了智能制造是基于物联网、大数据、云计算等新一代信息技术，贯穿于设计、生产、管理、服务等制造活动的各个环节，是具有信息深度自感知、智慧优化自决策、精准控制自执行等功能的先进制造过程、系统与模式的总称。

4) 《智能制造发展规划（2016~2020 年）》（工信部联规〔2016〕349 号）指出，智能制造是基于新一代信息通信技术与先进制造技术深度融合，贯穿于设计、生产、管理、服务等制造活动的各个环节，具有自感知、自学习、自决策、自执行、自适应等功能的新型生产方式。《国家智能制造标准体系建设指南（2018 年版）》引用了这个定义。

5) 2018 年，周济、李培根等院士联合发表的《走向新一代智能制造》一文中指出，广义而论，智能制造是一个大概念，是先进信息技术与先进制造技术的深度融合，贯穿于产品设计、制造、服务等全生命周期的各个环节及相应系统的优化集成，旨在不断提升企业的产品质量、效益、服务水平，减少资源消耗，推动制造业创新、绿色、协调、开放、共享发展。

综合上述众多定义，可以理解智能制造为一类新一代制造模式和制造方法的总称，是信息化和工业化的高度融合，贯穿产品全生命周期，包含制造及其服务的各个环节，具有自感知、自学习、自决策、自适应等功能，是人、信息系统、物理系统高度融合的新兴生产方式。智能制造的目标是能适应制造环境的变化，有效地缩短产品研发周期、降低运营成本、提升产品质量、降低资源消耗、提高生产效率，满足用户对高品质产品的个性化需求。随着信息技术和工业技术的不断发展，智能制造的内涵和特点也会不断发展。

2. 智能制造的特征

智能制造的特征在于其具有快速感知、自我学习、计算预测、科学决策、优化调整的能力。

1）快速感知。智能制造需要大量的数据支持，利用高效、标准的方法进行数据采集、存储、分析和传输，实现制造工作环境自动识别和判断、现实工况自动感知和快速反应。

2）自我学习。智能制造需要不同种类的知识，利用各种知识表示技术、机器学习、数据挖掘与知识发现技术，实现面向产品全生命周期的海量异构信息的自动提炼知识并升华为智能策略。

3）计算预测。智能制造需要建模与计算平台的支持，利用基于智能计算的推理和预测，实现诸如故障诊断、生产调度、设备与过程控制等制造环节的表示与推理。

4）科学决策。智能制造需要信息分析和判断决策的支持，利用基于智能机器和人的行为的决策工具和自动化系统，实现诸如加工制造、实时调度、机器人控制等制造环节的决策与控制。

5）优化调整。智能制造需要在生产环节中不断优化调整，利用信息的交互和制造系统自身的柔性，实现对外界需求、产品自身环境、不可预见的故障等变化及时优化调整。

3. 智能制造的技术体系

根据《国家智能制造标准体系建设指南（2018 年版）》，智能制造标准体系结构包括"A 基础共性""B 关键技术""C 行业应用"三个部分（见图 1-7）。具体而言，"A 基础共性标准"包括通用、安全、可靠性、检测、评价五大类，位于智能制造标准体系结构图的最底层，是"B 关键技术标准"和"C 行业应用标准"的支撑。"B 关键技术标准"是智能制造系统架构中的智能特征维度在生命周期维度和系统层级维度所组成的制造平面上的投影，其中"BA 智能装备"对应智能特征维度的资源要素，"BB 智能工厂"对应智能特征维度的资源要素和系统集成，"BC 智能服务"对应智能特征维度的新兴业态，"BD 智能赋能技术"对应智能特征维度的融合共享，"BE 工业网络"对应智能特征维度的互联互通。"C 行业应用标准"位于智能制造标准体系结构图的最顶层，面向行业的具体需求，对"A 基础共性标准"和"B 关键技术标准"进行细化和落地，指导各行业推进智能制造。

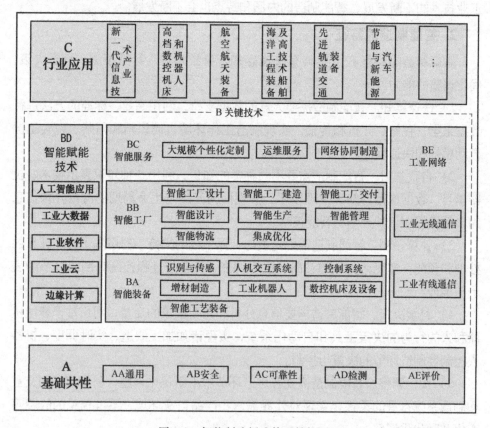

图 1-7　智能制造标准体系结构图

智能制造标准体系结构中明确了智能制造的标准化需求，与智能制造的系统架构具有映射关系。以大规模个性化定制模块化设计规范为例，它属于智能制造标准体系结构中 B 关键技术-BC 智能服务中的大规模个性化定制标准。在智能制造的系统架构中，它位于生命周期维度设计环节，系统层级维度的企业层和协同层，以及智能特征维度的新兴业态。

　　分析智能制造的关键技术，可以参考这一智能制造标准建设的框架。下面简单分析如何建设该框架体系，该体系架构按照"三步法"原则建设完成。第一步，通过研究各类智能制造应用系统，提取其共性抽象特征，构建由生命周期、系统层级和智能特征组成的三维智能制造系统架构；第二步，在深入分析标准化需求的基础上，综合智能制造系统架构各维度的逻辑关系，将智能制造系统架构的生命周期维度和系统层级维度组成的平面自上而下依次映射到智能特征维度的五个层级，形成智能装备、智能工厂、智能服务、智能赋能技术、工业网络五类关键技术标准，与基础共性标准和行业应用标准共同构成智能制造标准体系结构；第三步，对智能制造标准体系结构分解细化，进而建立智能制造标准体系框架，指导智能制造标准体系的建设及相关标准的立项工作。具体如下：

　　（1）基础共性技术

　　基础共性技术是指和智能制造相关的安全、可靠性、检测、评价等方面的技术与方法。这些方法在智能制造的各个领域和方面都会涉及，或者是一个通用的技术或方法，贯穿整个智能制造系统的全体系和全过程。

　　（2）智能装备技术

　　智能装备技术包括识别与感知、人机交互、自动化控制、先进工艺和智能工艺（如增材制造等）、工业机器人、数控系统及设备等方面的技术。主要规定智能传感器、自动识别系统、工业机器人等智能装备的信息模型、数据字典、通信协议、接口、集成和互联互通、优化等技术要求，解决智能生产过程中智能装备之间，以及智能装备与智能化产品、物流系统、检测系统、工业软件、工业云平台之间的数据共享和互联互通的问题。

　　智能装备是智能制造的基础，也是信息流和物料流的交汇点，体现了信息和物理融合系统中的"智能感知"以及"精准执行"。

　　（3）智能工厂技术

　　智能工厂技术包括智能工厂设计规划、建造和交付、生产运作管理、物流管理、运营优化等方面的技术。其中重点是智能工厂设计、智能工厂交付、智能生产和集成优化等标准。主要用于规定智能工厂设计、建造和交付等建设过程以及工厂内设计、生产、管理、物流及其系统集成等业务活动。针对流程、工具、系统、接口等应满足的要求，确保智能工厂建设过程规范化、系统集成规范化、产品制造过程智能化。

　　智能工厂方面的技术从不同层级制造系统（生产线、车间、工厂）的角度来对生产资源进行管理和优化，提高生产系统的效率。同时，智能工厂系统也

13

是智能工厂建设和运行相关的技术，利用数字化、智能化的手段来提高智能工厂的全生命周期管理，是实现智能制造的关键。

本书讨论的智能工厂数字化规划方法，提供了满足智能工厂设计优化和交付规范的一个具体技术的实现。

（4）智能服务技术

智能服务技术是指在制造过程中实现大规模个性化定制、产品运维、生产制造协同等方面的技术。主要用于实现产品与服务的融合、分散化制造资源的有机整合和各自核心竞争力的高度协同，解决了综合利用企业内部和外部的各类资源，提供各类规范、可靠的新型服务的问题。

智能服务技术体现了"服务化制造"的新模式，其充分利用互联网、大数据等新兴IT技术带来的技术手段变革，推动制造过程和制造模式的变化。在产品竞争达到一定程度后，产品向服务的转变，或者"产品＋服务"，是制造企业提高利润、吸引顾客的新战场。

（5）智能赋能技术

智能赋能技术是实现制造智能化的支撑技术。包括人工智能应用、工业大数据、工业软件、工业云、边缘计算等方面的技术。智能赋能技术是通用的IT技术，其和制造领域相结合，形成新的生产力。这也是我国信息化带动工业化加速发展的一个着力点。

（6）工业网络技术

工业网络技术是实现制造数字化、网络化和智能化的基础技术，包括网络体系架构、组网与并联、资源管理等技术，从OT（Operation Technology）到IT，覆盖制造企业的所有部分。由于历史原因，OT网络（以现场总线和工业以太网为代表）有众多标准，给设备接入、数据采集带来了困难。目前的发展趋势是IT方面的理念（如开放、互联）越来越多地融入到了OT领域，给控制层的数据和信息接入带来了新的解决方案。

智能制造技术体系包括了机械制造、自动化、计算机、人工智能、通信等多个学科领域，是一个跨学科、多领域的综合技术，每个领域的发展都会带来技术的进步，形成不同时期不同的实现方法集。而不同学科背景的人员对智能制造的解读也会不一样，这也是智能制造在成为技术热点后，形成不同解决方案的一个原因。

（7）行业应用标准

发挥基础共性标准和关键技术标准在行业应用标准制定中的指导和支撑作用，优先制定各行业均有需求的设备互联互通、智能工厂建设指南、数字化车间、数据字典、运维服务等重点标准。在此基础上，发挥各行业的特点，制定行业亟需的智能制造相关标准。

4. 数字化制造是智能制造的切入点

中国工程院发表的《走向新一代智能制造》综合智能制造相关范式，结合信息化与制造业在不同阶段的融合特征，可以总结、归纳和提升出三个智能制造的基本范式（见图 1-8），也就是：数字化制造、数字化网络化制造、数字化网络化智能化制造——新一代智能制造。

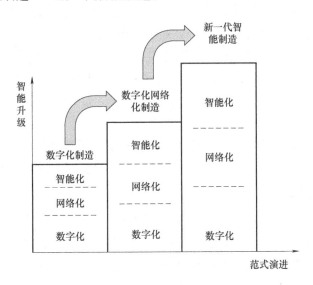

图 1-8　智能制造的三个基本范式演进

数字化制造的主要特征表现为：第一，数字技术在产品中得到普遍应用，形成"数字一代"创新产品；第二，广泛应用数字化设计、建模仿真、数字化装备、信息化管理；第三，实现生产过程的集成优化。

需要说明的是，数字化制造是智能制造的基础，其内涵不断发展，贯穿于智能制造的三个基本范式和全部发展历程。

数字化网络化制造是智能制造的第二种基本范式，也可称为"互联网+制造"，或第二代智能制造。德国的"工业4.0战略计划"报告和美国的"工业互联网"报告所阐述的，就属于这个范式。

新一代人工智能技术与先进制造技术深度融合，形成新一代智能制造——数字化网络化智能化制造。新一代智能制造将重塑设计、制造、服务等产品全生命周期的各环节及其集成，催生新技术、新产品、新业态、新模式，深刻地影响和改变人类的生产结构、生产方式乃至生活方式和思维模式，实现社会生产力的整体跃升。新一代智能制造将给制造业带来革命性的变化，将成为制造业未来发展的核心驱动力。

中国推进智能制造应采取"并联式"的发展方式，采用"并行推进、融合发展"的技术路线：并行推进数字化制造、数字化网络化制造、新一代智能制造，以及时充分地应用高速发展的先进信息技术和先进制造技术的融合式技术创新，引领和推进中国制造业的智能转型。

未来若干年，考虑到中国智能制造发展的现状，也考虑到新一代智能制造技术还不成熟，中国制造业转型升级的工作重点要放在大规模推广和全面应用"互联网＋制造"，这个工作的基础就是首先要实现数字化制造。同时，在大力普及"互联网＋制造"的过程中，要特别重视各种先进技术的融合应用，"以高打低、融合发展"。一方面，使得广大企业都能高质量完成"数字化补课"；另一方面，尽快尽好地应用新一代智能制造技术，大大加速制造业转型升级的速度。

数字化制造是智能制造的关键起点，只有实现了数字化，才能进一步实现智能化。

5. 数字化制造

数字化制造是用数字化定量、表述、存储、处理和控制方法，支持产品全生命周期和企业的全局优化运作，以制造过程的知识融合为基础、以数字化建模仿真与优化为特征；它是在虚拟现实、计算机网络、快速原型、数据库等技术的支撑下，根据用户的需求，对产品信息、工艺信息和资源信息进行分析、规划和重组，实现对产品设计和功能的仿真以及原型制造，进而快速地生产出达到用户要求性能的产品的整个制造过程。按照产品的制造过程，可以将对制造工艺过程知识的获取及进行制造工艺自主设计和优化控制等的数字化作为微观过程数字化，而将生产系统的布局设计与实际优化运作等的数字化作为宏观生产过程数字化。

数字化制造技术是数字化技术和制造技术融合形成的，且以制造工程科学为理论基础的制造技术的重大革新，是先进制造技术的核心。数字化制造在领域和过程两个方面扩展了传统的制造概念。在领域方面，制造从机械领域扩展到了几乎所有工业领域，甚至包括了第三产业的服务领域；在过程方面，制造从单纯的机械加工过程扩展到了产品整个生命周期过程。从内容上看，数字化制造与传统制造的不同之处在于它力图从离散的、系统的、动力学的、非线性的和时变的观点研究制造工艺、装备、技术、组织、管理、营销等问题，以获取更大的投入增值。传统制造中许多定性的描述，都要转化为数字化定量描述，在这一基础上逐步建立不同层面的系统的数字化模型，并进行仿真，使制造从部分经验化、定性化逐步转向全面数字定量化。

数字制造的研究已从单纯的制造过程的几何量（位移、多坐标联动位移、运动形状、微观形状等）数字描述，发展到对制造过程的物理量（温度、流量场、应力场、热变形、密度、物质材料等）以及知识、经验、信息等数字描述。另外，制造过程和制造系统的形式化、数字化描述与处理成为当前的研究热点，包括海量信息处理，微、纳识别和分辨率，物理过程仿真与分析、网格计算以及物理本质的探索等。数字制造也贯穿了产品全生命周期，不仅在企业内部，还扩展到企业之间。

图1-9所示为数字化制造的技术体系，其基础理论是信息科学、管理科学、控制科学、制造理论及智能科学，主要的关键技术包括信息网络技术、管理方法以及制造技术与装备三个方面，具体有：

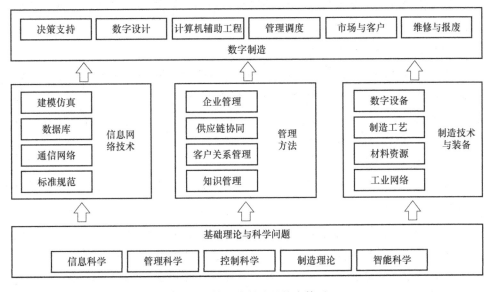

图1-9 数字化制造的技术体系

（1）数字化制造技术的标准及实施规范

数字化制造涉及产品建模、协同设计分析、系统仿真、工艺规划、制造、测试、产品检验、远程数字维护与监控等许多研究方向，目前在各自的研究方向针对不同的对象有不同的技术标准和不同的信息表达方式，无法满足整个数字制造过程的需要，数字化制造技术的标准及实施规范已成为整个数字制造系统的"瓶颈"问题。因此，在数字化制造技术研究中，其标准及其实施规范便成为关键问题之一。

（2）制造信息学

在传统制造中定性和模糊不确定的表述在数字化制造中都需要定量的数字化，数字化制造的一个核心问题是如何将制造过程的连续物理化学现象、模糊不确定的对象和由此产生的几何量、物理量、制造知识、制造系统等离散化和数字化，并研究这些量的表达、获取、存储、传递和应用。制造信息学的研究内容包括制造过程中信息的获取、集成、流动和利用；制造活动中的人的经验、技能、诀窍和知识的表达、传递、变换；非符号信息表达；数据仓库、知识库、知识发现和生产决策；分布式制造信息系统等。特别是在信息爆炸的时代对信息的高效获取和存储也是制造信息学研究的重点。

数字化制造中数字产品的关键技术主要包含产品数字化基础模型、数字化约束模型和数字化信息变换模型（算法），产品的状态信息数字化和可视化技术、数字化设计技术和远程数字维护与监控技术，以及数字产品的嵌入式控制技术。

（3）数字化制造的系统建模与仿真工具

数字化制造的系统建模，即制造系统的离散化、数字化和可视化是数字化制造的重要基础理论之一。解决这一问题的关键在于研究合适的方法，并开发出使能工具。主要包括系统数字化建模工具、数字化工厂规划与优化仿真以及虚拟现实环境与仿真工具等。

（4）网络化制造

网络化是当今时代的重要标志，由于越来越多的数字化设备和计算机辅助系统的应用，不但制造系统的各个组成部分之间需要大量的信息交互，制造层设备之间需要进行实时的通信，工厂管理层需要大容量的数据存储和处理，而且企业之间的联系越来越密切，信息的交换也越来越重要，所以需要企业一个高效、使用安全和良好交互的神经系统，通过这个网络跨越空间的隔离，通过企业之间的信息集成、业务过程集成实现资源共享和协同。

（5）数字化、智能化装备

高速、高精度的智能化的数字装备是实现数字制造的物质基础，主要加工制造单元如数控机床、数字化测量仪、工业机器人和数字化的装配物流系统组成的制造系统的设备层，通过现场控制总线进行通信并和企业的网络联系在一起。随着数字技术向高速、高精度和纳米方向发展，许多传统设计中可以忽略的非线性、多变量耦合和不确定的因素都会在新的条件下暴露出来，影响设备的性能和可靠性。

（6）数字化制造中的知识管理与应用

数字化制造系统中存在大量的制造过程与生产工艺数据信息，这些信息包括确定性的离线数据，也包括在制造过程中产生的不确定性的动态实时信息，这就需要运用智能理论与智能感测技术来获取信息，将其存储于数据库和数据仓库中，建立相关的智能模型，以便于分析、处理、优化、控制数字制造系统数据。因此，在数字化制造中，制造信息的智能获取与处理和系统信息集成也是其关键技术问题。

（7）以可视化为代表的人机交互技术

数字化不是无人化，人类始终是制造的"指挥者"。根据思维科学的长期研究，认为人类的智慧可分为两类，一类为定量性的智能，如算术运算，运动的精度和力量，人类这部分的能力已远远落后于计算机和机器设备；另一类为定性的识别和判断能力，如复杂场景下的判断和决策能力，则人类远远超过计算机。所以自动化、智能化不是无人化，这已被无数事实所证明。如何使计算机更好地同人类协同工作，进行信息的交互，人们正从两个方向进行研究工作，一方面使机器更好地理解人类，使计算机在"听觉、视觉、嗅觉和触觉"方面的能力增强，另一方面使人类的生物智能和计算机智能结合，许多动物实验已展现了这方面的前景。

人类90%左右的信息来源是通过视觉获得，而且容易长期记忆，所以计算机以可视化的形式将过程和结果展示给人类，是最容易被接受和辨识的。数字制造产生的是大量的数字信息，它不符合人类的工作习惯，所以可视化以及虚拟现实技术方便了人们对制造过程的理解，帮助人们进行正确的决策。

制造技术已从物质形式的制造向信息制造转变，产品中知识信息的价值占据越来越高的比例，这不但反映在产品本身，而且体现在产品的整个生命周期，特别是生产制造环节。随着信息技术的发展，从20世纪90年代至今，不断出现了一些制造理念和制造系统，如 FMS、CIMS、敏捷制造、网络化制造等。这些技术从制造的现实出发，对制造过程中产生的数据进行数字化，并对它们进行加工处理，产生相关信息，在制造系统中进行存储和交换，并直接应用于对生产过程的管理和控制，进一步可对信息进行分析加工产生相关知识，使制造系统的"智能"得到提高，通常把这种生产方式称为数字化制造。

数字化制造以其响应快、质量高、成本低和柔性好等特点，正成为推动21世纪制造业向前发展的主流。装备的数字化代表装备制造的发展方向，它不仅增强了装备的功能和系统集成能力，而且显著地提高了系统的可操作性、可维护性，降低了装备的运行和维护成本。随着数字技术的进步，制造系统、过程和产品的数字描述理论、方法及数字装备的发展，数字制造技术将逐渐成熟，其内涵还将不断地丰富和发展。

数字化制造是全球数字化浪潮中的重要一环，其本质是支持信息化或知识化制造业的技术。数字化制造就是要大力发展制造科学基础，充分运用当代信息技术，发展符合制造业发展趋势的制造技术。目前在工业技术先进的国家，数字化制造技术已经成为提高企业和产品竞争力的重要手段。数字化制造技术在数字设计、数字制造、数字产品、信息传递与协作、数字管理等方面都有不同程度的发展。随着计算机和网络技术的发展，使得基于多媒体计算机系统和通信网络的数字化制造技术为现代制造系统的并行作业、分布式运行、虚拟协作、远程操作与监视等提供了可能。同时，数字化制造的一些子系统一直处于研究之中，并已实现数字制造的属性，且逐步走向实用化。数字化制造已成为制造业发展的关键性驱动因素，在制造业面临的网络化、数字化、全球化、知识化和服务化的发展变化中，数字化是其基础核心。

随着网络技术和电子商务的飞速发展，数字化制造的各个子系统将会不断完善并进入实用阶段。因此，伴随着网络化、信息化的飞速发展，必将推动数字化制造技术的快速发展和广泛应用，未来的一段时间内，数字化制造系统将成为新一代制造系统的"标准配置"。数字化制造的研究与发展，除了必须解决其关键技术问题，形成完整的理论体系外，还必须特别注重结合具体的国情。数字化制造的一个重要的研究对象是制造知识，但制造知识的获取、表达、转移、存储和利用等不仅是技术的问题，还涉及企业文化、员工的创新、合作、学习精神和能力等一系列问题，这是在研究数字制造中必须加以考虑的基本问题。制造技术是实践性很强的学科，只有在实际得到应用后才能不断地发展和前进。因此，数字化制造的研究与发展需要有计划、有目的地开展实施应用研究工作，建立若干应用示范点，推动数字化制造的广泛应用。

1.2 智能制造系统与智能工厂

1.2.1 智能制造系统

新一代的智能制造是一个大系统，涉及智能产品、智能生产及智能服务三大功能系统，以及工业互联网一个支撑平台。智能生产的主要载体是智能生产线、智能车间与智能工厂。一个智能工厂不是独立运营的，其与上下游企业、用户形成一个制造生态。在德国"工业4.0"战略里涉及三个集成：横向集成、纵向集成和端到端集成，这是就智能制造系统结构以及和其他系统之间的关系而言的。同样地，美国、中国等都对智能制造系统架构提出了自己的观点。

1. 德国"工业 4.0"的 3 个关键特征

工业 4.0 的重点是创造智能产品、程序和过程。其中，智能工厂构成了工业 4.0 的一个关键特征。智能工厂能够管理复杂的事物，不容易受到干扰，能够更有效地制造产品。在智能工厂里，人、机器和资源如同在一个社交网络里一样自然地相互沟通协作。智能产品理解它们被制造的细节以及将被如何使用。它们积极协助生产过程，回答诸如"我是什么时候被制造的""哪组参数应被用来处理我""我应该被传送到哪"等问题。其与智能移动性、智能物流和智能系统网络相对接，将使智能工厂成为未来的智能基础设施中的一个关键组成部分。这将导致传统价值链的转变和新商业模式的出现。

工业 4.0 的最优配置目标，只有在领先的供应商策略和领先的市场策略交互协调并能确保其潜在利益都能发挥的情况下才能实现。自此，这种方法被称为双重战略。它包括三个关键特征：

（1）通过价值链及网络实现企业间"横向集成"

企业通过智能制造系统，联通产品设计、制造、服务的上下游企业，形成一个为用户提供产品和服务的增值链。在生产、自动化工程和 IT 领域，横向集成是指将各种使用不同制造阶段和商业计划的 IT 系统集成在一起，这其中既包括一个公司内部的材料、能源和信息的配置（例如，原材料物流、生产过程、产品外出物流、市场营销），也包括不同公司间的配置（如价值网络）。这种集成的目标是提供端到端的解决方案。

（2）企业内部灵活且可重新组合的网络化制造体系"纵向集成"

在智能工厂中，从上往下是计划、执行管理、执行单元的一个纵向的集成。通过工业网络连接，实现跨层的集成自动化。在生产、自动化工程和 IT 领域，垂直集成是指为了提供一种端到端的解决方案，将各种不同层面的 IT 系统集成在一起（例如，执行器和传感器、控制、生产管理、制造和执行以及企业计划等各种不同层面）。

（3）贯穿整个价值链的端到端工程数字化集成

整个制造活动中，通过设计和工程的数字化集成，实现不同企业之间，不同业务的跨系统、跨地域的端到端集成，是一个价值链的全数字化实现。

这三个集成体现了智能制造系统的内在和外在的联系。其基础就是数字化和网络化，并且最终依托智能化实现价值创造。

工业 4.0 将在制造领域的所有因素和资源间形成全新的社会—技术互动。

它将使生产资源（生产设备、机器人、传送装置、仓储系统和生产设施）形成一个循环网络，这些生产资源将具有以下特性：自主性、可自我调节以应对不同形势、可自我配置、可利用以往经验、配备传感设备、分散配置，同时，它们也包含相关的计划与管理系统。作为工业4.0的一个核心组成，智能工厂将渗透到公司间的价值网络中，并最终促使数字世界和现实的完美结合。智能工厂以端对端的工程制造为特征，这种端对端的工程制造不仅涵盖制造流程，同时也包含了制造的产品，从而实现数字和物质两个系统的无缝融合。智能工厂将使制造流程的日益复杂性对于工作人员来说变得可控，在确保生产过程具有吸引力的同时使制造产品在都市环境中具有可持续性，并且可以盈利。

在未来，工业4.0将有可能使有特殊产品特性需求的客户直接参与到产品的设计、构造、预订、计划、生产、运作和回收各个阶段。更有甚者，在即将生产前或者在生产的过程中，如果有临时的需求变化，工业4.0都可立即使之变为可能。当然，这会使生产独一无二的产品或者小批量的商品仍然可以获利。

2. 工业4.0参考架构模型

工业4.0参考架构模型（Reference Architecture Model Industrie 4.0，RAMI 4.0）是从产品生命周期/价值链、层级和架构等级三个维度，分别对工业4.0进行多角度描述的一个框架模型，它代表了德国对工业4.0所进行的全局式的思考。有了这个模型，各个企业尤其是中小企业，就可以在整个体系中找到自己的位置。在对工业4.0的讨论中需要考虑不同的对象和主体。其对象既包括工业领域不同标准下的工艺、流程和自动化；也包括信息领域方面的信息、通信和互联网技术等。为了达到对标准、实例、规范等工业4.0内容的共同理解，需要制定统一的框架模型作为参考，对其中的关系和细节进行具体分析。

在德国工业4.0工作组的努力和各种妥协之下，2015年3月，德国正式提出了工业4.0的参考架构模型（RAMI 4.0），如图1-10所示。

RAMI 4.0的第一个维度，是在IEC 62264企业系统层级架构的标准基础之上（该标准基于普渡大学的ISA-95模型，界定了企业控制系统、管理系统等各层级的集成化标准），补充了产品或工件的内容，并由个体工厂拓展至"互联世界"，从而体现工业4.0针对产品服务和企业协同的要求。

第二个维度是信息物理系统的核心功能，以各层级的功能来体现。具体来看，资产层是机器、设备、零部件及人等生产环节的每个单元；集成层是传感器和控制实体等；通信层是专业的网络架构等；信息层是对数据的处理与分析过程；功能层是企业运营管理的集成化平台；商业层是各类商业模式、业务流程、任务下发等，体现了制造企业的各类业务活动。

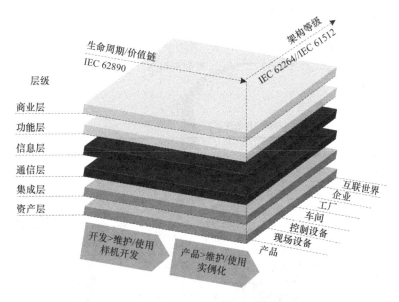

图 1-10 工业 4.0 参考架构模型图

第三个维度是价值链，即从产品全生命周期的视角出发，描述了以零部件、机器和工厂为典型代表的工业要素从虚拟原型到实物的全过程。具体体现为三个方面：一是基于 IEC 62890 标准，将其划分为模拟原型和实物制造两个阶段。二是突出零部件、机器和工厂等各类工业生产部分都要有虚拟和现实两个过程，体现了全要素"数字孪生"的特征。三是在价值链构建的过程中，工业生产要素之间依托数字系统紧密联系，实现工业生产环节的末端链接。以机器设备为例，虚拟阶段就是一个数字模型的建立，包含建模与仿真。在实物阶段主要就是实现最终的末端制造。

RAMI 4.0 的三维从企业（工厂）内部控制、产品全生命周期和核心功能三个方面对智能制造系统进行了分析和定位，也为相关标准的制定提供了参考依据。

3. NIST 的制造生态

2016 年 2 月份，美国国家标准与技术研究院（NIST）工程实验室系统集成部门，发表了一篇名为《智能制造系统现行标准体系》的报告。这份报告总结了未来美国智能制造系统将依赖的标准体系。这些集成的标准横跨产品、生产系统和商业（业务）这三项主要制造生命周期维度。

每个维度（如产品、生产系统和业务）代表独立的全生命周期。制造金字塔是其核心，三个生命周期在这里汇聚和交互。图 1-11 所示为 NIST 的制造系统生态。

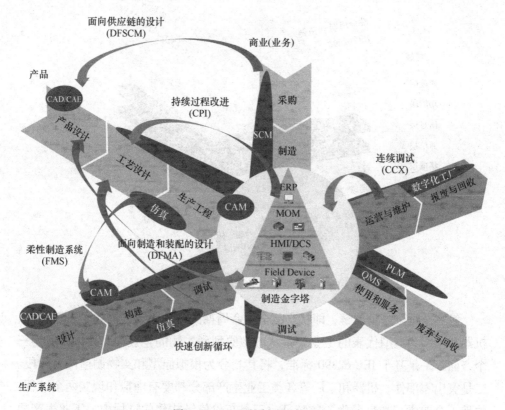

图 1-11　NIST 的制造系统生态

- 第一维度：产品维度，涉及信息流和控制，智能制造生态系统下的产品生命周期管理，包括六个阶段，分别是产品设计、工艺设计、生产工程、制造、使用和服务、废弃与回收。

- 第二维度：生产系统维度，关注整个生产设施及其系统的设计、构建、调试、运营与维护、报废与回收。"生产系统"在这里指的是从各种集合的机器、设备和辅助系统组织及资源中创建商品和服务。

- 第三维度：商业（业务）维度，关注供应商和客户的交互功能，电子商务在今天至关重要，使任何类型的业务或商业交易，都会涉及利益相关者之间的信息交换。在制造商、供应商、客户、合作伙伴，甚至是竞争对手之间的交互标准，包括通用业务建模标准、制造特定的建模标准和相应的消息协议，这些标准是提高供应链效率和制造敏捷性的关键。

- 制造金字塔：智能制造生态系统的核心，产品周期、生产系统周期和商业（业务）周期都在这里聚集和交互。每个维度的信息必须能够在金字塔内部上下流动，为制造业金字塔从机器到工厂，从工厂到企业的垂直整合发挥作用。沿着每一个维度，制造业应用软件的集成都有助于在车间层面提升控制能力，并且优化工厂和企业决策。这些维度和支持维度的软件系统最终构成了制造业软件系统的生态体系。

在这个结构中，一个制造金字塔可以看作是一个智能工厂。在三个维度中，生产系统维度体现了一个智能工厂的生命周期；产品维度体现了产品的全生命周期；而商业（业务）维度体现了制造过程的业务协同过程。

4. 中国智能制造系统结构

《国家智能制造标准体系建设指南（2018 年版）》对智能制造系统架构从生命周期、系统层级和智能特征三个方面进行描述（见图 1-12）。

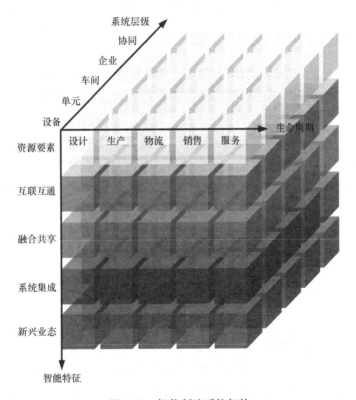

图 1-12　智能制造系统架构

生命周期是指从产品原型研发开始到产品回收再制造的各个阶段，包括设计、生产、物流、销售、服务等一系列相互联系的价值创造活动。生命周期的各项活动可进行迭代与优化，具有可持续性发展等特点，不同行业的生命周期构成不尽相同。

系统层级是指与企业生产活动相关的组织结构的层级划分，包括设备层、单元层、车间层、企业层和协同层。其中，设备层到企业层是一个智能工厂内部的层级，协同层包括了企业与其他组织之间的业务协同与共享。

智能特征是指基于新一代信息通信技术使制造活动具有自感知、自学习、自决策、自执行、自适应等特征中的一个或多个。功能的层级划分包括资源要素、互联互通、融合共享、系统集成和新兴业态五层智能化要求。

这三个维度分别从产品、制造系统、技术实现三个方面对智能制造系统进行了说明。其中，产品生命周期维度对应了德国"工业4.0"的横向集成关系以及 NIST 的产品维度，系统层级对应了德国"工业4.0"的纵向集成关系以及 NIST 的"制造金字塔"。而智能特征维度从技术实现的角度，给出了智能制造相比传统制造的"智能化"特征，使系统的实现更加具有可操作性。

1.2.2　智能工厂是智能制造的载体

对于提高制造业的国际竞争力而言，建设智能工厂是重要的着力点。首先，智能工厂建设是我国制造强国战略的重要组成部分。《中国制造2025》明确提出加快推动新一代信息技术与制造技术融合发展，把智能制造作为两化深度融合的主攻方向，在重点领域试点建设智能工厂及数字化车间。智能工厂建设是我国传统制造企业实施创新驱动、价值创造战略的自身要求。其次，智能工厂建设是行业信息化实现创新发展的关键。智能工厂建设代表了信息化未来的发展方向，既可以提升智能化生产水平，也可以锻炼队伍、培养人才，提升信息化研发、建设和管理水平，带动制造企业信息化转型发展、创新发展，从而进一步提升中国整体的信息化水平。

德国"工业4.0"项目主要分为两大主题，一是"智能工厂"，重点研究智能化生产系统及过程，以及网络化分布式生产设施的实现；二是"智能生产"，主要涉及整个企业的生产物流管理、人机互动以及3D技术在工业生产过程中的应用等。该计划将特别注重吸引中小企业参与，力图使中小企业成为新一代智能化生产技术的使用者和受益者，同时也成为先进工业生产技术的创造者和供应者。

《国家智能制造标准体系建设指南（2018年版）》对智能工厂的相关标准建设主要包括智能工厂建设标准、智能工厂交付标准、智能生产标准和集成优化标准，从标准的建设角度来看，智能工厂所覆盖的内容涉及智能制造的各个方面。智能工厂建设包括总体规划，信息基础设施、物联网、信息化应用系统等方面，涉及虚拟工厂、仿真分析、工艺优化、信息标识编码等内容；智能工厂交付包括数字化交付这一内容；智能生产包括生产计划、质量管理、设备监控与维护等相关内容；集成优化包括虚拟工厂与物理工厂的集成、业务间集成架构与功能现场设备与系统集成、系统之间集成、系统互操作等集成内容，包括各业务流程的优化、操作与控制的优化、销售与生产协同优化、设计与制造协同优化、生产管控协同优化、供应链协同优化等系统与业务优化内容。

正如数字化制造是智能制造的一个发展范式，也是智能制造的基础，数字化工厂也是智能工厂的一个基础。工厂要实现智能化，首先需要实现数字化，通过实现数字化工厂，在信息空间构建了物理工厂的对应模型，才能应用智能化的方法对工厂进行仿真、分析与优化。同时，利用工厂的数字模型，可以进一步实现"数字孪生"，通过实时数据对数字模型的驱动来优化工厂运营。

构建智能工厂的数字模型，实施数字化工厂规划，是先于实际工厂建设的一个必不可少的环节。

1.3　数字化工厂与数字化工厂规划方法

1.3.1　面向工厂全生命周期的数字化工厂

1. 工厂全生命周期

工厂是一个复杂的系统，参考产品生命周期理论，可以分析得到工厂的生命周期过程，大体可分为规划设计阶段、工厂建设阶段、运行维护阶段，如图 1-13 所示。

（1）规划设计阶段

规划设计是智能工厂建设最基础的工作，主要包括：建筑设计、工厂布局规划。

厂房建筑是工厂制造系统的重要组成部分，厂房设计的安全性和合理性是生产制造顺利进行的前提。根据国家相关建筑设计标准和技术规范，按照工厂从选址、勘探、建筑设计到内部设施规划等流程，工厂建筑设计包括勘察和地基基础、房屋抗震设计、结构设计、建筑防火设计和建筑设备设计等工作。

车间的设备布局设计是制造系统设计的重要组成部分，因布局不合理所产生的运行费用占制造系统整体运行费的 20% ~ 50%，而优良的设备布局可使这一费用只占 10% ~ 30%。此外，好的设备布局还能减少对工作者的身体伤害，使工作人员在安全、健康和舒适的环境中工作。工厂布局是在满足必要约束的前提下，将指定设备合理地摆放在指定布局空间中，从而达到某种最优指标的设计活动。

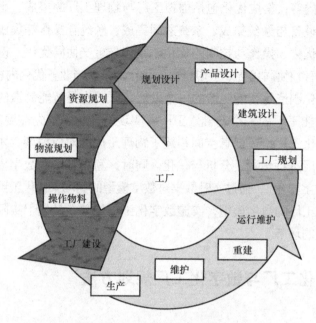

图 1-13   工厂的生命周期过程图

（2）工厂建设阶段

完成了工厂的设计规划工作，通过各个相关部门的审批后，工厂就进入了工程建设的实施阶段。工程建设包括建筑施工建设、设备调试、试生产等主要工作。

建筑施工建设阶段需要对工程的进度进行有效管控，对施工的过程进行跟踪，保障施工质量。一般建筑设计（包括里面的建筑设施）在设计阶段不会很细致地进行定义，很多设施及建筑设备的安装由施工队伍现场完成。需要对这些具体安装信息进行有效的记录，以备后续维护使用。

设备调试和试生产是在厂房建设完成后进行的，一般由设备承包商完成。如果车间内部有多条涉及不同工艺的流水线，往往其设备承包商也不相同，加上物流配送规划，因此，设备调试和试生产是一个多方协同的过程。

（3）运行维护阶段

完成所有前期准备工作后，工厂就将投入生产，进入运行维护阶段。

在运行过程中，厂房可能因为环境和使用出现一定的损耗，需要定期进行检修和维护。维护工程师需要制定合理的检修维护方案，计算维护成本。维护包括对设备的维护，以及对厂房及其基础设施的维护。

随着企业的发展以及技术的变革，工厂可能需要引入新的设备，或者对原有设备进行改造以满足新的生产需求，这就需要对工厂进行改造升级。大的改造升级会改变原来的布局，引入新的物流方式，甚至是厂房的重新规划和建设。

2. 数字化工厂的基本概念

数字化工厂（Digital Factory）一词最早出现在 1998 年，在 CIM（Computers in Manufacturing）展会上，多个厂家展示了数字化工厂仿真系统，加速了数字化工厂的到来。Dwyer John 在 1999 年的一篇论文中指出："制造的所有细节在其发生前被模拟"。日本的 Onosato 和 Iwata 提出了虚拟制造技术是用模型和仿真来替代现实生活中的实体，用 3D 技术和数字模型来建立数字化工厂。德国工程师协会（VDI，Association of German Engineers）对"数字化工厂（Digital Factory）"下的定义是："数字化工厂是有关网络工厂的，集成在常用数据管理系统中的数字模型、数字方法和数字工具的总体概念。其目的在于统一的工厂规划、评估和不断地对所有重要的工厂生产工艺过程和资源结合产品进行改进。"另外，还发布了与此相关的指导规范：VDI 4499。

可以看到，这些数字化工厂的定义，是针对工厂规划设计阶段提出的。在物理工厂还没有建设之前，通过建立数字化工厂，来构建一个虚拟的、数字化的工厂模型，用来对未来工厂的运行进行仿真和分析，从而提高工厂规划的质量。

伴随着德国"工业 4.0"概念在国内的流行，一个"数字工厂"词汇也开始为大家所熟悉，其对应的英文也为"Digital Factory"。数字工厂作为支撑工业 4.0 现有的最重要的国际标准之一，是 IEC（国际电工委员会）/TC 65（65 技术委员会：工业过程测量、控制和自动化）的重要议题。2011 年 6 月，IEC/TC 65 成立 WG 16"数字工厂"工作组，西门子、施耐德电气、罗克韦尔自动化、横河等国际自动化企业，以及我国机械工业仪器仪表综合技术经济研究所等研究机构，都参与了"IEC/TR 62794：2012 数字工厂标准"的制定。为更好地指导国内企业开展数字工厂建设，全国工业过程测量控制和自动化标准化委员会（SAC/TC 124）组织国内相关单位，将该标准等同转化为我国国家标准《工业过程测量、控制和自动化 生产设施表示用参考模型（数字工厂）》（GB/Z 32235—2015，2015 年 12 月发布）。

GB/Z 32235—2015 中对"数字工厂"的定义为：工厂通用模型，用于表示基本元素、自动化资产，及其行为和关系。注：这个通用模型可以应用于任何实际工厂。

从标准的名称以及定义来看，这个"数字工厂"更多的是针对工厂运维阶段的数字化监控和管理优化，是通过工业物联网等技术将工厂的实际运行数据进行采集，在数据空间利用数字化模型进行管控和优化的一个技术与方法，即实际工厂的"数字化"体现。

根据这两种定义，可以把数字化工厂（Digital Factory）这个词理解为：

1）Digital Factory（本书翻译为数字化工厂）是工厂基于数字化制造原理的一个/一套数字模型，这个模型能在数字空间对实际工厂的运作情况进行仿真模拟或者进行监控。

2）数字化工厂是一个面向工厂全生命周期的概念。在工厂设计规划阶段，利用仿真手段，对将来的工厂进行分析与优化；在工厂建设阶段，可以指导工厂的建设调试；在工厂运维阶段，可以利用模型结合实际工厂的运行数据，对工厂进行管理优化。

数字化工厂的发展方向，就是数字化工厂是实际工厂的"数字孪生"，通过数字孪生的分析优化，可以有效地指导实际工厂的运行。

3）离散制造和流程制造行业，"数字化工厂"技术应用的重点各不相同。离散制造行业的"数字化工厂"的重点在于如何更好地实现产品的客户化定制，保证新产品快速上市，因此，数字化工厂技术更多在于架构从产品设计到量产的一个桥梁；而流程制造行业的"数字化工厂"的重点在于生产系统的稳定运行，工艺的优化，数字化工厂技术是构建实际工厂到数字工厂的桥梁。

本书所讨论的数字化工厂方法主要是面向工厂规划阶段的数字化工厂技术和方法，即"数字化工厂规划"技术和方法，但所构建的工厂模型与相关仿真方法，在工厂运行阶段也是可用的。

1.3.2 数字化工厂规划

1. 产生背景

随着全球化竞争的加剧，产品的更新换代和设计制造周期的缩短以及客户化定制生产方式的形成，给制造企业带来了越来越大的竞争压力，促使数字化制造及数字化工厂概念的产生。数字化工厂规划最主要的是解决产品设计和产品制造之间的"鸿沟"，如图 1-14 所示。以前产品设计完成后，没有一个科学的转化渠道，仅仅凭借工艺人员、制造工程师和管理人员的经验知识进行生产工艺安排、生产计划制定，然后直接投入制造系统进行制造，对出现的问题只有在生产过程中解决，造成产品上市时间的延长，设计和生产的不断返工，甚至设计的产品无法制造。

面向工厂规划的数字化工厂技术就是为解决以上问题而提出，实现产品生命周期中的制造、装配、质量控制和检测等各个阶段的功能，主要解决工厂、车间和生产线以及产品的设计到制造实现的转化过程，使设计到生产制造之间的不确定性降低，在数字空间中将生产制造过程压缩和提前，使生产制造过程在数字空间中得以检验，从而提高制造系统的成功率和可靠性，缩短从设计到生产的转化时间。数字化工厂构建生产线、车间、工厂的虚拟仿真模型，以产品设计与工艺的相关数据为基础，对整个生产过程进行仿真、评估和优化，一方面帮助产品进行可制造性分析与优化，另一方面，也帮助生产制造系统进行优化。

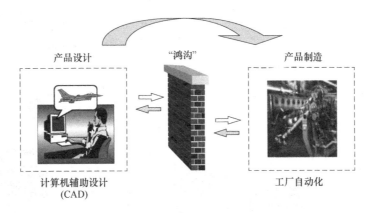

图 1-14　从产品设计到产品制造的"鸿沟"

图 1-15 所示为设计技术和制造技术的发展，设计技术由 2D 设计发展到 3D 实体设计，目前以参数化和特征设计为基础的设计方法已普遍采用，同时采用数字模型对产品的外形、装配和使用功能等进行仿真，进一步向基于模型的定义（MBD）方向发展。在制造技术方面，由于采用了数控技术，使制造自动化技术进入了新的发展阶段，从柔性制造系统到工厂自动化，再到网络化制造、智能制造。在设计和制造两个车轮的共同驱使下人类的制造活动进入了数字工厂新的阶段。

在现代先进制造领域，CAD 系统是解决产品设计、建模等问题的工具。计算机辅助生产工程（CAPE）系统则是解决生产工程问题，也就是如何组织生产的问题，其目标主要是生产计划、工艺管理、生产过程组织等领域的设计和优化问题。数字化工厂是通过建立统一的工艺数据库来支持规划和工艺人员完成复杂的生产工程管理和优化任务，是在计算机辅助工程、虚拟现实技术和仿真优化技术的基础上发展起来的，数字化工厂目前已经成为现代制造领域中的一个新的应用领域。

制造系统体系结构设计及优化、生产系统的功能分解以及过程组织、生产流程设计的新技术正在不断地出现，这些技术将有助于规划、分解工厂的结构、生产设备和制造原料的维护和储存、企业物流系统的设计以及确认企业生产能力和生产瓶颈所在。同样地，在过程组织和生产流程设计方面，也发挥出很大的作用。除此以外，为了解决复杂的设计功能，人们还采用了对生产流程进行模拟的方法。与此同时，还有采用三维交互场景把生产设备及其工作方式，以及由此而产生的对外部环境的影响真实地再现出来的虚拟现实/增强现实的设备和软件。

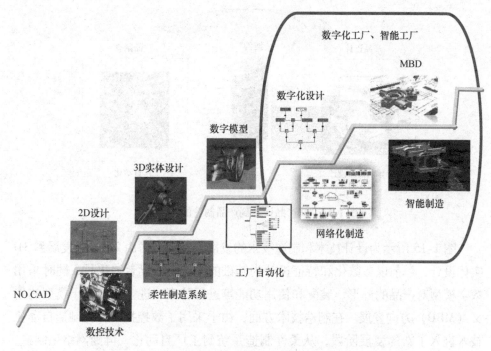

图 1-15　设计/制造技术的发展与数字化工厂、智能工厂的形成

通过建模技术对真实工厂的制造资源和工艺数据进行分析，在计算机内建立真实工厂的数字化模型。CAD 数据、加工工艺和预计的生产计划作为输入，通过优化仿真系统进行制造过程的模拟，对产品的设计和制造过程进行评价。现在越来越多的优化仿真系统还采用虚拟现实技术进行可视化仿真，并给出优化仿真结果。数字化工厂技术对生产工程的各个环节，在不同的层次，小到操作步骤，大到生产单元、生产线乃至整个工厂进行设计、仿真、分析和优化。它从并行工程的基本观点出发，在产品设计阶段就同时考虑和解决生产工程的问题，包括工艺过程设计、工艺装备、机床设备、刀具、生产线或加工单元的布局、人体工程学、生产调度、物料管理等，以实现数字化的制造。其结果用

于真实工厂的生产制造,如可生成 PLC、机器人和数控机床等数字化设备的控制程序,控制相关设备完成生产制造。

在制造业信息化的发展进程中,许多原来针对某些领域的自动化或计算机辅助技术越来越需要和其他系统进行数据交换,如 CAD 和 CAPP 以及 CAM 系统,由此产生了数据共享和相互操作的问题,PDM/PLM 的出现解决了产品数据管理的问题,促使 CAD/CAM/CAPP/PLM 技术的集成和发展。随着技术的进一步发展,仅仅进行数据的交互已不能满足实际的需求。从产品的设计到制造之间的业务流程以前都是通过人员之间采用传统的方法向下流转,由设计人员完成后通知主管人员,由主管人员进行协调,将工艺分析的任务交由工艺规划人员完成,经过多次类似的活动最后才进入工厂进行制造,由于人们对业务流程的自动化要求越来越高,进而出现了数字化工厂集成的概念。

2. 数字化工厂的定义

数字化工厂的定义为:以产品全生命周期的相关数据为基础,根据虚拟制造原理,在虚拟环境中,对整个生产过程进行仿真、优化和重组的新的生产组织方式。从现有成果来看,数字化工厂应用和研究方向分为广义和狭义两个方面,具有各自的概念和特点。

1) 广义数字化工厂的定义为:以制造产品和提供服务的企业为核心,由核心企业以及一切相关联的成员(包括核心制造企业、供应商、软件系统服务商、合作伙伴、协作厂家、客户、分销商等)构成的,使一切信息数字化的动态组织方式。这样的概念源于"大制造"的思想,试图把一切与产品相关的活动和过程都包含进来。在广义的数字化工厂中,核心制造企业主要对产品设计、零件加工、生产线规划、物流仿真、工艺规划、生产调度和优化等方面进行仿真、优化和实际控制及管理。广义的数字化工厂不但解决企业内部的生产问题而且通过电子信息化的手段增强企业同外部的联系,所以广义的数字化工厂不但是对整个实际企业的数字化仿真模拟,而且还是对真实企业进行管理和控制的技术总和。广义数字化工厂的本质特征是通过对制造系统中物质流、信息流的数字化,从而实现数字化企业的虚拟映射,形成一种大规模的、敏捷的、虚拟的网络制造系统。

2) 狭义数字化工厂是以制造资源(Resource)、生产操作(Operation)和产品(Product)为核心,将数字化的产品设计数据,在现有实际制造系统的虚拟现实环境中,对生产过程进行计算机仿真和优化的虚拟制造方式,这也是本书所探讨的数字化工厂,以后除特别指明外,所提及的数字化工厂概念都是指狭义的数字化工厂。数字化工厂技术利用计算机技术和网络技术,实现产品生命周期中的设计、制造、装配、质量控制和检测等各个阶段的功能，达到缩短新产品的上市时间、降低成本、优化设计、提高生产效率和产品的质量。就系统结构而言，其中包括产品工艺分析、工艺规划、工艺审查、生产计划、生产线规划、物流仿真、生产线优化等部分，在产品设计和产品实际加工二者之间构建起桥梁。

数字化工厂技术就是在高性能计算机及高速网络的支持下，采用计算机仿真与虚拟/增强现实技术，以群组协同工作的方式，它概括了对真实制造世界的对象和活动的建模与仿真研究的各个方面。从产品概念的形成、设计到制造全过程的三维可视及交互的环境，在计算机上实现产品制造的本质过程（包括产品的设计、性能分析、工艺规划、加工制造、质量检验，生产过程管理与控制），通过计算机虚拟模型来模拟和预测产品功能、性能及可加工性等各方面可能存在的问题。图 1-16 所示为数字化工厂技术和虚拟制造技术之间的关系。

数字化工厂与虚拟制造系统具有很多相似之处，虚拟制造技术的研究历史较长，它的概念也被许多研究人员所接受，所以有必要对虚拟制造技术进行说明。

虚拟制造是实际制造过程在计算机上的本质实现，即采用计算机仿真与虚拟现实技术，在计算机上实现产品开发、制造管理与控制等制造的本质过程，以增强制造过程各级的决策与控制能力。虚拟制造的特点有：

图 1-16　数字化工厂与虚拟制造

1）模型化：虚拟制造以模型为核心，本质上还是属于仿真技术，离不开对模型的依赖，涉及的模型有产品模型、过程模型、活动模型和资源模型。

2）集成化：虚拟制造以模型信息集成为根本，虚拟制造对单项仿真技术的依赖决定了它所面临的是众多的适应各单项仿真技术的异构模型，如何合理地集成这些模型就成为虚拟制造成功的基础。

3）拟实化：虚拟制造以拟实仿真为特色，主要指仿真结果的高可信度，以及人与这个虚拟制造环境交互的自然化。虚拟现实（Virtual Reality，VR）技术是改善人机交互自然化的普遍认可的途径。

根据虚拟制造所涉及的工程活动类型不同，虚拟制造可分成三类，即以设计为核心的虚拟制造（Design-centered VM）、以生产为核心的虚拟制造（Production-centered VM）和以控制为核心的虚拟制造（Control-centered VM）。这种划分结果也反映了虚拟制造的功能结构。

1）设计性虚拟制造：把制造信息引入到产品设计全过程，强调以统一制造信息模型为基础，对数字化产品模型进行仿真、分析与优化，从而在设计阶段就可以对所设计的零件甚至整机进行可制造性分析，包括加工工艺分析、铸造热力学分析、运动学分析、动力学分析、可装配性分析等。为用户提供全部制造过程所需要的设计信息和制造信息以及相应的修改功能，并向用户提出产品设计修改建议。

2）生产性虚拟制造：在生产过程模型中融入仿真技术，是在企业资源（如设备、人力、原材料等）的约束条件下，实现制造方案的快速评价以及加工过程和生产过程的优化。它对产品的可生产性进行分析与评价，对制造资源和环境进行优化组合，通过提供精确的生产成本信息对生产计划与调度进行合理化决策。它贯穿于产品制造的全过程，包括与产品有关的工艺、夹具、设备、计划以及企业等。

3）控制性虚拟制造：为了实现虚拟制造的组织、调度与控制策略的优化以及人工现实环境下虚拟制造过程中的人机智能交互与协同，需要对全系统的控制模型及现实加工过程进行仿真，这就是以控制为中心的虚拟制造。

以上三种虚拟制造分别侧重于制造过程的产品设计、制造过程、系统控制三个不同的方面。但它们都以计算机建模、仿真技术作为一个重要的实现手段，通过对制造进行统一建模，用仿真支持设计过程、模拟制造过程，并进行成本估算和生产调度。

从研究内容和功能的集合角度而言，狭义数字化工厂是虚拟制造的一部分，虚拟制造又是广义数字化工厂的一部分；从发展的观点而言，虚拟制造是数字化工厂的基础，数字化工厂是虚拟制造发展的必然结果；从现实意义而言，狭义数字化工厂符合制造企业的现实需求，能有效地解决工艺规划和生产线优化的瓶颈问题，具有突出的现实意义和发展潜力。数字化工厂作为一种新的生产组织方式，其系统研究将得到广泛的关注。同时，数字化工厂和虚拟制造两者又是相辅相成的。虚拟制造是数字化工厂的基础，并为其提供技术支持；数字化工厂是对虚拟制造的在更高层次上的深化和统一，图 1-17 展示了它们之间的功能关系。

3. 实施数字化工厂规划的意义

数字化工厂规划技术已在汽车制造、航空航天、造船以及电子等行业得到应用，特别是在复杂产品制造企业取得了良好的效益，据国外某统计资料报告，采用数字化工厂技术获得的效益如下：

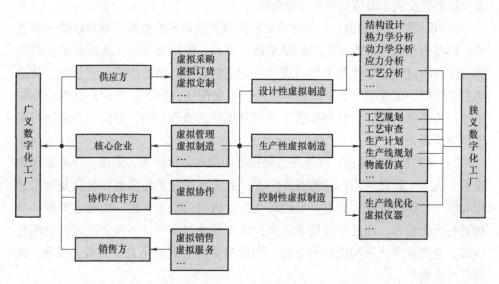

图 1-17 数字化工厂与虚拟制造功能关系图

1）减少产品上市时间 30%。

2）减少设计修改 65%。

3）减少生产工艺规划时间 40%。

4）提高生产产能 15%。

5）降低生产费用 13%。

数字化工厂规划技术改变了传统的规划设计理念，将设计规划从经验和手工方式，转化为计算机辅助数字仿真与优化的精确可靠的规划设计，它在时间、质量和成本方面体现出重要的意义：

1）时间：减少试生产时间、减少工艺规划时间、缩短生产准备周期。

2）质量：提高规划质量、提高产品数据统一、提高变型生产效率、优化了生产线的配置。

3）成本：减少了物理原型的使用、减少了工程更改量、降低设备人员的投入。

在国外著名的汽车制造公司已普遍使用数字化工厂软件，如德国的奥迪公司在 2004 年已有 60% 的规划人员使用数字化工厂软件进行日常的设计规划工作；德国戴姆勒奔驰计划实施数字化战略，每个新车型必须首先在数字空间里进行仿真制造；日本的马自达公司平均一个车型在投产前要进行 20000 个仿真检验。国内上汽大众和一汽集团都先后引入数字化工厂软件，实现国内大众的设计规划平台和德国大众的统一，加速了产品引进消化的时间，并为上汽大众形成自主的研发能力提供了基础。

1.3.3　智能工厂的数字化规划

随着产品变得越来越复杂和知识含量变得越来越高，制造系统的复杂程度也越来越高，智能工厂需要满足以下最基本的集成化和智能化要求：

1）开放式动态结构：面对复杂多变的制造环境，能够动态集成（添加）子系统或删除已存在的子系统。

2）敏捷性：指适应快速变化市场的制造能力，为适应产品品种的快速变化，要求系统易于重构，并且能快速地把产品投放到市场。

3）柔性：适应市场动态变化的生产正在逐渐替换批量生产。一个制造系统的生存和竞争能力在很大程度上要看它是否能够在足够短的开发周期内适应市场各方面的最新需求，生产出成本较低、质量较高的不同品种的产品。

4）跨组织的集成：为适应全球竞争和快速响应市场环境，独立的企业或部门必须通过网络与相关管理系统（如采购、设计、生产、车间、规划等）及其合作伙伴集成，完成网络集成，到信息集成、应用集成，再到过程集成，最终实现知识集成的最高目标。

5）异构环境：离散化制造模式必然使计算机软硬件信息系统形成异构的数据环境。

6）协同工作能力：异构信息环境使用不同的编程语言，以不同的模型表达数据，运行在不同的计算机平台，这必然要求系统具有内部协同工作能力。

7）人机交互能力："人"在产品开发甚至整个产品生命周期内都起到非常重要的作用，系统需要吸取人的经验，集成人的智慧，因此要求具备友好的人机界面。

8）系统容错性：保证产品开发速度的同时，要保证产品的质量，产品或系统的缺陷可能导致工期推迟，因此系统应该具有检查错误并修正错误的能力。

由于智能工厂的上述特点，使其生产设备和制造系统日趋复杂，供应商和客户在规划和设计系统的前期，组装和调试新设备并将其投入到生产的过程中经常面临着日益严峻的问题。传统的手工处理方式，设计人员不能对新的制造技术和制造系统有正确的了解，可能导致产品设计上的错误，就需要在以后的设备现场安装调试中以更大的代价去更正。而生产制造过程的经验也不能很好地反馈到设计阶段。设计和制造两个环节的脱节就需要迫切提高企业的生产规划能力和制造系统的设计能力。另外，传统的人工规划方法基本上是"粗放式"的设计方法。新生产系统设计完成后，具体的设备进厂、试生产和投产都是一个不确定的纸上方案，给建造供应商提供了很大的发挥空间。这样会导致新工厂的建设时间、建设成本都不能很好地进行控制，最后往往会导致费用超支、工程的拖期。

对于传统工厂规划的局限性，数字化工厂技术的引入能够很好地解决这些问题。集现代制造技术、现代管理技术、自动化技术、计算机信息技术和系统工程技术于一体的数字化工厂布局规划系统，运用了先进的规划软件，可模拟现代制造企业进行生产运作管理、车间制造自动化、质量监控、现代物流控制等活动，充分体现出数字化工厂规划的综合性、工程性、集成性、系统性和可拓展性等特征。

数字化工厂在工厂层面的应用主要是工厂及车间布局和初步的生产规划仿真。布局指按照一定的原则在设备和车间内部空间面积的约束下，对车间内各组成单元的工作地以及生产设备进行合理的布置，使它们之间的生产配合关系最优，设备的利用率最高，物料运送代价最小，并且能够保证生产的长期运转。数字化工厂的车间布局功能为新厂房的建立以及厂房的调整与改善提供预分析和规划的工具，同时也为生产线的仿真和规划以及数字化装配做好铺垫。由此可见，进行车间布局是应用数字化工厂技术的第一步，起着至关重要的作用。

如果采用传统工厂布局方法，利用简单的计算机辅助二维平面设计，或采用现场布置的方法，由于无法事先预估未知因素，缺少对各种设计方案的分析比较，将很难得到最优方案，而且一旦需要调整方案，其过程会非常烦琐。利用数字化工厂技术进行工厂布局设计的方法可以很好地解决传统设计中遇到的问题。数字化工厂技术采用面向对象技术建立制造环境中的基本资源类型库，并针对其中的对象建立相应的模型库，然后通过可视化的建模方式，在虚拟场景中组建出装配车间仿真模型，生产环境，机床、运输设备、仓库以及缓冲区等生产工位的合理位置的三维可视化仿真模型，规划人员和操作者通过漫游，对空间布局进行调整，对生产的动态过程进行模拟，统计相应的评价参数，确定布局优化方案。

数字化工厂中的物流分析仿真软件，是对制造企业物流进行规划分析、辅助设计和评价的最简单、经济、有效的方法。它可以在工厂规划初期，把拟建设的工厂与产品生产物流相关的原料资源、产品生产加工、产品工艺数据、库存信息、运输等活动有机地结合起来，逼真地在计算机上模拟出制造系统的生产过程和变化状态，运用系统分析方法对生产物流系统进行模拟仿真数据分析，并可以对物流规划设计的结果进行系统的调整和系统能力的评价，从而可以使工厂物流设计和运行更为可靠、有效，大大地降低产品开发的投资和缩短开发周期，被认为是解决现代生产制造企业中物流成本高的理想方法。

　　随着数字化生产、虚拟企业概念的提出，生产系统的布局设计与仿真变得日益重要，合理的系统布局不仅可以减少系统运行的成本和维护费用，提高设备的利用率和系统的生产效率，而且对系统的快速重组和提高企业的快速响应特性，均具有十分重要的意义。

第**2**章

面向工厂规划的数字化工厂方法

2.1 数字化工厂规划体系框架

2.1.1 数字化工厂在企业信息化中的功能定位

数字化工厂是对制造系统的数字化的描述，在建立起的数字空间里，完成对产品的制造。为此，必须研究适应于数字化工厂的平台系统，使这个平台能够适应制造过程中不同阶段、不同分析层次的要求，达到一次建模全生命周期使用的目的。随着制造企业信息化水平的提高，CAD/CAM/CAPP 以及 PDM/PLM、ERP 和 MES 的广泛使用，对数字化工厂规划的需求越来越大，图 2-1 展示了在数字制造中数字化工厂所起的作用以及和 CAD、PDM/PLM、ERP 和 MES 等系统之间的关系。CAD 完成设计任务，定义工厂做什么产品（What），数字化工厂回答怎样制造（How）的问题，从技术层面上研究如何制造，ERP 完成何时做，在什么地方做的计划层面上的问题（When/Where），MES 承担实际生产控制的任务。

数字化工厂与现有信息系统有着密不可分的关系，这也反映了数字化工厂的功能定位及其与各个信息系统的相互关系，数字化工厂的总体运行机制是"数据驱动"，即从已经实施的 CAD、PDM/PLM 系统中获取产品数据，从 ERP 系统中获取生产计划数据，在设备数字化环境中对产品的生产过程进行规划和仿真分析，并将仿真和优化结果反馈到相关系统中，给出系统生产能力和可行性方面的验证。由此可以看到数字化工厂包含了传统的 CAPP 功能，扩展了布局规划、仿真验证等功能，是解决产品设计到实际生产过程中各类问题的数字化辅助工具。

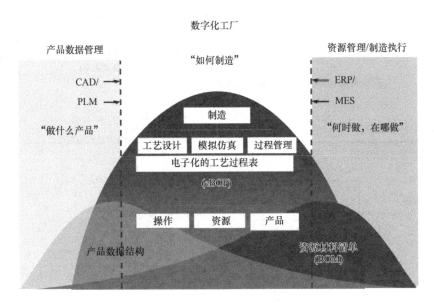

图 2-1　数字化工厂的应用环境

2.1.2　数字化工厂功能分析

数字化工厂（或者说数字化工厂系统）是应用数字化工厂技术实现虚拟制造、由计算机软硬件组成的系统，是现实制造系统在虚拟环境下的映射，是基于模型和仿真的系统。作为在计算机中运行的制造系统，它主要由模型、仿真、控制和支撑环境四个部分组成。模型包括产品模型、制造过程所涉及的物料和中间产品模型、设备模型和其他制造资源模型；仿真是对模型的处理和操作；控制负责对仿真过程进行管理和控制；支撑环境是数字化工厂的运行平台。

数字化工厂建立的基本要求是：功能一致性、结构相似性、组织的柔性、集成化、智能化、可视化等。数字化工厂的实施涉及产品开发的整个生命周期，从经营决策、产品决策、设计、制造等，一直到产品的回收和再利用。在该方面的实施应该以突出和加强制造企业的核心竞争力为中心。同时，数字化工厂的实施也涉及制造企业的各个组成要素：技术、组织、管理、人员等各方面。其实施应该坚持先组织结构和管理方面的改革、后技术更新的顺序，在具体实施过程中也可以根据实际情况交替进行。

数字化工厂软件系统是计算机辅助工艺、计算机仿真和虚拟现实/增强现实（VR/AR）等技术发展的趋势和必然结果，因此，数字化工厂的主要功能是对新产品进行工艺规划，并且能对生产系统进行定义，通过仿真等手段进行优化。

41

图 2-2 所示为基于 IDEF0 方法建立的数字化工厂系统总体功能图。

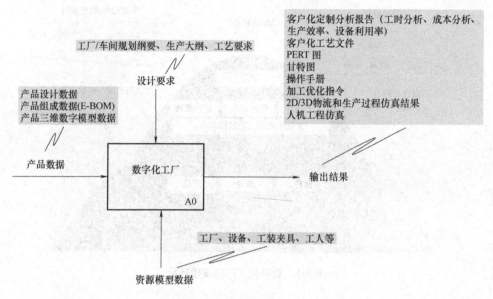

图 2-2　数字化工厂的 IDEF0 图

根据 IDEF0 方法的定义，左面的箭头指的是系统"输入"部分，表示系统运行需要"消耗掉""用掉"或"变换成"输出的事物。这里，向数字化工厂输入产品数据，包括产品设计数据、产品组成数据（E-BOM）、产品三维数字模型等相关数据。上面的箭头指的是系统"控制"部分，表示系统所受的约束或进行变换的条件、工作依据。这里，控制部分为系统的设计要求，包括工厂/车间规划纲要、生产大纲和工艺要求等规范性数据。下面的箭头指的是系统"机制"部分，表示系统运行所依赖的基础或支撑条件，可以是执行活动的人或软、硬件设备。这里系统的机制部分为资源模型数据，包括工厂、设备、工装夹具、工人等多种支撑要素的数据。右面的箭头指的是系统"输出"部分，表示系统运行的输出结果。这里系统的输出部分含有客户化定制分析报告（例如工时分析、成本分析、生产效率、设备利用率等计算指标）、客户化工艺文件、PERT图、甘特图、操作手册、优化的机器加工指令和各类仿真结果数据。这部分数据，主要是数字化工厂仿真分析与优化后的报告数据。

整个数字化工厂就可以在稳定的"输入""控制""机制"的综合作用下，在数字空间中形成"虚拟工厂"，使得规划和工艺工程师可以在一种全新的虚拟环境中，进行数字产品的虚拟加工和仿真分析。数字化工厂跨越了现实生产中的产品物理模型的试制阶段，而在数字化虚拟仿真环境中，实现了产品分析、设计、工艺规划、性能分析、可制造性分析，甚至于全生命周期的仿真研究。为了给实际产品的批量生产提供可靠的预见分析，数字化工厂加工出来的数字产品（生产文档、3D 产品模型等）将为实际的生产组织提供优化指导。

　　数字化工厂的结构复杂、功能丰富，其功能可以归纳为工厂布局、工艺规划、仿真优化三大功能模块，如图 2-3 所示。

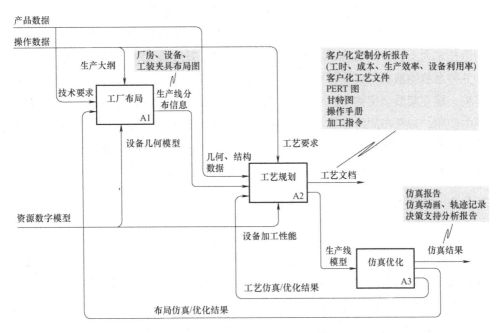

图 2-3　数字化工厂基本功能结构图

　　工厂布局：工厂布局主要是在工厂 GIS 系统、建筑规划资料（或是企业现有的建筑设计文档）、工厂 BIM（建筑信息模型）的基础上，按照生产大纲的有关要求，建立厂房布局模型，对设备和配套的工装夹具进行合理的空间布局、干涉分析以及物流规划，构建生产系统的虚拟空间模型和三维环境，形成虚拟生产线平台。

　　工艺规划：工艺规划包括项目说明、产品数据导入、工艺设计、预规划、项目报告五个部分。主要在已经构建的虚拟生产线平台上，将生产计划、工艺大纲要求与产品设计数据相结合，对产品加工工艺和装配工艺进行定义。一般地，工艺过程模型由三个基本要素组成，即：产品（包括部件和零件）、资源（工人、设备、厂房等）和操作（加工、装配等）。一个工艺过程模型由这三种基本要素和他们之间的关联来组成。在工艺规划模块，实现产品、设备和操作的工艺关联。同时，根据实际生产需要，从工艺库中调用已有的典型生产工艺方案，快速构建生产线全局生产工艺模型。产生预规划的工时、PERT 图、甘特图（Gantt 图）、成本等生产参数的粗略估计和分析。

仿真优化：仿真优化主要在已经构建的虚拟生产线平台上，在工艺规划的基础上，对生产线进行全局物流仿真、瓶颈分析，局部加工单元仿真、人机工程仿真分析，从而对已有的工艺规划方案进行验证、调整、更新和优化。同时，输出多种生产工艺报表、操作手册，以及生产决策支持报表。

数字化工厂利用制造企业的已有产品数据、设备数据和工艺数据，以虚拟制造技术为支撑，构建虚拟的数字化生产环境，并在今后的工作中不断地添加和完善系统的数据源，这样可逐渐建立起真实工厂的"数字孪生"。通过这三大模块，建立起数字化的工厂统一数字模型，实现一次建模就可在工厂全生命周期中使用，如在布局时建立的工厂布局图就可在仿真阶段使用。通过生产系统的布局设计到对生产制造的规划，然后由仿真优化对规划的结果进行仿真，并将结果反馈给系统的规划设计，直到系统满足规划的要求。

2.1.3　数字化工厂的系统架构

数字化工厂平台支持产品的并行设计、工艺规划、加工、装配及维修等过程，进行可加工性分析（包括性能分析、费用估计、工时估计等）。它是以全信息模型为基础的众多仿真分析软件的集成，包括力学、热力学、运动学、动力学等可制造性分析，具有以下研究环境：

1）基于产品技术复合化的产品设计与分析，除了几何造型与特征造型等环境外，还包括运动学、动力学、热力学模型分析环境等。

2）基于仿真的零部件制造设计与分析，包括工艺生成优化、工具设计优化、刀位轨迹优化、控制代码优化等。

3）基于仿真的制造过程碰撞干涉检验及运动轨迹检验、虚拟加工、虚拟机器人等。

4）材料加工成形仿真，包括产品设计，加工成形过程中温度场、应力场、流动场的分析，加工工艺优化等。

5）产品虚拟装配，根据产品设计的形状特征、精度特征，三维真实地模拟产品的装配过程，并允许用户以交互方式控制产品的三维真实模拟装配过程，以检验产品的可装配性。

6）虚拟生产环境布局，根据产品的工艺特征、生产场地、加工设备等信息，三维真实地模拟生产环境，并允许用户交互地修改有关布局，对生产动态过程进行模拟，统计相应的评价参数，对生产环境的布局进行优化。

7）虚拟设备集成，为不同厂家制造的生产设备集成提供支撑环境，对不同集成方案进行比较。

8）虚拟计划与调度，根据产品的工艺特征、生产环境布局，模拟产品的生产过程，并允许用户以交互方式修改生产计划和进行动态调度，统计有关评价参数，以找出最满意的生产作业计划与调度方案。

理论上，一个新的制造工厂首先根据产品的类型及其工艺进行加工单元的设计，然后进行生产线的规划和设计，最后进行生产车间和厂房的规划和设计，是一种"自底向上"的方法，但是实际情况往往相反。而且在工厂的设计和规划阶段各种类型人员所关心的层次也有所不同，所以有必要将数字化工厂的模拟仿真粒度进行层次的划分，使不同人员在不同阶段得到不同的仿真模拟粒度。数字化工厂软件可分为以下四个层次：

1）工厂车间层：对车间的设备布局和辅助设备及管网系统进行布局分析，对设备的占地面积和空间进行核准，为工厂设计人员提供辅助的分析工具。

2）生产线层：这一层主要关心的是，所设计的生产线能否达到设计的物流节拍和生产率，制造的成本是否满足要求，帮助工业工程师分析生产线布局的合理性、物流瓶颈和设备的使用效率等问题，同时也可对制造的成本进行分析。

3）加工单元层：这一层主要提供对设备之间和设备内部的运动干涉问题，并可协助设备工艺规划员生成设备的加工指令，再现真实的制造过程。

4）操作层：对具体的工步进行详细的分析，对加工的过程进行干涉等的分析，进一步可对操作人员的人机工程方面进行分析。

这四层的仿真粒度逐渐细化，详细到设备的一个具体的动作。通过这四层的仿真模拟，能实现制造系统的设计规划优化、系统的性能分析和能力平衡以及工艺过程的优化和校验。系统的模型应该在功能结构上等价于真实的系统，可以反映出内在关系和外在表现，并且具有一致、稳定和开放的体系结构。数字化工厂是一个从设计到真实制造的模拟和分析软件系统，当然数字化工厂不是真实制造系统的简单再现，模拟仿真的内容抓住主要的环节，在不同的层次上反映出不同的内容。

数字化工厂将研究对象分成产品（Product）、资源（Resource）和操作过程（Process），产品是企业要制造的对象如汽车、飞机等；资源是制造系统中的生产设备、工装夹具以及人力资源等；操作过程是完成产品制造的生产工艺过程和相关的操作。这三种对象为数字化工厂软件的基础对象，通过这三种对象间的相互关系和不同组合来描述一个制造系统，如图2-4所示。

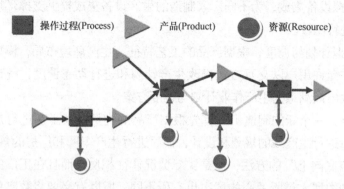

图 2-4　数字化工厂中的基础对象

数字化工厂的软件系统构架分为三层，如图 2-5 所示，底层为基础数据层，它由产品建模、资源建模和工艺过程以及相应的知识库构成。中间层为应用控制层，它们实现数字化工厂的具体功能，根据具体的应用可分为规划类如工艺规划和物流规划；工程类如布局仿真、机器人仿真和加工仿真等；质量类如公差分析和检测仿真等；管理类如文档管理、安全管理和流程管理等。最上层为表示层，主要完成和用户的交互功能，采用可视化手段甚至虚拟现实技术实现真实感的数字化工厂。

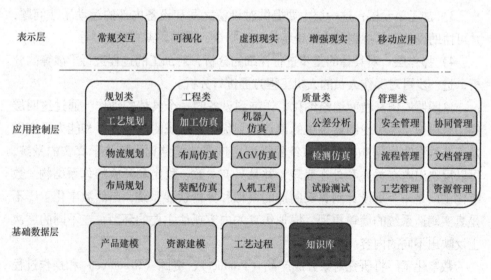

图 2-5　数字化工厂的软件系统构架

数字化工厂的实现形式主要采用客户机/服务器结构，即一般需要采用安装客户端软件，以获取良好的图形性能。由于主要采用三维几何模型来表示产品和制造资源，虽然在数字化工厂中不需要详细描述物理对象的每一个细节，并在数字化工厂中对三维几何模型进行了简化和压缩，但仍需要占用很大的计算机资源，对计算机的要求特别是图形处理的要求很高，所以这部分的核心功能仍采用传统的客户机/服务器结构实现。其他相关的文档处理和文字报表的输入输出可采用基于浏览器的"云应用"模式实现，以方便用户的查询和一般管理工作。基础数据层存储在数据库服务器中，应用控制层主要由存储在应用服务器中的中间件层承担，表示层由客户计算机或浏览器完成。

2.2　数字化工厂系统功能分解

根据上一节的功能分析，可将数字化工厂分为工厂布局、工艺规划和仿真优化三大功能模块，下面进行详细的说明。

2.2.1　工厂布局

数字化工厂最大的特点就是在数字空间的环境中，对制造企业的新产品，进行可制造性以及制造成本的提前估计和预分析。工厂布局是制造企业规划的前期工作，涉及厂房、设备和工装夹具等主要资源的空间规划设计，是整个企业生产的前期工作，也是基础工作。因此，为了在数字化工厂中开展后续的工艺规划、仿真分析等工作，专门设计工厂布局（Factory Layout Planner）模块。如图 2-6 所示，工厂布局模块包括组件库管理、厂房布局设计、设备/生产线布局、工装夹具布局四个子模块。

1. 组件库管理

由于数字化工厂涉及生产组织的全过程，考虑到系统的可重用性、适应性，这里采用面向对象的软件组件技术，将系统常用的资源数据通过组件进行建模和管理，形成统一的数据存储机制和管理方式。组件是一种能够提供某种服务的自包含的软件模块，它封装了对象一定的属性和方法，并提供特定的接口，二次开发人员利用这一特定的接口来使用组件，并使其与其他组件交互通信，以此来构造应用程序。组件可以有自己的属性和方法，属性是组件数据的简单访问者；方法则是组件的一些简单而可见的功能。使用组件可以实现拖放式编程、快速的属性处理以及真正的面向对象的设计。组件具有封装性、独立性、适应性等特点。创建组件的最大意义在于封装重复的工作，其次是可以扩充现有组件的功能。

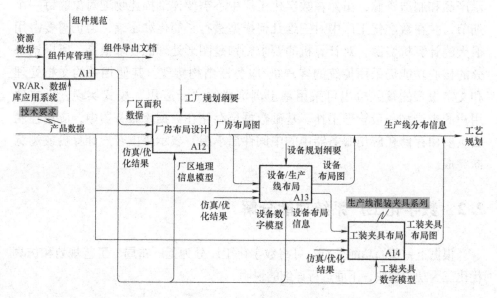

图2-6 工厂布局模块

组件库管理模块的输入部分为系统资源数据，包括厂房、设备、工装夹具等方面的建模数据。控制部分为组件的建立规范，以此为组件建模的约束条件。机制（支撑）部分为虚拟现实/增强现实（VR/AR）技术和数据库应用系统，以此构成整个系统的构建和支持平台。在该模块，实现关于各类制造资源（建筑资源、设备资源、工装夹具等）的组件建模、组件库设计、组件查询、组件浏览、组件导入/导出等功能。模块的输出为组件导出文档（包括与现有 ERP、PDM/PLM、SCM 等主流系统的基本报表格式兼容的文件），同时为后面的模块提供厂区、设备、工装夹具等相关数字模型。该模块的实际运行情况与后续的 3 个模块并不存在时间上的先后关系。一般来讲，都是在其他模块运行的同时交叉调用该模块。例如，在进行设备布局时，如果组件库中未含有相关数据，就需要调用组件库管理模块，进行组件建模和其他相关管理。组件建好之后，再从组件库中引入（调用）相关的资源模型，放置在已建成的厂房布局空间中，以此类推，直至建立整条生产线的设备布局。所以说，厂房规划、设备规划、工装夹具的规划和组件库的构建过程是交叉的、相辅相成的统一过程。

总之，通过资源组件库的建立，将会实现对现有数据的统一存储、统一管理。组件库管理模块为整个数字化工厂的后续工作提供了数据基础，形成多种资源的组件数据库，便于引入和数据管理。同时，也为大规模制造企业的数据重用奠定基础。随着数据量的增加和逐步完善，将会形成生产线的经验型组件数据集合。对于如同汽车装配中的混装生产线,只要对经验型的生产线数据稍作局部修改和变形(Variable Set),即可构建出另一型号的汽车装配线,使得生产线的构建效率显著增加。

2. 厂房布局设计

在厂房布局设计模块中,从现有的厂区 GIS 地理信息系统中,输入厂区面积数据。另外,输入有关生产区域划分的产品数据到厂房布局设计模块。该模块的控制部分为操作数据中的工厂规划纲要部分,多数情况下,这类数据是原则式的定性数据,作为整个厂房规划的指导原则。模块的下面是资源信息中的厂区地理信息模型,含有空间分布数据、结构数据等。需要说明的是,对于目前没有建成 GIS 系统的企业,这部分的地理信息数据需要参考厂区规划图纸或其他相关文档,由专业工程师手工录入组件库系统后,再统一引入。在具备输入、控制和机制(系统支撑)的三部分数据后,厂房布局设计就可以通过整理和建模,得到 2D 或 3D 的厂区布局图。在这部分结果中,重点突出生产车间的布局情况和相互位置关系。需要注意的是,从"仿真优化"功能模块输出的仿真优化结果,也会被作为一个输入,用于布局调整和优化。

3. 设备/生产线布局

在设备/生产线布局模块,主要实现生产线的设备建模和布局设置。该模块以厂房布局模块的输出——厂房布局图、产品数据以及仿真优化结果等相关数据作为输入,以制造设备的数字模型作为支撑,以设备规划纲要作为控制,对三方面的数据进行处理。厂房布局图是电子版的 2D 或 3D 模型,也就是厂房和车间的建筑分布的虚拟空间。为设备的放置提供建筑学基础,作为设备/生产线布局的空间平台。设备/生产线布局需要符合工艺要求,同时,在空间上又要符合厂房布局的相关限定,是厂房规划和工艺规划相结合的点。设备/生产线布局包括两个部分的工作内容,一个是生产线级布局,以规划纲要为布局原则,在输入的虚拟厂房环境中,将建好的制造设备模型以生产线为主线,以工艺要求为指导进行安放,记录下设备的空间位置,以坐标形式存储于数据库中,形成统一格式的设备布局的模型文件,并将其作为输出,可以直接导出。生产线级布局也需要考虑物料输送的因素。如果说生产线之间的物流输送由厂房布局模块考虑,那么设备/生产线布局模块,更多的是考虑生产线内部的物流输送,而这个又和产品工艺以及生产线控制密切相关。生产线级的布局规划也包括像单元化生产或柔性生产模式,没有刚性生产线的存在,但是也需要考虑每个加工单元之间的布局规划。设备/生产线布局的另外一个工作就是工作单元的布局。

每个工作单元，大的可能包括多个设备，小的可能就是一个设备＋线边库，因此，这个布局规划也属于设备布局范畴。工作单元的布局结果，也作为工装夹具布局模块的输入，为其提供设备的空间分布信息。

4. 工装夹具布局

在工装夹具布局模块中，主要完成生产线混装夹具系列的建模和布局。考虑到大规模制造行业，特别是汽车制造业中，各类专用夹具经常因生产车型的不同而形成不同系列，但大型加工设备将不会改变，这类情况尤其在混装生产线中表现明显。因此，考虑到这部分因素，专门设计满足这一生产要求的功能模块——工装夹具布局模块。该类设备主要分布于生产线的大型主干设备之间，因此对于规划纲要方面的模块控制要求不作为主要考虑因素。这里，主要考虑其输入和支撑两部分。输入部分来源于前面的设备布局模块所输出的设备布局信息（2D 或 3D 虚拟空间数据）、产品数据，以及可能有的仿真优化结果数据。支撑部分主要来源于工装夹具生产厂家的技术文档。这部分的输入数据来源应在于设备提供商，由其提供工装夹具的结构、几何、运动关系数据。对于不具备该条件的夹具，需要采用人工输入的方式，建立工装夹具的统一格式的数字模型。该模块的输出为工装夹具布局图，格式要求与设备布局图相同。

这样，在后续三个功能模块的基础上，统一输出关于生产分布信息的工厂布局模型。形成静态的车间设备和生产线的虚拟空间分布，反映了制造企业的静态生产信息。而这一部分的综合输出模型数据将作为工艺规划模块的输入。

2.2.2 工艺规划

工艺规划（Process Planning）实现离散制造过程的建模、规划和分析，也是编制工艺规程的主要模块。工艺规划模块完成工艺过程设计，是连接产品设计与制造的桥梁，是整个制造系统中的重要环节，对产品质量和制造成本具有极为重要的影响。它是数字化工厂重要的规划类软件模块。数字化工厂通过将产品数据、制造资源、工序操作和制造特征联系起来建立工艺过程模型，作为工艺规划的基础。综合利用各种工具，如用三维显示观察零件、用 Pert 图分析工序、用甘特图平衡生产线等来实现工艺过程优化的目的。

在工艺规划模块，功能体系包含项目说明、数据导入（CAPP 系统数据导入）、工艺设计、工艺预规划、项目报告五个主要功能子模块，如图 2-7 所示。在前面的工厂布局模块，已经建立了厂房、设备和工装夹具等资源的数字模型。这里，将在现有的资源模型基础上，进行产品生产工艺的规划。

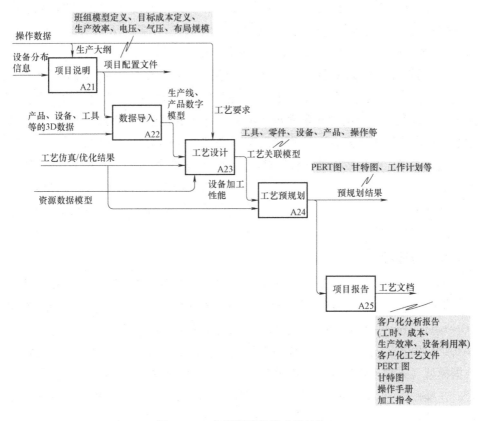

图 2-7　工艺规划模块的功能结构

1. 项目说明

首先，需要进行项目说明，即对整个生产规划项目的必要属性进行描述。这里，项目属性包含常规属性（General Attributes）（包括项目名称、类型、状态、外部 ID、备注、创建者、上次修改者、修改日期、日期 ID、研究模块信息等）、全局属性（Global Attributes）（包含产品名称，生产位置、生产状态、生产线产量、计划生产时间、成本信息、设计软件信息、操作人员信息等）、项目附件（Attachments）（项目说明文件、文件夹路径）等。这里输入部分为设备分布信息，控制部分为操作数据中的生产大纲内容，输出为项目配置文件，包含班组模型（Work Shift）、目标成本定义、生产效率文件、电压、气压、布局规模等项目环境变量说明。

2. 数据导入

数据导入模块主要实现产品树和资源树的导入和设计，以及外部 CAPP 系统的工艺文件数据导入。这里，引入数据结构中"树"的设计思想，将资源、产品构建成可视的树状结构。生产资源包括生产线、设备、人员等，用资源树（Resource Tree）表示。在资源层次结构中，每一个资源结构都被分成若干层，从生产线层、作业区和单元层直到单个资源层，如机器人、夹具和工人等。资源树主要反映生产线设备、操作工人以及工装夹具等制造资源的结构关系，产品树主要体现产品的结构和零件组成关系，都形成可视的树结构。零件数据将被组织成产品树的格式，这种格式反映了产品几何形状及部件的装配关系和层次结构。这样，产品数据就被分别存储为设计结构的格式和工艺规划的 BOM 表格式。对于不完善的工艺信息，还在该模块中重新建立和完善。所以该模块的输入部分为产品、设备、工具的 3D 模型数据和项目的说明数据，输出部分为生产线、产品数字模型。

3. 工艺设计

工艺设计部分是整个工艺规划模块的核心子模块，实现工艺输入和工艺关联两部分功能（见图 2-8）。该模块的主要目的就是按照工艺要求，构建操作树（Operation Tree）。操作树主要反映基于加工顺序的工序、工位、工步之间的顺序和结构关系。以反映制造过程的工作过程和工作内容。该模块的支撑为资源数据模型（来源于组件库中的资源数据），控制部分为操作数据中的工艺要求内容。在操作树中，将每个工序单元的需用资源、加工零件和部件相关联，即根据工艺计划将资源和产品进行关联，形成了三者之间的有机结合。

工艺设计模块是工艺规划部分的核心。在该模块涉及的关联工作较多，完成资源与产品的有效工艺关联，使得零散的资源和零件形成有机的整体。该模块包括工艺输入和工艺关联两部分内容。在工艺输入子模块包括输入生产线、产品数字模型，即在组件库中查找每个工序所涉及的资源和零件，而控制部分是操作数据中的工艺要求，基本上是从设计图纸中得到的产品技术要求和工艺细节。支撑部分为设备的加工性能。在工艺输入模块，主要完成新工艺数据的导入、已有工艺模型的调用（来源于工艺库）、新工艺的编辑三部分工作。主要面向对象级问题，也同时涉及工艺库的管理和帮助系统的建立和完善。这里就需要领域知识，采用智能理论方法，对以前典型的工艺组合建立工艺模型，并对其进行分析，获取制造知识。存入工艺库中，方便查询和编辑。

同时，制造特征管理（Manufacturing Features Management）也是工艺库管理的重要组成部分。制造特征是工艺数据和制造过程间最重要的联系。现在，制造特征存在于大量的 CAD 文档中。该模块可以实现对制造特征（如焊点、螺纹位置及测量点）、全部操作以及赋予这些操作的资源的诸多对象的管理。另外，

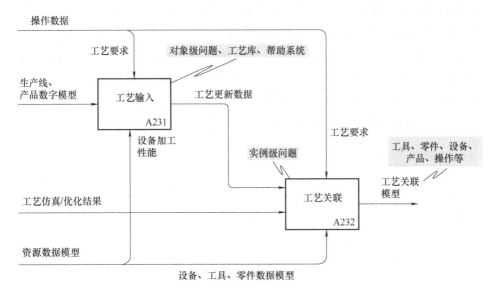

图 2-8　工艺设计模块的功能结构

也采用基于制造知识的智能工艺设计辅助方法，为变型产品（如同一类汽车中的不同细节变化）提供已有的工艺方案。在复制后的工艺方案基础上，只要稍加修改即可得到不同的变型产品，这样就大大节省了主体相同的工艺设计时间。而这部分效能，也将随着工艺库的不断积累，越来越体现出其优越性。在工艺关联模块，主要解决实例级问题，是针对具体的产品型号进行设计和工艺关联的。这里，将工艺更新数据作为输入，将操作数据中的工艺要求作为控制，将设备、工具、零件、工人等数字模型作为支撑，实现资源和产品树的工艺关联。输出工艺关联模型，其体现形式为工具、零件、设备、产品、操作等实体在以工艺为主线的关联模型。

　　工艺关联是整个工艺设计模块的核心。如图 2-9 所示，工艺关联包含产品关联、资源关联和关联结果调整三方面的功能。这里，按照产品的生产工艺要求，将工艺更新数据（主要是指操作数据），在现有产品库和产品树的支持下，构建操作树（Operation Tree）中的产品关联体系。该模块的输出结果为产品操作关联表。在资源关联模块，与产品管理模块的原理相同，只是对象不同而已。这里，将现有的资源树与操作相关联，在每项操作中，关联入本操作所需的资源名称、数量、ID 等信息。输出结果为资源操作关联表。在工艺关联的结果调整模块，为了完善操作树，还需要根据对产品和资源关联的结果进行树状结构的检查、修改、整理，得到统一的操作树结构。并且，要对工艺关联所产生的 PERT 图和甘特图进行编辑和结构调整。该模块提供嵌入的 PERT 图和甘特图,按照工序间的相关性(起始至最终工序、延续和并行)来定义和编辑操作工序。PERT 图把零件、制造特征和资源与操作联系起来。同时,它可以定义各工序之间的物料流。借助甘特图功能,计划人员可以完成手工方式的生产线平衡,识别生产线上的关键路径。该模块的输入为产品操作关联表和资源操作关联表,输出为 PERT 图、甘特图等形式的工艺模型数据。

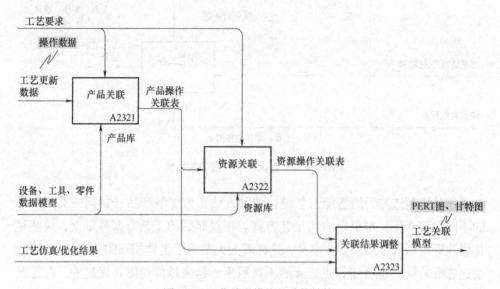

图 2-9 工艺关联模块的功能结构

工艺关联中的结果调整,也会结合仿真优化模块的输出结果,即"工艺仿真/优化结果"进行。

4. 工艺预规划

工艺预规划功能模块主要完成工艺关联后的工序 PERT 图、生产线平衡的甘特图分析、工作计划等方面的设计工作。在该模块,在操作树部分完成工艺关联之后直接生成 PERT 图,只反应工序关系、资源和零件的装配关系,是位置随机的网状结构,还需要人工进行格式的调整。因此,这部分需要有一个 PERT 图的编辑环境,以便生成规范的 PERT 图。同样地,对于在定义好每一步工序的操作时间之后,将生成甘特图,以反映工艺节拍的安排关系。在甘特图的编辑环境中,要求实现对甘特图的编辑,从而实现整个生产线平衡的调整和分析。在预规划模块中,线平衡的过程可能是逐步调整的反复过程,不断修改相关工序的顺序、时间设置,并能满足工艺生产要求。最后,得到满意的工艺规划结果。另外,该模块还含有工时管理功能,使用户能定义、分析和管理每一工序的工时的值。操作（Operation）的时间值或者是用包括有预先定义的时间值的操作库文件来定义，或者是由集成在数字化工厂内的如 MTM（Manufacture Time Management）时间表来定义。这种集成可以通过管理工时的应用程序模块来实现。

仿真优化模块的分析结果也会作为输入之一，作为预规划过程的调整或优化依据。

5. 项目报告

在项目报告模块，主要实现项目设计结果的用户定制与导出。按照其他企业信息系统（如 ERP/PDM/PLM 等）的格式要求或企业用户自定义的格式要求，生成相关文档。其中包括客户化分析报告（工时、成本生产效率、设备利用率等）、客户化工艺文件、标准 PERT 图、甘特图、操作手册、加工指令（针对具备加工指令集成功能的加工中心）等多种类型的工艺文档。另外，该模块还具备查询和报告工具功能。查询允许用户建立各种类型的工艺文件，如包括产品和资源的电子工作指示单（Electronic Work Instructions）和 BOM（Bill of Materials）表。报告工具可以实现工艺数据库的直接、快速的用户化的查询功能。用户可以定义在数据库的某部分查询的准则和滤波程序，也可以定义查询结果的输出内容。与 Excel 的直接接口允许用户在 MS-office 环境下输出结果。

2.2.3　仿真优化

仿真优化是整个数字化工厂的最终目标，主要实现在已经构建的虚拟生产线平台上，对生产过程进行仿真。目的在于分析现有生产过程的各种性能指标，发现存在的问题，对生产系统进行参数优化和结构调整，以达到优化生产过程、提高生产效率的目标。用户通过扩展的分析工具、统计数据和图表来评估不同的解决方案，并在生产计划的早期阶段，做出迅速而可靠的决策。仿真优化功能模块的特点有：

1）可对高度复杂的生产系统、控制策略进行仿真分析和优化。

2）包括生产过程的工厂的层次化模型。

3）具有专用的应用目标库，为典型生产方案进行迅速、高效的建模。

4）使用图形和图表分析产量、资源和瓶颈。

5）综合分析工具，包括自动瓶颈分析器和甘特图。

6）三维可视化和动画。

7）支持多界面和集成能力（SQL、ERP、CAD 等）的开放系统结构。

仿真优化模块涉及资源、产品和操作的方方面面，而且需要在专业知识的基础上，借助于优化和智能理论的支持。总体而言，仿真优化模块应涉及如下几个方面：

1）用标准的和专用的组件库建立制造过程模型。可以为生产设备、生产线、生产过程建立结构层次清晰的模型。这种模型的建立过程，可以使用应用对象库（Application Object Libraries）的组件。而应用对象库是专门用于各种专业过程如总装、白车身、喷漆等。用户可以从预定义好的资源、订单目录、操作计划、控制规则中进行选择。通过向组件库中加入自己的对象（Object）来扩展系统库，用户可以获取被实践证实的工程经验用于进一步的仿真研究。

2）系统优化。可以优化产量、缓解瓶颈。考虑到内部和外部供应链、生产资源、商业运作过程，用户可以通过仿真模型分析不同变型产品的影响。用户可以评估不同的生产线的生产控制策略，并验证主生产线和从生产线（Sub-Lines）的同步。仿真优化模块能够定义各种物料流的规则并检查这些规则对生产线性能的影响。从系统库中挑选出来的控制规则（Control Rules）可以被进一步地细化以便应用于更复杂的控制模型。用户使用可定义性试验，设置仿真运行的次数和时间，也可以在一次仿真中执行多次试验。用户可以结合数据文件，例如 Excel 格式的文件来配置仿真试验。

3）自动分析。仿真优化模块可以自动为复杂的生产线找到并评估优化的解决方案。在考虑到诸如产量、资源利用率等多方面的限制条件的时候，可以采用智能方法（如遗传算法，其英文名为 Genetic Algorithms）来优化系统参数。通过仿真手段来进一步评估这些解决方案，按照生产线的平衡和各种不同的批量，交互地找到优化的解决方案。

4）分析仿真结果。仿真优化模块可以解释仿真结果。统计分析结果可以图、表形式显示缓存区（Stack）、设备（Device）、劳动力（Personnel）的利用率。用户可以创建广泛的统计数据和图表来支持对生产线工作负荷、设备故障、空闲与维修时间、专用的关键性能等参数的动态分析；可以生成生产计划的甘特图并能被交互地修改。随着数据库应用的增加，还应提供与数据库或其他应用系统的接口；具有图形化和交互化建模能力；具备内置的编程语言，进行过程的定义、参数的输入和控制策略的调整，也能够建立完整的仿真模型。

下面，就仿真优化功能模块的结构及其子模块的功能划分情况，进行展开论述。如图 2-10 所示，按照仿真对象的不同，仿真优化功能模块可分为生产线仿真、单元仿真、人机工程仿真三个子模块。

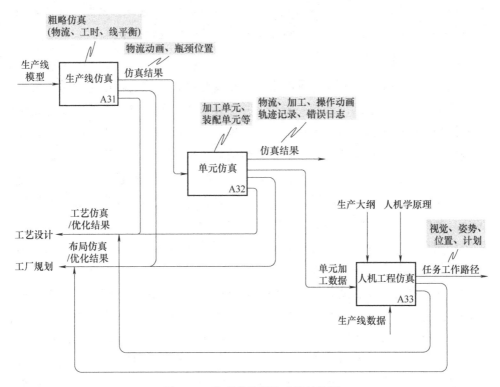

图 2-10　仿真优化模块功能结构图

1. 生产线仿真

在生产线仿真模块，输入为生产线模型，其中包含资源、产品和操作树所组成的生产线信息。在该模块主要进行高层次的仿真，如生产线物流仿真、工时分配仿真和线平衡仿真。这一部分与工艺规划模块中的工时、线平衡中仿真不同的是，这里采用二维/三维动态仿真的技术，通过参数和控制规则设置，能够在生产线动作仿真过程中通过颜色的变化（例如，黄色表示数值过大，红色表示出现故障现象或堵塞）反映目标参数的状态。该模块突出的特点就是可进行三维生产线仿真。在前面关于工艺规划模块中，组件库中关于资源、产品（包含零、部件）的模型建立，倡导采用三维形式。这里，正是在生产线具备三维模型的基础上进行动态仿真。所以说，（设备）三维数据是三维仿真的基础，这也是现在很多制造企业数据尚未健全的重要环节。生产线仿真模块输出的仿真结果为生产线动态物流效果和在此过程中定位的瓶颈信息（包括产生瓶颈的设备位置和程度）。这些输出结果一部分反馈给工艺设计模块，进行操作和设备分配的调整；一部分反馈给工厂规划模块，进行设备、工装夹具甚至厂房的布局调整；还有一部分，直接作为下一个功能模块——单元仿真模块的输入，以提供导致瓶颈的设备的位置信息，对其进行单元仿真，确定产生瓶颈问题的根源。

2. 单元仿真

在单元仿真模块，主要实现加工单元和装配单元的仿真。首先能够根据加工和装配设备的控制器下载相关指令，并在设备模型的基础上，能够实现数控设备的加工动作仿真。加工单元仿真主要指加工中心的动作仿真和机器人动作路径仿真；装配单元仿真主要指的是，该模块提供了一个三维设计和分析的环境。在此环境下，用户既可以设计和分析产品的装配和分解过程，又可以建立零件在装配或分解过程中的导入和退出的路径。设计人员可以在产品开发的早期仿真装配过程，验证产品的工艺性，获得完善的设计。可用于分析零件间的距离和相互间的配合、检测公差的失调，考查维修的操作过程并在产品的早期开发阶段捕捉潜在的问题。

单元仿真还能进行设备动作分析，即对精确定位后的设备按照其基本功能和动作配合的（生产节拍）关系，进行设备动作仿真分析，检查是否存在干涉情况。同时，加入人体模型，仿真工人在其操作空间内，往返于不同设备（如工作台和放料架等）进行正常操作时的行走路径、疲劳程度分析，以优化设备的安装位置和工人的操作路径。工艺规划工程师进行仿真分析，输出仿真结果的形式为干涉位置记录表、劳动效能曲线、运动过程录像（例如 AVI 格式）等。

3. 人机工程仿真

在人机工程仿真模块，主要仿真人体在特定的工作环境下的一些行为表现，如动作的时间评估、工作姿态好坏的评估、疲劳强度的评估等。系统提供多种人体模型标准，可以详细地仿真工人在特定工作环境下的人机工程问题。系统提供多种人体建模标准，并且根据不同的人体模型可以输入不同的参数：如性别、体重、身高等。另外，建立关于人体模型的数据库和良好的可视界面，进行人体模型主要属性的设置，并分析人体可触及范围。在仿真环境下，系统自动分析人体能够包罗的空间，分析人体可以触及的范围和动作时间。系统要支持 MTM 等工时定额评估标准，快速分析动作时间，并进行人体动作的控制宏命令编译。针对人体关节自由度多的特点，系统采用宏命令控制人体的行为，使用方便，并进行工作视野分析。在仿真环境下，系统自动分析人双眼包络的空间，分析人可以看见的范围，并提供多种人体工程评估标准。系统支持包括：OWAS（工作姿态分析）、Burandt-Scheultets（抓取力分析）、NIOSH 81/91（疲劳评估标准）等。

2.3　数字化工厂的实施和应用

数字化工厂的实施在给企业带来巨大效益的同时,对企业产品开发、组织结构、管理、技术、人员等诸方面产生重大影响。数字化工厂不仅仅是一个技术问题,它要求企业必须进行观念的转换,对以下方面进行改进。

1) 在产品设计方面——企业在不断缩短的产品生命周期内持续提供新产品和服务。以新产品快速开发为目标,逐渐实现产品整个生命周期各个阶段的数据共享。数字化工厂要求采用基于特征的三维设计,这样使设计得到的模型能够直接被数字化工厂软件使用。需要更好地组织、管理、控制、协调产品开发过程,确保开发活动和开发过程协同进行,使数据、信息、知识共享形成一个良好的机制。

2) 在组织结构方面——数字化工厂改变了传统的规划方法,带来组织结构的变化。数字化工厂促进并行工程思想的实际应用,使设计人员在设计阶段就可开始进行数字化的制造,所以数字化工厂带来实际工作的小组化和扁平化,打破长期不变的静态组织结构形式,使组织结构向不断优化重组的动态变化发展。

3) 在管理方面——工作空间的数字化使得不同地域的工程技术人员可以通过网络在一起共同工作,实现远程设计和制造。工作空间的数字化要求完全不同的管理过程,人员的选择和分配显得比以往更为重要。员工工作衡量与评价将会变得越来越困难,一些传统的方法和技术在此新环境下将变得不再有效。

4) 在技术方面——各种先进制造技术和方法的大量应用使整个企业的运作方式产生了变化,相应地对企业的基础设施提出了新的要求,数字制造系统的建立需要各种先进制造技术和方法的综合应用,同时它也为各种先进制造技术和方法的应用提供了一个具有制造语义的信息、组织、管理集成基础结构。该集成基础结构能够使各种新型制造技术、方法、工艺等在制造过程中得到快速应用,并提供实验环境,从而能够实现对现有设备和技术进行改进,使企业的制造能力不断得到提高,为企业参与市场竞争提供坚实的后盾。

5) 在人员方面——数字制造环境下采用小组工作方式,有很大比例的人员从事知识方面的工作。由于工作环境的快速变化以及对工程人员多方面知识和技能的要求,他们必须具有处理多方面问题的能力,与此同时,不断加大的竞争压力,又要求他们具有精深的专业知识。另外他们还必须具有相应的应用计算机和信息技术的能力。随着知识和技术更新换代的不断加快,工程技术人员必须不断地进行培训，不断地提高知识、技能和素质。

所以企业要引进数字化工厂技术必须进行相应的变革，一方面是以上所提的企业内部变革，另一方面要树立一个长期获取效益的准备。数字化工厂的构建如同建立一个实际工厂一样，在建立初期需要投入大量的人力和物力，需要构建工厂、车间、生产线以及设备的数字模型，一旦建立完成，就可长期使用进行生产。构建工作也可局部进行，针对企业所关心的问题展开，逐步扩展到

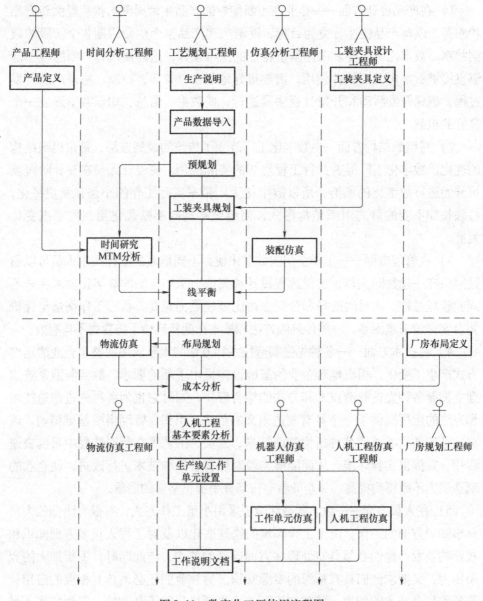

图 2-11　数字化工厂使用流程图

整个企业。

数字化工厂在企业由不同的技术和管理人员使用，下面从用户使用的角度，分析数字化工厂的使用流程，以及不同用户角色对应的功能模块。这里主要借鉴 UML 建模语言活动图中的泳道划分的思想，对数字化工厂的不同用户角色进行分类，并给出每个角色所使用的系统功能模块。如图 2-11 所示，工艺规划工程师是整个用户群体中的核心用户，这也贯穿了整个系统使用流程。从系统的使用角度，验证了数字化工厂的设计初衷，就是为生产规划部门提供一个全方位的分析工具，以解决生产组织的现实问题。由该图可以看出，图中的横向虚线将系统结构图分为上、下两大部分。上半部分主要完成生产系统的建模过程，也就是完成生产线模型构建。在这部分主要涉及的用户角色有：产品工程师（主要指产品的 CAD 设计人员）、时间分析工程师、工艺规划工程师、仿真分析工程师、工装夹具设计工程师；在下半部分主要进行生产线的动态仿真和分析，这里涉及的用户群体中，只有工艺规划工程师是不变的。其他用户角色包含物流仿真工程师、机器人仿真工程师、人机工程仿真工程师和厂房规划工程师等。当然，这只是用户角色的划分，一个工程师可以承担多个使用角色。因此，在实际应用中，建议企业根据其部门职能的划分而决定具体的人员安排。

第 **3** 章

数字化工厂的建模方法

数字制造是应用虚拟现实技术、快速原型技术、数据库技术、网络技术和多媒体技术，结合计算机集成制造技术，根据用户需求，迅速收集资源信息，并在高级决策系统的支持下，对产品信息、工艺信息和资源信息进行分析、规划和重组，实现对产品设计和功能的仿真以及原型制造，进而快速生产出满足用户需求的产品。也就是说，数字制造实际上就是在对制造过程进行精确定量和数字化的描述而建立起的数字空间中，完成对产品的制造。从控制论的角度来看，数字制造系统的输入是用户需求和产品的反馈信息，根据原材料、零件图样、工艺信息、生产指令、机床、设备和工具等种种数字信息，经过设计、计算、优化、仿真、原型制造、加工、检验、运输、等待和装配等多个环节，其输出则是达到用户性能要求的产品。由此可见，数字制造系统是一个涉及多种过程、多种行为和多种对象的复杂系统，具有离散性、混沌性、随机性和多层次性等特点。所以，其亟须解决的问题就是如何对制造系统的输入、输出以及各结构参数采用适当的模型加以清晰的描述，以便实现系统的决策优化、仿真模拟、非常状态预测识别和运行控制等目的。

模型是对现实系统有关结构信息和行为的某种形式的描述，是对系统的特征与变化规律的一种定量抽象，是人们认识事物的一种手段或工具。模型可以分为：

1）物理模型：指不以人的意志为转移的客观存在的实体，如：飞行器研制中的飞行模型、船舶制造中的船舶模型等。

2）数学模型：是从一定的功能或结构上进行相似，用数学的方法来再现原型的功能或结构特征。

3）仿真模型：指根据系统的数学模型，用仿真语言转化为计算机可以实施的模型。

数字制造模型是数字制造全生命周期中的一个不可缺少的工具。数字制造全生命周期包括数据处理、数字传输、执行控制、事务管理和决策支持等，它是由一系列有序的模型构成的，这些有序模型通常为：功能模型、信息模型、数据模型、控制模型和决策模型，所谓有序通常指这些模型分别是在数字制造的不同生命周期阶段上建立的。

数字制造模型有多种分类方式。从形式上分，有全局结构模型（如制造系统体系结构）、局部结构模型（如 FMS 模型）、产品结构模型和生产计划调度模型等；从方法上分，有数学解析模型（如状态空间模型）、图示概念模型（如 IDEF 模型）及图示解析混合模型（如 Petri 网模型）等；从功能上分，有结构描述模型、系统分析模型、系统设计实施模型和系统运行管理模型等。

在数字制造中，需要用模型加以描述的对象包括：

1）产品：产品的生命周期需要采用各种产品模型和过程模型来描述。

2）资源：机器设备、资金、各种物料、人、计算设备、各种应用软件等制造系统中的资源，需要用相应的模型描述。

3）信息：对数字制造全过程的信息的采集、处理和运用，需要建立适当的信息模型。

4）组织和决策：将数字制造的组织和决策过程模型化是实现优化决策的重要途径。

5）生产过程：将生产过程模型化是实现制造系统生产、调度过程优化的前提。

数字制造建模就是运用适当的建模方法将数字制造全生命周期的各个对象、过程等抽象地表达出来，并通过研究其结构和特性，进行分析、综合、仿真及优化。

3.1 制造系统的建模框架

3.1.1 企业模型框架

工厂是制造过程的一个核心，是制造信息流、物料流、能源流等汇聚的地方，是一个实时反映制造各个业务环节和数据的节点。工厂包含了不同层级、不同尺度的生产组织管理对象，涉及大量的信息化单元技术和制造使能技术，是典型的复杂系统。随着信息技术的发展，为了深入地了解工厂中各生产要素的变化规律，研究者从企业生产的组织与管理角度出发构建了计算机集成制造系统（Computer Integrated Manufacturing System，CIMS），其基本内涵分为信息集成、过程集成以及企业集成三个层面，是现代智能制造体系的早期版本。为了实现制造企业物流、信息流和价值流的优化集成，研究者开展了大量的 CIMS 系统建模工作，提出许多经典的 CIMS 体系框架与建模方法。图 3-1 所示为 CIM-OSA 体系架构。

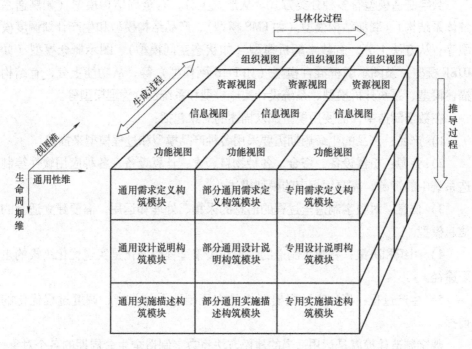

图 3-1　CIM-OSA 体系架构

计算机集成制造开放体系架构（CIM Open System Architecture，CIM-OSA）是由欧共体 ESPRIT 组织研发的开放式、全面的、面向全生命周期的企业建模体系架构，包含生命周期、视图、通用性三个维度。通用性维度描述了企业模型由一般到特殊的逐渐演变过程；生命周期维度刻画了企业建模的不同阶段，从需求定义、设计说明到实施描述，都由适合其需要和特点的不同模块；而视图维度包含功能、信息、资源、组织视图，分别描述了企业的事务能力、经营过程信息、使用的资产以及部门组织结构。CIM-OSA 具有完善的体系架构，特别是通用性维度提升了参考模型的复用性，并且多维度、多视图的思想为后续的企业、工厂系统建模提供了借鉴。但由于缺乏完整的方法论来指导用户建模和实施，也未见投入市场运行的成熟软件，参考体系的推广受到极大的限制。

普度参考体系架构（Purdue Enterprise Reference Architecture，PERA）是由

普度大学的应用工业控制实验室于 20 世纪 90 年代初，在帮助企业实施 CIM 工程提出的企业建模参考架构。PERA 包含了从概念、定义、设计、构造与安装到运行的完整企业建模周期，根据不同阶段的特征划分系统任务为信息体系、制造体系和组织体系（人），并清晰地描述三者之间的联系。PERA 的一大特点是交叉生命周期维度和视图维度，在需求定义阶段建立功能视图，而在其他阶段建立实施视图，随着建模阶段的更替功能视图演变为实施视图的信息、制造和组织系统。其另一大特点是将企业中人的描述只表达在实施视图中，清晰地划分了人、机器和计算机三者的职责，突出人在企业中的地位。但 PERA 只有文档化的方法论，建模的方法未形式化，在计算机上的可执行性比较差。

NIST- AMRF- CIMS 是由美国国家标准技术研究所在研究 CIMS 中涉及的软硬件技术标准问题而提出的一套先进制造参考架构，在其递阶结构中反馈信息自下而上地集成，命令自上而下地分解。NIST- AMRF- CIMS 体系结构被流程工业 CIMS 所广泛吸收，并演化为五层递阶系统。该系统由下至上分为控制、监控、调度、管理和决策层（见图 3-2），清晰地描述了各层间模型和功能的联系与定位。尽管 CIMS 五层架构得到了广泛的应用但其实际应用系统的功能很难限定在特定的层级中，且层次较多给实施过程带来困扰。

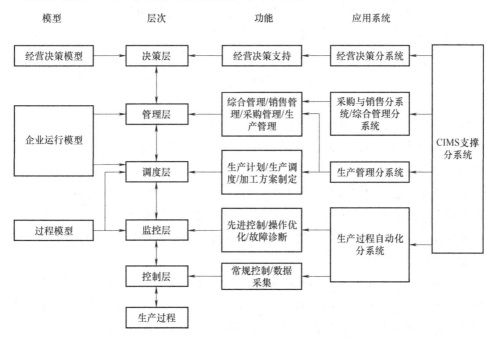

图 3-2　CIMS 五层架构

1990 年，美国咨询调查公司 AMR 首次提出制造执行系统（MES）的概念，并提出企业的三层体系结构（见图 3-3），即管理与计划层（ERP）、制造执行层、控制层（PCS）。控制层聚焦于参与生产过程的设备，以秒为单位监控设备的状态。制造执行层着眼于整个生产系统的管理，考虑生产过程的运营与平衡，以分钟或小时为单位跟踪产品的生产。管理与计划层则关注资源、销售与服务、库存、生产计划等相关的企业活动，通常以日、周、月为单位。

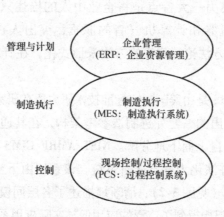

图 3-3 AMR 的三层体系结构

对于 CIMS 等复杂系统的分析与设计研究，除了模型的框架建立外，建模方法也是其总体技术研究的重要内容。ARIS（Architecture of Integrated Information System）是由德国 A. W. Scheer 教授提出的面向过程的集成信息系统结构，它由一组可相互集成的标准软件工具来描述企业的结构、流程和应用系统，可对经营活动过程进行整体设计、分析与优化（见图 3-4）。为降低模型的复杂度，企业模型被划分为数据、组织、功能、资源和控制五个视图。每个视图使用合适的方法来描述所含内容，同时又都通过需求定义、设计规格、系统描述三个阶段来逐步构建。控制视图用来描述其余四个视图的各元素及其相互关系，并在合适的流程中进行协调来维护数据的一致性。可见，ARIS 的建模方法打破了视图相互孤立的局面，有效地将企业描述为统一整体，并具有完善的方法论和成熟的软件支持，但由于其缺少通用性维度使得无法有效地积累和复用企业建模经验与知识。

GRAI（Graph with Results and Activities Interrelated）是由法国波尔多第一大学提出的专门为生产系统决策开发的一种建模方法。经过不断的模型完善，逐步发展为描述整个企业的建模方法，即 GIM（GRAI Integrated Methodology），包含 GRAI 概念参考模型、建模框架、建模方法和结构化方法。GIM 体系结构分为面向用户和面向技术的两个框架，前者包含信息、决策、物理和功能视图（见图 3-5），后者包含用于描述组织、信息和制造技术的视图。GIM 的优势在于好的计算机系统集成原理和开发了在企业集成领域有应用价值的工具，但其模型讨论、描述和实例研究未涵盖所有类型的企业。

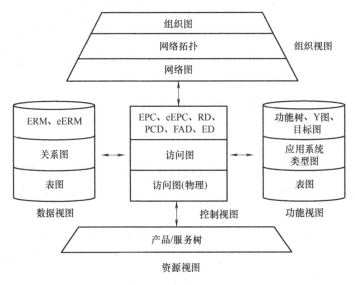

图 3-4　ARIS 体系架构

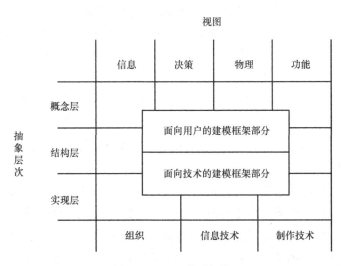

图 3-5　GRAI 体系架构

　　综合来看，在信息技术相对不发达时期，数据处理和融合、网络互联技术不先进，无法建立精确的计算机模型来描述复杂系统。但传统企业模型架构的多维度、多视图建模方法给后续的制造系统建模提供了很好的借鉴。

3.1.2 智能制造体系下的工厂建模框架

近十几年来，信息、网络、传感器技术的相互推动与发展为制造业提供技术支撑的同时也掀起了新一轮发展浪潮。智能制造不仅强调生产过程的自主、智能化，也包含设计、生产、维护、销售的协同。在集成了信息技术、工业技术和人类创造力的同时，新的制造模式改变着产品创新、设计、生产、运输和销售的模型与流程。信息系统方面，企业的业务流程与底层生产系统之间的联系不断集成与加强。制造的协作打破了传统企业间的业务布局，使业务联系更为复杂。而智能工厂是智能制造模式的载体，因此其模型框架自然不同于以往的企业或工厂体系架构。

再有，标准化已是现代工业运行过程中的关键活动。基于标准，企业能更加容易、稳定地实施新的技术，并提高制造系统的可靠性，共同构建支持智能制造可持续发展的环境。因此，以各个制造大国主导的标准化组织均提出其智能制造标准化路线图，例如美国国家标准技术研究所 NIST 发布的《智能制造系统现有标准体系》、德国政府与多个协会联合发布的《德国工业 4.0 标准化路线图》以及中国工业和信息化部及国家标准委发布的《国家智能制造标准体系建设指南》。

NIST 基于协同制造管理模型和企业控制系统集成的层次模型，将智能制造生态系统划分为生产系统（Production）、产品（Product）、业务（Business）三个维度，以及制造金字塔（Mfg. Pyramid）。产品维度从全生命周期管理的角度出发包含了从产品建模、仿真、质量管理到数据管控等。生产系统维度考虑在全生命周期的管理过程中所包含的模型维护和数据管理。业务维度主要体现的是与供应商、客户和生产活动相关的供应链管理。制造金字塔则包含 ISA95 层次模型所涉及的标准。最后，三个维度独立的生命周期过程在生态系统的核心即制造金字塔汇集和交互（见图 1-11）。

工业 4.0 参考体系架构通过层级、生命周期和价值链、层次架构等级三个维度来定义工业 4.0 下的智能制造系统（见图 1-10）。层级维度将技术按照功能进行分层；生命周期和价值链维度描述典型工业要素从虚拟类别设计、实例生产到维护的全生命周期过程；层次架构等级则基于企业系统集成的层级描述标准抽取出现场设备、工作站、企业等不同粒度的系统对象。同时，为了满足工业 4.0 对服务和协同的要求，在层次架构等级中补充了产品和互联世界。此外，借助参考体系架构来对工业 4.0 的核心内容进行归纳可发现蕴含的三大集成。

4）简便性：一般企业，尤其是中小型企业，并不具备专业的建模人员，因此建模方法必须简单易用。

5）继承性：建模要有良好的可继承性，可使系统方便地扩充和发展。

6）完整性：采用过程驱动的集成化建模方法，从建立多个独立的视图发展到集成化企业建模阶段，多个视图从不同角度分别刻画企业的内涵与行为特征，视图之间应是一个有机的整体，发展一种集成的、以某一视图为主，其他视图为辅的全面建模方法。

7）适应性（柔性）：现代企业不能仅仅靠缩短周期、降低成本和提高质量或服务水平等传统手段，还必须能根据企业内外条件的变化，对迅速变化的竞争环境动态地、准确地、快速地做出反应，并通过决策、规划、管理、调度和运作付诸实施，实现过程系统技术和管理技术的综合集成与整体优化。这要求企业建模工具不仅有柔性的模型定义功能，还必须具有柔性模拟和过程自动进化功能（自动优化）。

8）可集成性：建模是为了更加清楚地了解和分析系统，特别是数字制造系统，所建立的模型必须能为今后的仿真模拟分析所应用，能够方便地转换成数字化软件和其他系统交互，共同组成全生命周期数字制造一体化系统。

3.2.2　DEDS 建模方法

（一）离散事件动态系统基本特点

在传统的系统与控制理论领域中，主要研究对象限于一类本质上属于物理世界范畴的连续变量动态系统，简称为 CVDS。CVDS 的动态过程服从于物理学定律（如电学的、力学的、热学的定律等）或广义物理学规律（如经济学规律、人口学规律、生态学规律、社会学规律等）的约束，其数学模型可表示为传统意义下的微分方程或差分方程，借助于数学理论所提供的问题描述与求解方法，使对这类系统的建模、分析、控制和优化的研究，至少在线性定常系统这类比较简单的分支上，已达到了相当成熟和相当完善的境界，并已在实际应用中显示了它的有效性。

离散事件动态系统（Distributed Event Dynamic System，DEDS）是指受事件驱动的，系统状态仅在离散的时间点上发生变化的系统，这些离散的时间点往往是随机的，具有复杂的变化关系，难以用常规的微分方程、差分方程等模型描述。引起状态变化的原因是事件，通常状态变化与事件的发生是一一对应的。离散事件系统大量的存在，如超市、银行服务系统、车间加工调度系统等均是离散事件系统。以超市系统为例，顾客到达或顾客服务结束都是影响系统变化的"事件",而且在离散时刻随机产生。离散事件动态系统是区别于 CVDS 的另一类系统,本质上属于人造系统的范畴。不管是系统的运行机制还是系统的研究方法,都和 CVDS 有着重要的区别。

对于离散事件系统的研究,可以追溯到对排队现象和排队网络的分析,它是由 A. K. Erlang 于 1918 年提出,在管理通信和各类服务系统中有着广泛的应用。现今对离散事件动态系统研究的兴起出现在 1980 年前后。在那个时期,随着信息处理技术、计算机技术和机器人技术等的发展完善和广泛应用。在通信、制造、交通管理、军事指挥等领域相继出现了一批反映技术发展方向的人造系统。其典型例子如柔性生产线或装配线、大规模计算机和通信网络、空中或机场交通管理系统、军事指挥中 C³I 系统等。在这类人造系统中,对系统行为进程起决定作用的是一批离散事件,而不是连续变量。所遵循的是一些复杂的人为规则,而不是物理学定律或广义物理学定律。正是基于对这类人造系统行为和性能研究的需要,推动着离散事件动态系统理论的形成和发展。

DEDS 的特点包括:

1)事件的发生时刻是离散的,系统状态由一批符号和离散变量表征,状态只能在离散时间点上由事件的驱动而瞬时发生变动,例如,队列中服务对象的到达与离开、计算机网络各节点电子邮件的发送与接收、机械制造中次品的出现以及通信系统任务的完成与失败等。

2)由于不同事件发生的异步性,因此,系统演化过程中状态发生跃变时刻呈现异步性,在时间轴上是异步排列的;一个事件的发生,可能会导致相关事件的发生,使状态变化呈现并发性。

3)实际 DEDS 的状态变化往往呈现出不确定性。离散事件同时受着系统内部和外部因素的约束,这些因素严格地说总是会包含某种不确定性,由此导致系统状态变化呈现出不确定性。在对 DEDS 的建模和分析中,这种随机因素是不应回避的,随机数、概率分布等是 DEDS 建模过程中必须考虑的因素。

4)DEDS 的人造属性表现为基于人为的运行规则,这也是其能覆盖一大批高技术中的人造系统的原因所在。由于 DEDS 服从的是人为的逻辑规则,而不是物理学定律(如牛顿运动定律、电路定律等)及其衍生物,这就决定了 DEDS 通常不能采用传统的微分方程、差分方程来描述,使 DEDS 的建模和分析更为复杂。现今对 DEDS 提出的各种模型,无论在形式的简明性上还是在计算的可行性上,都远不及作为 CVDS 一般模型的微分方程或差分方程。

对 DEDS 的分析归结为确定离散事件交互影响所导致的系统状态的演化过程,对 DEDS 的控制归结为减少或禁止不期望的事件(如冲突、死锁等),或使事件按期望的时序发生。

数字制造系统是典型的 DEDS 系统。对于数字制造全生命周期而言，为了实现对生产系统、通信系统和计算机网络等各类系统中的物流、信息流以及各种资源进行调度和控制，以及对数字制造系统描述、分析和控制的需要，必须采用离散事件动态系统理论进行建模和控制。一个事件的发生需要一定的前置条件，同时又产生一定的后置条件以触发下一个事件，DEDM（离散事件动态建模）研究系统的动态变化，研究系统从一个状态到另一个状态、从初始状态到目标状态的发展过程，DEDS 理论为这些系统的描述、分析、评价和优化控制提供方法和支持工具，使得人们能充分掌握离散事件动态系统的内在规律，更好地发挥系统的经济技术效益。因此 DEDS 理论研究具有广阔的应用前景和重要意义。

（二）离散事件动态系统建模方法

离散事件动态系统建模方法主要有：马尔可夫链/自动机模型、Petri 网与扩展状态机器模型、排队网络模型、极大极小代数模型、过程代数模型，包括 ERP（有限递归过程模型）、CSP（通信顺序进程模型）、CCS（通信系统演算模型）、广义半马尔可夫模型（GSMP）和离散事件仿真模型等。这些模型按其带时标还是不带时标、确定性模型还是随机模型、强调逻辑（事件序列）特性还是强调数值特性等，可分为几类：

1）不带时标模型包括：有限状态自动机、Petri 网、过程代数模型（ERP、CSP、CCS）、时序逻辑模型等。

2）带时标模型包括：赋时 Petri 网、赋时转移模型/实时时序逻辑、极大极小代数模型、马尔可夫链、排队网络模型、GSMP 仿真模型等。

3）确定性模型包括：有限状态自动机、Petri 网、过程代数模型（ERP、CSP、CCS）、极大极小代数模型、时序逻辑模型等。

4）随机模型包括：马尔可夫链、排队网络模型、GSMP 仿真模型、随机 Petri 网等。

5）逻辑（定性）模型包括：有限状态自动机、Petri 网、ERP（CSP、CCS）、时序逻辑模型等。

6）数量（定量）模型包括：极大极小代数模型、马尔可夫链、GSMP 仿真模型等。

一般认为，这些建模方法中的每种方法都只适用于解决一类问题，还没有一个模型可作为 DEDS 的一般模型解决所有问题。针对复杂的 DEDS，一般用多模型建模的方法。

从层次上可以将 DEDS 研究大致分为几类：逻辑层次、时间层次和统计层次。从逻辑层次研究 DEDS 中事件与状态相互作用的序列的建模方法主要有：形式语言与自动机、马尔可夫链和 Petri 网等；从时间层次研究 DEDS 运行及其特性的建模方法有：有限递归过程、极大极小代数、双子代数和通信序贯过程等；而广义半马尔可夫过程、排队网络、摄动分析等则是从统计层次研究 DEDS 过程性能的建模方法。

应当指出，尽管这三个层次模型所面对的都是 DEDS，但由于研究侧重点和描述手段不同，目前看来还不具备相互取代的前景，将会长期共存并组成 DEDS 的模型体系，以适应不同的研究问题和研究目标。由于 DEDS 更多地反映人造系统的属性，系统机制中可能会同时并存多种交互作用，如事件间的交互作用、人与系统的交互作用、系统与环境的交互作用等，系统的各种关系中也可能会同时含有多种表达形式，如定量、定性或混合的表达形式等，因此一个复杂的离散事件动态系统建模，最终可能需要同时借助于运筹学、系统与控制理论、人工智能与自然语言理解等多学科的方法的结合。一般认为，DEDS 建模方法可以看作是人工智能和自然语言基础、运筹学、系统与控制理论等多学科的交叉范畴。

1. DEDS 的逻辑层次模型

表征 DEDS 过程的两个基本因素是：事件和状态。状态常用一些离散符号标记，状态集即状态空间不需要任何拓扑结构。事件则按照系统以外因素所确定的某种机制离散地瞬时地发生，并导致状态的转移。因此，在逻辑层次上，基本问题归结为研究事件和状态按逻辑时间的序列，而不涉及物理时间问题。因此有限自动机、Petri 网等这些具有很强逻辑功能表征能力的工具，非常适合描述和研究这些要素以及逻辑序列。

DEDS 的逻辑层次模型通常采取以下几个基本理论和方法：

1) 基于事件反馈的 R- W 监控理论：已被作为逻辑层次研究最普遍而且最易理解的理论。

2) Petri 网理论：由于 Petri 网的通用性和随意性，它几乎可应用于一切可用图形表示的系统。它较有限自动机形式语言模型更好地描述了系统内部的逻辑关系，特别适用于描述并发和异步、冲突等现象，因此它作为系统建模和分析的一种有效工具越来越受到重视。

3) 其他逻辑层次的模型：在形式逻辑方面，这些模型是广泛利用计算机系统规范要求和检验的模态逻辑，如将实时时序逻辑用于 DEDS 控制问题；用逻辑谓词来标识当前状态估计；用递阶状态机研究建模问题；通过状态集结避免组合爆炸等。

2. 时间层次模型

在时间层次，不仅涉及系统中事件与状态演化的逻辑关系，而且需要从物理时间上来刻画和分析演化过程。

最早的建模是以极大代数为基础，在事件域建立的系统状态方程组和传递矩阵中，研究其特征值、特征向量、周期性、稳定性、能控性和能观性等问题，并在 FMS 中应用。还有一种模型以极小代数为工具，在时间域建立了状态方程组和传递矩阵。20 世纪 80 年代末，在双子极大极小代数的基础上，建立了 DEDS 的 2D 模型，它可作为线性 DEDS 的一般方法，对 DEDS 的各项性能进行分析。

3. 统计性能层次模型

从统计层次研究 DEDS，主要集中于 DEDS 随机品质分析和优化。需要采用排队网络、广义半马尔可夫过程（GSMP）等随机模型。主要方法有：随机分析法、仿真分析法和扰动分析法，以及运行分析法、平均值分析法和近似分析法等。

数字制造包括生产管理系统、工程设计系统、先进的制造系统和计算机网络支撑系统等，是比较典型的离散事件动态系统。为了达到信息集成和功能集成的目标，需要建立良好的系统模型和全局模型。目前，人们采用 DEDS 方法（如排队论）为生产管理系统建模，进行分析和评分，以期得到理想的生产计划方法、能力计算和负荷平衡方法。基于 DEDS 理论的工程设计系统模型则主要研究产品设计、工艺规划、数控编程以及生产文档签发等功能之间的触发控制流程。DEDS 理论在 FMS 和自动生产线建模方面得到了更广泛的应用。人们采用 DEDS 模型对 FMS 和其他生产系统内的物流进行描述、分析和调度控制，并且对系统设计参数进行优化调整，解决资源冲突和系统死锁问题。更重要的是，DEDS 模型进一步地支持了 FMS 等生产系统的运行决策。

DEDS 模型不仅要描述物流与信息流的处理过程，还要描述功能运行决策机制。在这方面，自动机与形式语言的监控理论比较完善。Petri 网在离散事件动态系统控制与决策方面的实用性最好，可以适应问题的复杂程度。Petri 网在数字制造全局集成描述方面具有明显的研究价值。

DEDS 理论在并行工程中具有很大的潜在应用前景。它主要研究如何建立产品模型来反映产品设计、工艺设计和制造过程中所需要的信息。另外，在生产管理方面，结合推拉机制，在生产规划、负荷分析、能力平衡和资源管理等方面亦有相应的算法。DEDS 的随机分析、随机最优算法、随机最优设计与控制的研究方面的突破，最有希望直接应用于数字制造实际中，产生很大的经济效果。

对于复杂的数字制造系统，必须从多个视角和层次进行建模。为了更全面地描述 DEDS 特性，人们将各种模型结合起来，产生了定时 Petri 网模型、随机 Petri 网模型和极大代数与扰动分析相结合的 DEDS 方法等。这样的模型既反映了系统的运行规律，又反映了离散事件的确定性时间参数和随机性时间参数。

3.2.3　Petri 网建模方法

Petri 网是对离散并行系统的数学表示，Petri 网是 20 世纪 60 年代由卡尔·A·佩特里提出，适合于描述异步的、并发的计算机系统模型。Petri 网既有严格的数学表述方式，也有直观的图形表达方式。由于 Petri 网能表达并发的事件，被认为是自动化理论的一种。Petri 网能很好地描述动态系统的结构行为，并能对系统的动态性质如可达性，安全性、活性和死锁等进行分析，在离散事件动态系统中得到了广泛的应用。

经典的 Petri 网是简单的过程模型，由两种节点：库所和变迁，有向弧，以及令牌等元素组成的。Petri 网的元素：库所（Place）圆形节点、变迁（Transition）方形节点，有向弧（Connection）是库所和变迁之间的有向弧；令牌（Token）是库所中的动态对象，可以从一个库所移动到另一个库所，如图 3-6 所示。Petri 网的规则是：有向弧是有方向的；两个库所或变迁之间不允许有弧；库所可以拥有任意数量的令牌。

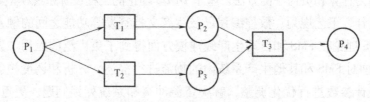

图 3-6　Petri 网示意图

如果一个变迁的每个输入库所（Input Place）都拥有令牌，该变迁即为被允许（Enable）。一个变迁被允许时，变迁将发生（Fire），输入库所（Input Place）的令牌被消耗，同时为输出库所（Output Place）产生令牌。变迁的发生是原子的；有两个变迁都被允许的可能，但是一次只能发生一个变迁；如果出现一个变迁，其输入库所的个数与输出库所的个数不相等，令牌的个数将发生变化；Petri 网络是静态的；Petri 网的状态由令牌在库所的分布决定。两个变迁争夺一个令牌的情形被称之为冲突。

一般 Petri 网包含以下部分：

1）库所集合 P：$P = \{P_1, P_2, \cdots, P_n\}$，是库所点的有限集合，代表了系统的状态。

2）变迁集合 T：$T = \{T_1, T_2, \cdots, T_m\}$，是变迁点的有限集合，代表了改变系统状态的事件或行为。

3）输入功能 I：$I(T_i)$ 为 P 的子集，代表 T_i 输入的库所点集合。

4）输出功能 O：$O(T_i)$ 为 P 的子集，代表 T_i 输出的库所点集合。

5）标记 u：$u(P_1, P_2, \cdots, P_n)$ 为标记向量，代表各库所上的令牌分布。当输入库所中都有标记时，转换才可触发，转换后从输入库所各取出一个标记，并在各输出库所产生一个新的标记。

在 Petri 网模型的代数表示中，Petri 网就是一个用上述集合表达的五元组 $G(P, T, I, O, u)$ 来表示。Petri 网图示模型直观、清楚地描述了制造过程的各个状态、状态之间的变迁条件以及各种转换之间的顺序关系，是对系统的动态特性进行本质描述和分析的重要工具。

通过对实际问题构造 Petri 网，并对 Petri 网进行分析，来揭示系统动态特性等重要信息。Petri 网是一种适用于多种系统的图形化、数学化建模工具，为描述和研究具有并行、异步、分布式和随机性等特征的信息加工系统提供了强有力的手段。作为一种图形化工具，可以把 Petri 网看作与数据流图和网络相似的辅助方法；作为一种数学化工具，它可以建立状态方程、代数方程和其他描述系统行为的数学模型。在建模过程中，如果使用条件和事件的概念，那么库所就代表条件，变迁则代表事件。一个变迁（事件）有一定数量的输入和输出库所，分别代表事件的先决条件和事后条件。位置中的符号代表可以使用的资源或数据。Petri 网的主要功能是为各种与并行系统有关的特性和问题提供分析方法。利用 Petri 网模型可以研究依赖于初始状态和独立于初始状态的两类特性，前者是指状态行为特性，后者是指状态结构特性。

Petri 网模型可分为一般 Petri 网和计时 Petri 网，前者属于 DEDS 理论中逻辑模型的一种，后者在一般 Petri 网的基础上引入了时间因素，是 DEDS 理论中一种重要的时间模型。

一般 Petri 网模型清楚地描述了系统的逻辑过程，考虑的是系统状态与转换的逻辑顺序关系，但没有考虑时间因素，因此不能对系统进行时间特性的分析。而计时 Petri 网在一般 Petri 网的基础上引入时间因素，一种是将每个库所的令牌与最小停留时间相联系，称为 P 计时；另一种是把每个变迁和持续时间相联系，称为 T 计时。计时 Petri 网的代数表示法是一个六元组 $G = (P, T, I, O, u, t)$，其中 P、T、I、O、u 的含义与一般 Petri 网相同，t 为时间集合，是变迁 T 的时间属性。

3.2.4 IDEFX 建模方法

20 世纪 70 年代末和 20 世纪 80 年代初，美国空军 ICAM（Integrated Computer Aided Manufacturing）工程在结构化分析方法的基础上，发展起来一套系统分析和设计方法，称为 IDEF 方法，它是 ICAM Definition Method 的缩写。此方法从不同的角度描述系统，形成了 IDEFx 系列系统描述方法。主要包括：功能建模（IDEF0）、信息建模（IDEFl）、动态建模（IDFF2）、数据建模（IDEFlX）、过程描述获取方法（IDEF3）、面向对象的设计方法（IDEF4）等，它分为两类，第一类 IDEF 方法的作用是沟通系统集成人员之间的信息交流，主要有：IDEF0、IDEF1、IDEF3、IDEF5。IDEF0 通过对功能的分解、功能之间关系的分类（如按照输入、输出、控制和机制分类）来描述系统功能；IDEF1 用来描述企业运作过程中的重要信息；IDEF3 支持系统用户视图的结构化描述；IDEF5 用来采集事实和获取知识。第二类 IDEF 方法的重点是系统开发过程中的设计部分，目前有两种 IDEF 设计方法：IDEF1X 和 IDEF4。IDEF1X 可以辅助语义数据模型的设计；IDEF4 可以产生面向对象实现方法所需的高质量的设计产品。

1. IDEF0 功能建模

IDEF0 能同时表达系统的活动（用盒子表示）和数据流（用箭头表示）以及它们之间的联系。所以 IDEF0 模型能使人们全面地描述系统。对于新的系统来说，IDEF0 能描述新系统的功能及需求，进而表达一个能符合需求及能完成功能的实现。对已有系统来说，IDEF0 能分析应用系统的工作目的、完成的功能及记录实现的机制。IDEF0 首先建立功能模型，把表示"这个问题是什么"的分析阶段，与"这个问题是如何处理与实现"的设计阶段仔细地区别开来。这样，在决定解法的细节之前，保证能完整而清晰地理解问题。这是系统成功开发的关键所在。

功能建模方法由数据流程图、数据汇总图和功能调用树组成，各组成部分的基本内容如下：

1）数据流程图：描述系统内部各组成功能的各种信息交互情况。它与过程模型相对应，描述在进行各项业务活动时，各部门业务信息（数据）的交互情况，为数据汇总图和信息视图模型提供功能间交互的所有数据信息。数据流程图的基本图形单元如图 3-7 所示，数据流程

图 3-7　IDEF0 功能模型图

图用盒子代表功能，进入或从盒子出来的箭头分别代表输入、输出、控制和机制。

2）数据汇总图：从全局角度了解和把握信息交互的全貌，以汇总方式显示系统中交互的所有信息。

3）功能调用树：以树状方式显示系统中功能之间进行调用的全貌，如图 3-8 所示。

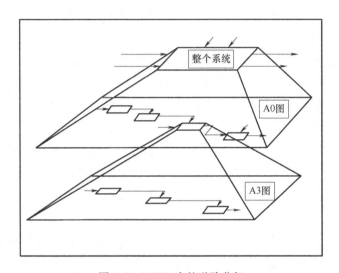

图 3-8 IDEF0 中的递阶分解

采用 IDEF0 建立系统功能模型的一般步骤为：

1）明确建模的范围、观点和目的：首先划定所讨论问题的边界并明确系统的外部接口，采取全局和整体的观点，兼顾系统的各个部分，了解建模的依据和出发点。

2）建立系统的内外关系图——A-0 图。A-0 图抽象地描述了所研究问题的内容、边界和外部接口。A-0 是由一个盒子和四个方面的边界箭头组成的数据流程图，盒子代表了整个需要进行功能建模的系统，边界箭头代表了这一系统与外界的联系。

3）分解 A-0 图，建立 A0 图。把 A-0 图分解为 3 ~ 6 个主要部分得到 A0 图。A0 图较为详细和系统地表示了整个系统的功能与构成于各功能模块之间的关系，是整个功能模块的顶层图。

4）分解 A0 图，建立低层图形。按照自顶向下的方法，对 A0 图进行逐层分解，直到分解到具有独立的功能含义的最底层模块为止。

IDEF0 的建模步骤：

1）定义范围：流程分析主要集中在关键性流程。

2）资料的收集：了解流程的相关背景，包括相关人员、事物及制度。建模需要与专家和流程的实际操作者广泛讨论。对收集到的信息分类加工整理。

3）针对收集到的资料，根据 IDEF0 的绘制原则与符号设计原则进行绘图。

4）展示：针对每个阶层撰写辅助说明文字，并与父阶层共同构成完整模型。

5）确认：模型建构者把初步的 IDEF0 图形和相关文件再次和相关人员进行讨论，确认最终结果。

数字制造功能建模，针对具体的数字制造生命周期的每一个阶段，在功能分解的基础上对决策、行为和活动进行分析。由此设计并建立一组基本的模型原型，如产品设计功能模型、车间作业管理功能模型等，这些模型原型构件库是建立功能参考模型的基础。

在模型原型构件库的基础上，通过细化和深入分析，利用功能建模工具连接这些功能模型的原型，并确定功能型和功能之间的输入输出关系，形成数字制造的参考模型原型。在对该参考模型原型进行优化分析工作的基础上，改进参考模型原型，最终形成数字制造的参考模型。

在参考模型的基础上，针对具体的数字制造的数据流程和集成需求，并结合具体制造过程的特点，对参考模型进行实例化，形成具体数字制造特定的功能模型。

2. IDEF1 信息建模

IDEF1 方法的作用是在需求分析时对所建系统的信息资源进行分析和交流。IDEF1 明确了现存的信息，以及在企业内部需要被管理的信息。IDEF1 是一种组织方法，可以标定和分析信息。IDEF1 是一种分析的工具，通常用来：1）确定组织中当前管理的是什么信息；2）对需求分析过程中发现的问题确定哪些是由于缺乏合适的信息引起的；3）控制信息管理的规则，以及企业中信息的逻辑关系。

从 IDEF1 的角度看信息系统，它不但包括自动化系统的成分，也包括非自动化的成分，如人员、文件柜、电话等。IDEF1 使用简单的图形约定来表达复杂的规则集合。这些规则有助于建模者区分：1）现实世界的对象；2）现实世界对象之间的物理或抽象的联系；3）现实世界对象的信息管理；4）用来表示信息的需求、应用和管理的数据结构。IDEF1 的目标之一就是为信息分析提供一个结构化的、规程化的方法。IDEF1 可以减少建模过程中的不完整性、不精确性、不一致性和不准确性。

　　IDEF1 是描述企业信息需求的一个有效方法。IDEF1 建模奠定了数据库设计基础，给出了信息结构定义，提供了反映基本信息需求的需求说明。IDEF1 使用规程化的、结构化的技术以找出一个组织所使用的信息和业务规则。信息建模方法从信息关系的角度对系统组织结构中各子系统的数据结构特征进行细致的描述。IDEF1 要求信息用户积极参与，使用户认真思考信息如何使用和管理。最后，信息模型在企业的整个生命周期均有用。

　　IDEF1 提供了一套规则和过程，用于指导信息模型的开发。一个 IDEF1 方法提供了结构化的过程，用于组织的信息分析、结果的估计、过程的检验。在建立信息模型时首先确认模型中有哪些实体（Entity），一个 IDEF1 的实体（Entity）代表了组织中真实和抽象的事物，一个 IDEF1 实体集（Entity Class）代表了实体的集合，区分实体的两个基本原则如下：

　　1）它们是永久的，组织可以对实体进行观察、加密、记录、组织、储存。

　　2）它们可以被分离，可以从其他实体中区分出来。

　　实体具有特定的属性（Attribute），属性记录了现实事物的特征值，集聚所有相同属性名字或属性值就形成了属性集（Attribute Class）。属性值可以区分实体集。凭借一个或多个属性集，把实体从实体集中区分出来的属性集被称为关键集（Key Class）。关联是实体和实体之间的联系，关联的发现和证实需要注意一个实体集的属性集是否含有所涉及的实体集的关键集。一个关联集可以被认为是实体集之间的存在关系。例如：一个关联是"工作于"连接了实体集"雇员"和实体集"部门"。

　　数字制造信息模型的建立，一般是经过通用的模型原型构件到参考模型，再到专用模型的建模过程来实现。首先根据功能模型提供的功能间交互的所有数据及数据分解模式，设计并建立一组基本的信息模型原型，这些模型原型构件库是建立参考模型的基础。在模型原型构件库的的基础上，针对具体的一个数字制造过程，通过细化和深入分析，利用信息建模工具对这些信息模型的原型进行连接，并确定信息模型中构件之间的连接关系形成参考模型原型。在对该参考模型原型进行优化分析工作的基础上，改进参考模型原型，最终形成系统的参考模型。在系统参考模型的基础上，针对具体的一个数字制造需求，结合具体企业的特点，对参考模型进行实例化，形成具体数字制造特定的信息模型。

3. IDEF3 过程建模

　　IDEF3 以自然的方式记录状态和事件之间的优先和因果关系，为表达一个系统、过程或组织如何工作的知识提供一种结构化的方法。IDEF3 的主要功能包括：记录在调研过程中产生的原始数据；确定信息资源在企业的主要业务流程中的作用；记录决策过程，特别是关于制造、工程和维修的产品定义数据的决策过程；管理数据配置和更改控制策略定义；进行系统设计和分析，并提供模拟模型。

IDEF3 有两种描述方式：过程流和对象状态转变网络。IDEF3 过程流描述过程以及过程之间的关系网络，描述"如何做"的知识。如描述一个部件在制造过程中发生的情况，这些过程间的关系是在整个业务流程中产生的，描述的目的是说明事物是如何运作的。过程流描述作为获取、管理和显示过程的主要工具，通过过程流程图反映了专家和分析员对事件与活动、参与这些事件的对象，以及驾驭事件行为的约束关系等的认识。对象状态转移描述是 IDEF3 中用以获取、管理和显示对象的基本工具，通过 OSTN（对象状态转移网络）图来表示一个对象在多种状态间的演进过程。

过程模型的通用结构可以表示为有向图的网络拓扑形式，即通过结点与结点间的连接来表达企业的业务流程。这种表示方法的好处是清楚、直观，可以为一般的工程技术人员所理解，再通过辅助建模工具，就可以为企业内的相关人员提供一个良好的建模环境；另外，基于有向图的模型可以较为方便地转换成某种扩展的 Petri 网模型。

IDEF3 为收集和记录过程提供了一种机制。IDEF3 以自然的方式记录状态和事件之间的优先和因果关系，办法是为表达一个系统、过程或组织如何工作的知识提供一种结构化的方法。IDEF3 用两种基本组织结构场景描述（Scenario）和对象（Object）来获取对过程的描述。场景描述可以看作一个组织中，需要用文件记录下来的特殊的重复出现的情景，以及过程赖以发生的背景。场景的主要作用，就是确认过程描述的前后关系。对象则是任何物理的或概念的事物，对象的识别和特征抽取有助于进行过程流描述和对象状态转换描述。每个 IDEF3 描述可以有多个场景和多个对象，它们组成了描述的各个部分。

系统的开发者利用 IDEF3 过程描述方法，得到现存或被设计系统的运行过程。这一过程简单明了，包含了流程的先后次序和因果关系，显示了组织是如何处理特定的问题，明确了过程的重点和边界条件。流程设计者使用 IDEF3 方法描述现有的流程，这些流程都是他们所经历的或观察到的。不同的使用者可以得到相同的描述，便于进行分析思考和相互交流。

3.2.5　UML 建模方法

统一建模语言（Unified Modeling Language，UML）是由著名的面向对象技术专家广泛征求意见，采众家之长，几经修改而完成的。它通过统一的表示法，消除了因方法林立且不同而带来的种种不便，使具有不同知识背景的领域专家、系统分析和开发人员以及用户可以方便地交流，得到了工业界、学术界以及用户的广泛支持，成为面向对象领域占主导地位的建模语言。UML 除了具有面向对象方法的继承和封装等特点外，还具有比其他面向对象方法更强的建模能力，擅长于并行、分布式系统的建模。UML 采用的是一种图形表示法，是一种可视化的图形建模语言。由于它的目标是以面向对象图的方式来描述任何类型的系统，因此具有很宽的应用领域。其中最常用的是建立软件系统模型，但它也可以应用于描述不带任何软件的机械系统、一个企业的机构或企业过程等，如处理复杂数据的信息系统，具有实时要求的工业系统或者工业过程，嵌入式实时系统、分布式系统、系统软件、商业软件等。总之，UML 是一个通用的标准建模语言，可以对任何具有静态结构和动态行为的系统进行建模。

（一）UML 历史及特点

UML 起源于多种面向对象建模方法，而面向对象建模语言最早出现于 20 世纪 70 年代中期，到 20 世纪 80 年代末发展极为迅速。据统计，从 1989 ~ 1994 年，面向对象建模语言的数量从不到 10 种增加到 50 多种。在众多的建模语言中，各类语言的创造者极力推崇自己的语言，并不断地发展完善它。但由于各种建模语言固有的差异和优缺点，使得使用者很难根据应用的特点选择合适的建模语言。

UML 是 Grady Booch（Booch 方法创始人）、James Rumbaugh（OMT 方法创始人）和 Ivar Jacobson（OOSE 方法创始人）智慧的结晶。当时 Booch 方法和 OMT 方法都已经独自、成功地发展成为主要的面向对象方法，随着 OMT 方法的创始人 Rumbaugh 加入 Booch 所在的 Rational 公司，他们在 1994 年 10 月共同合作，将这两种方法统一起来，到 1995 年形成"统一方法"（Unified Method，UM）0.8 版本。随后，OOSE 方法的创始人 Jacobson 也加入 Rational 公司，并引入他的用例思想，于是该公司在 1996 年发布了 UML 0.9 版本。1997 年 1 月，UML 1.0 版本被提交给 OMG（对象管理组织）作为软件建模语言标准化的候选标准。在之后的半年多时间里，一些重要的软件开发商和系统集成商相继成为"UML 联盟"成员，如 Microsoft、IBM、HP 等公司积极地使用 UML 并提出反馈意见。1997 年 9 月，UML 1.1 版本被提交给 OMG，并于 1997 年 11 月正式被 OMG 采纳作为业界标准。

2001 年，UML1.4 版本被核准推出。2005 年，UML2.0 标准版本发布。其中 UML 1.4.2 版本对应于 ISO/IEC 19501-2005 国际标准，而 UML2.4.1 及后续版

本对应于 ISO/IEC 19505-1-2012（基础结构）和 ISO/IEC 19505-2-2012（上层结构）。

目前，UML 主要存在 UML 1. x 和 UML 2 两个大的版本系列。UML 1. x 主要是指 UML 1. 0 ~ UML 1. 5 的这几个版本，版本之间有一些差别，但总体差别不大。而 UML 2 则是指从 2005 年正式发布的 UML 2. 0 之后的各个版本。大多数 UML 1. x 模型在 UML 2 中都可用，但 UML 2 在结构建模方面有了一系列重大的改进，包括结构类、精确的接口和端口、拓展性、交互片断和操作符，以及基于时间建模能力的增强。

UML 被称为"统一建模语言"，并不仅仅是三大面向对象方法的统一，还合并了许多面向对象方法中被普遍接受的概念，对每一种概念，UML 都给出了清晰的定义、表示法和有关术语。此外，UML 还尝试统一几种不同领域，具体包括以下内容：

1）开发生命周期：UML 对于开发的要求具有无缝性，即在软件开发生命周期的各个阶段都可以采用 UML。开发过程的不同阶段可以采用相同的一套概念和表示法，在同一个模型中它们可以混合使用。在开发的不同阶段，不必转换概念和表示法。这种无缝性对迭代的增量式软件开发至关重要。

2）应用领域：UML 适用于各种应用领域的建模，包括大型复杂分布式系统、实时嵌入式系统，集中式数据或计算系统等。当然，也许用某种专用语言来描述一些专门领域更有用，但在大部分应用领域中，UML 不比其他的专用语言逊色，甚至更好。

UML 2. 4 版本引入"概要文件"（Profile）的概念，通过定义不同领域的概要文件，UML 可以适应专门的一些领域描述。利用 UML 扩展，例如 sysML，可以进行基于模型的系统工程（MBSE）方面的建模。

3）实现语言和平台：UML 可应用于各种不同的编程实现语言和开发平台系统。

4）开发过程：UML 是一种建模型语言，不是对开发过程的细节进行描述的工具。就像通用程序设计语言可以用于许多风格的程序设计一样，UML 适用于大部分现有的或新出现的开发过程，尤其适用于类似敏捷过程、统一过程等迭代增量式开发过程。

5）内部概念方面：在构建 UML 元模型的过程中，特别注意揭示和表达各种概念之间的内在联系，并试图用多种适用于已知和未知情况的办法去把握建模中的概念。这个过程会增强用户对概念及其适用性的理解。这不是统一各种标准的初衷，却是统一各种标准所得到的最重要的结果之一。

（二）UML 组成

UML 规范按照语义结构组织，详细地阐述了各类模型元素的语法结构，介绍面面俱到。但普通用户很多时候只使用那些最常用的属性，更多地还是从业务角度考虑问题，例如，需要哪些建模元素、涉及哪些基本概念等，这些核心概念形成了 UML 的概念模型。UML 概念模型主要由三部分组成：构造块、运用这些构造块的通用机制和组织 UML 视图的架构。组成结构如图 3-9 所示。

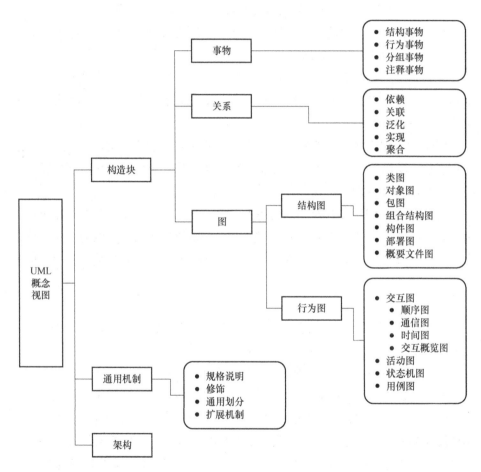

图 3-9　UML 的概念模型

1. 构造块

构造块（Building Blocks）是指 UML 的基本建模元素，包括事物（Thing）、关系（Relationship）和图（Diagram）三个方面内容。在面向对象的建模思想中，可以把物理空间的系统对象抽象成"事物"和"关系"两大概念。这个抽象是利用 E-R（实体-关系）图进行概念建模的一个思维，也是 ORM（对象关系建模）建模方法的核心。

事物是对模型核心要素的抽象。需要注意的是，事物不一定是实际存在的物理概念，一些抽象概念也可以确定为事物，例如组件、节点等。关系把事物联系在一起；图是对事物和关系的一种描述。

（1）事物

UML 中的事物包括结构事物、行为事物、分组事物和注释事物。

结构事物是 UML 模型的静态部分，描述概念或物理元素，包括类、接口、协作、用例、组件、节点和活动类。

行为事物（动作事物），是 UML 模型中的动态部分，代表事件和空间上的动作。交互、状态机和活动是 UML 模型中基本的动态事物元素，通常与类、对象等结构事物连接在一起。

UML 中分组事物使用的机制称为包。包可以将彼此相关的元素进行分组。结构事物、动作事物甚至其他分组事物都可以放在一个包里。其他还包括子系统、层等基于包的扩展事物。

注释事物是 UML 中模型元素的解释部分，用来描述、说明和标注模型的任何元素。最重要的注释事物是注解（Note），它是依附于一个元素或一组元素之上对元素进行约束或解释的简单符号。所有的 UML 图形元素都可以用注解来说明。

（2）关系

UML 中主要的关系分为五种，分别是关联关系、依赖关系、泛化关系、实现关系和聚合关系。这些关系的图例如图 3-10 所示。

关联（Association）是一种强语义联系的结构关系，表明两个事物之间存在着明确的、稳定的语义联系。它描述了一组链接（Link），链接是事物的具体实例之间的关联（如类之间的关联，则意味着类的对象之间存在链接）。图中的两端都没有标注箭头，这并不意味着关联关系没有方向，默认情况下关联的方向是双向的，也就是说，两个关联的事物之间互相依赖。如果要标注单方向的依赖，则需要在关联的一端标注箭头。

依赖（Dependency）是两个事物间的弱语义关系，表明两个事物之间存在着一种使用关系，其中一个事物（独立事物）发生变化会影响另一个事物（依赖事物）的语义。依关系的箭头表明了依赖的方向，即没有箭头端的事物依赖于有箭头端的事物。

泛化（Generalization）也称为继承关系。这种关系表明了一个类是另外一个类的特例。通过这种关系，子类共享了父类的结构和行为。

实现（Realization）是两个事物之间的一种契约关系，其中的一个事物（箭头指向的事物）描述了另一个事物必须实现的契约。在两种位置会遇到实现关系：一种是在接口和实现它们的类或构件之间；另一种是在用例和实现它们的协作之间。

聚合（Aggregation）是一种特殊的关联关系，标识了关联的两个事物之间存在一种整体和部分的语义联系。

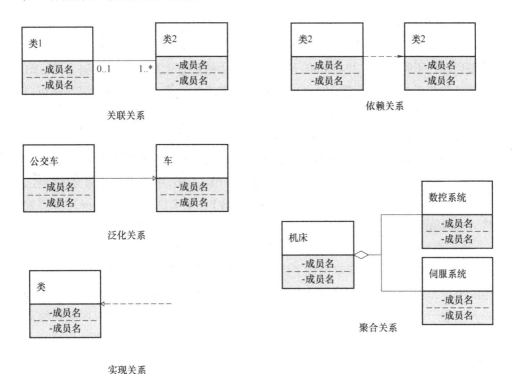

图 3-10　UML 中的关系

（3）图

模型是所有事物和关系的知识库，创建模型有助于描述正在设计的系统的所需行为。模型中有很多元素，且元素之间有很多关系，这些都需要展示给用户，这种展示就是通过 UML 的图来实现的。

图（Diagram）是一组元素的图形表示，它是模型内的视图，可以通过图将模型展示给用户。图不是模型本身，有的模型元素可以出现在所有图中，有的模型元素可以出现在一些图中（很常见），还有的模型元素不能出现在图中（很少见）。此外，事物或关系可能从图中被删除，甚至从所有的图中被删除，但是它们仍然可以存在于模型中。

UML 2 版本提供了 14 种不同类型的图（UMLl. x 版本中为 9 种），如图 3-9 所示。需要说明的是，此处图的分类是根据 UML 2.5 版本规范的附录 A 给出来的。在 UML 2.5 版本中还给出了信息流图（Information Flow Diagram）的元模型，但目前这种图形并没有被确定为一种独立的图形而放入这个分类中。此外，还有诸如行为状态机图、协议状态机图、模型图、内部结构图等一些现有图的子图。后面第 3 部分专门介绍这几种图。

2. 通用机制

UML 提供了几种通用机制，它们被一致地应用到模型中，描述了达到对象建模目标的不同策略，并在 UML 的不同语境中被反复运用。通用机制使得 UML 更简单和易于使用。通用机制可以为模型元素添加注释、信息或语义，还可以对 UML 进行扩展。通用机制如下所示：

1）规格说明（Specifications）：文本维度的模型描述。

模型元素具有许多用于维护该元素的数据值特性，特性用名称和标记值定义。标记值是一种特定的类型，如整型或字符串。UML 中有许多预定义的特性，如文档（Documentation）、职责（Responsibility）、永久性（Persistence）和并发性（Concurrency）。

2）修饰（Adornments）：描述建模元素的细节信息。

修饰为图中的模型元素增加了语义，建模时可以将图形修饰附加到 UML 图中的模型元素上。例如，当一个元素代表某种类型时，名称显示为粗体；当同一元素表示该类型的实例时，该元素名称显示为下划线修饰。UML 中的修饰通常写在相关元素的旁边，所有对这些修饰的描述与它们所影响元素的描述放在一起。

3）注释（Note）：对模型的额外标记。

UML 的表达能力很强，尽管如此，也不能完全表达出所有信息。所以，UML 中提供了注释，用于为模型元素添加额外信息与说明。注释以自由文本的形式出现，它的信息类型为字符串，可以附加到任何模型中，并且可以放置在模型元素的任意位置上。在 UML 图中，注释使用一条虚线连接它所解释或细化的元素。

4）通用划分（Common Divisions）：建模时对事物的划分方法。

通用划分包括类元和实例的划分、接口和实现的分离，以及类型和角色的分离。

5）扩展机制（Extensibility Mechanisms）：用于扩展 UML 建模元素。

UML 的扩展机制允许根据需要自定义一些构造型语言成分。通过该扩展机制，用户可以自定义使用自己的元素。UML 扩展机制由三部分组成：构造型（Stereo Type）、标记值（Tagged Value）和约束（Constraint）。

扩展机制的基础是 UML 元素，扩展形式是为元素添加新语义。扩展机制可以重新定义语义、增加新语义和为原有元素添加新的使用限制，只能在原有元素的基础上添加限制，而非对 UML 进行直接修改。

3. 架构

在对复杂的工程进行建模时，不可能使用单一的图形来描述，精确定义整个系统。UML 提供了丰富的模型图来表达系统的各个方面，这些图形之间并不是完全独立的，它们之间存在着千丝万缕的联系。在建模的各个阶段，每种图形都有不同的用法和侧重点，这就给普通用户的使用带来了很大的困扰。

UML 标准只是提出了这些图形的语法模型和语义模型，并没有针对这些图形的使用提供很好的支持。为了有效地利用这些模型，我们就需要结合不同的工程过程，定义组织图形的架构。一种被大家广泛接受的 UML 架构是源自统一过程中所提供的 "4 + 1" 架构模型，即五个系统视图（View）划分：用例视图、逻辑视图、过程视图、实现视图和部署视图。每个视图面向不同的用户，提供不同的 UML 模型，以实现不同的建模目标。视图可以理解为系统在某个视角的模型。复杂的系统往往需要从多个视角建立不同的模型，而这些视角就构成了 UML 建模的基本架构，也将指导后续的建模活动。

（1）用例视图（Use-Case View）

用例视图强调从系统的外部参与者（主要是用户）的角度所需要的功能，描述了系统应该具有的功能。用例是系统中的一个功能单元，可以被描述为参与者与系统之间的一次交互。用户对系统要求的功能被当作多个用例在用例视图中进行描述。一个用例就是对系统的一个用法的通用描述。

用例视图体现了建模过程的起点和终点，是其他视图的核心，它的内容直接驱动其他视图的开发。系统要提供的功能都在用例视图中描述。用例图的修改会对所有其他的视图产生影响。此外，通过测试用例视图还可以检验最终的系统。

（2）逻辑视图（Logical View）

逻辑视图的使用者主要是设计人员和开发人员，来自功能需求，它描述用例视图提出的系统功能的实现。与用例视图相比，逻辑视图主要关注系统内部，它既描述系统的静态结构，如类、对象及它们之间的关系，又描述系统内部的动态协作关系。对系统中静态结构的描述使用类图和对象图，而对动态模型的描述则使用状态图、时序图、协作图和活动图。

（3）过程视图（Process View）

过程视图又称并发视图，其使用者主要是开发人员和系统集成人员，描述系统性能、可伸缩性、吞吐量等信息。它主要考虑资源的有效利用，代码的并行执行以及系统环境中异步事件的处理。除了系统划分为并发执行的控制以外，并发视图还需要处理线程之间的通信和同步。描述并发视图主要使用状态图、协作图和活动图。

（4）实现视图（Implementation View）

实现视图又称组件视图，关注组件本身的实现。组件是不同类型的代码模块，它是构造应用的软件单元，而组件视图是描述系统的实现模块以及它们之间的依赖关系。在组件视图中可以添加组件的其他附加信息，如资源分配或其他管理信息，描述组件视图的主要是组件图，它的使用者主要是开发人员。

（5）部署视图（Deployment View）

部署视图的使用者主要是开发人员、系统集成人员和测试人员，描述系统的拓扑结构、分布、移交、安装等信息，它显示系统的物理部署，描述位于节点上的运行实例的部署情况，还允许评估分配结果和资源分配。例如，一个程序或对象在哪台计算机上执行，执行程序的各节点设备之间是如何连接的。部署视图一般使用部署图来描述。

（三）UML 中的图

每种 UML 的视图都是由一个或多个图组成的，图就是系统架构在某个侧面的具体表示。所有的图一起组成系统的完整视图。UML 提供了 14 种不同的图，可以分类为静态图、动态图、用例图、交互图和实现图。具体有：

1）静态图：

① 类图：描述类、接口、协作及它们之间的关系。

② 对象图：描述对象及对象之间的关系力。

③ 包图：描述包及包之间的相互依赖关系。

④ 组合结构图：描述系统某一部分（组合结构）的内部结构。

⑤ 概要描述图（Profile Diagram）：展示构造型、元类等扩展机制的结构。这种图是 UML 2.3 版本引入的，用于描述概要描述（Profile）。概要描述是基于 UML 元素的子集为特定领域定义 UML 的一个特定版本。用户可以针对不同的软件平台（如 Java，. NET 等）或领域（如实时嵌入式领域、业务建模领域、测试领域、硬件设计领域等）定义符合 UML 元模型的扩展内容。

2）动态图：

① 状态图：描述对象所经历的状态转移。

② 活动图：描述事物执行的控制流或数据流。

3）用例图：

用例图：描述一组用例、参与者及它们之间的相互关系。

4）交互图：

① 顺序图：展示对象之间消息的交互，强调消息执行顺序的交互图。

② 通信图：展示对象之间消息的交互，强调对象协作的交互图。

③ 时序图．展示对象之间消息的交互，强调真实时间信息的交互图。

④ 交互概览图：展示交互图之间的执行顺序。

5）实现图：

① 构件图：描述构件及其相互依赖关系。

② 部署图：展示构件在各节点上的部署。

下面介绍几种重要的图。其他的 UML 图的相关规范可以参考 OMG 网站。

1. 用例图

用例模型对软件开发方法的研究具有重要意义，任何方法的首要问题是了解需求，而分析典型用例是用户和开发者一起了解需求、剖析需求和跟踪需求的有效工具。用例图主要包括使用者和用例及其相互关系。使用者是与系统有交互作用的实体，包括系统外部、本身以及内部的元素，不一定是人，还可以是其他系统或者元素，比如时间。

用例是外部可见的一个系统功能单元，这些功能由系统单元所提供，并通过一系列系统单元与一个或多个参与者之间交换的消息所表达。用例的用途是在不揭示系统内部构造的情况下定义连贯的行为。用例的定义包含用例所必需的所有行为——执行用例功能的主线次序、标准行为的不同变形、一般行为下的所有异常情况及其预期反应。图 3-11 所示为模具设计系统用例图。

用例代表了用户的需求，在系统调研中，应该直接从不同用户类的代表或至少应从代理那里收集需求。用例为表达用户需求提供了一种方法，而这一方法必须与系统的业务需求相一致。分析者和用户必须检查每一个用例，在把它们纳入需求之前决定其是否在项目所定义的范围内。基于"用例"方法进行需求获取的目的在于：描述用户需要使用系统完成的所有任务。在理论上，用例的结果集将包括所有合理的系统功能。在现实中，你不可能获得完全包容，但是比起目前其他获取方法，基于用例的方法可以为你带来更好的效果。当使用用例进行需求获取时，应避免受不成熟的细节的影响。在对切合的客户任务取得共识之前，用户能很容易地在一个报表或对话框中列出每一项的精确设计。如果这些细节都作为需求记录下来，他们会给随后的设计过程带来不必要的限制。你可能要周期性地检查需求获取，以确保用户参与者将注意力集中在与今天所讨论的话题适合的抽象层上。向他们保证在开发过程中，将会详尽地阐述他们的需求。在一个逐次详细的描述过程中，重复地详述需求，以确定用户目标和任务，并作为用例。然后，把任务描述成功能需求，这些功能需求可以使用户完成其任务，也可以把它们描述成非功能需求，这些非功能需求描述了系统的限制和用户对质量的期望。虽然最初的屏幕构思有助于描述对需求的理解，但是必须细化用户界面设计。

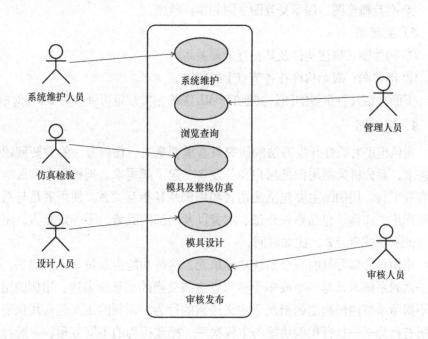

图 3-11　模具设计系统用例图

建立用例文档。在每一次的需求获取之后，都会生成很多未整理的需求，必须将它们组织成用例文档。使用诸如模板的技术能够提高整理的速度和需求的复用性。一个用例文档可以使用表格来组织，主要的要素包括了用例标识号、用例名称、父用例标志号、创建者、创建时间、审核者、修订记录、角色、说明、先决条件、请求结果、优先级、普通过程、可选过程、例外、非功能需求、假设、注释和问题。虽然列举出了这么多的属性，但是实际中使用的属性还要看你的团体而定，看项目的大小而定。把大量的时间花在用例的描述上是没有意义的。用户需要的是一个软件系统，并不是一大堆的用例说明。

用 UML 的用例获取的只是功能需求，这只是整个需求分析阶段的工作的一部分。在进行功能需求分析之前，要先通过与用户的交流完成需求收集；而需求分析的最终结果是要生成需求分析文档，这是以后各阶段的基础。

2. 类图

类图（Class Diagram）用来表示系统中的类以及类与类之间的关系，展示了一组类、接口和协作及它们间的关系。类图描述系统的静态结构，用于逻辑视图中，在系统的整个生命周期都是有效的。类是对象的抽象描述，所谓对象就是可以控制和操作的实体，类是具有共同的结构、行为、关系、语义的一组对象的抽象。类图在高层给出类的主要职责，在低层给出类的属性和操作。类图不仅定义系统中的类，分别通过操作和属性表示类的行为和结构特征，而且可以表示类之间的联系，如关联、依赖、聚合等关系。图 3-12 所示为一条冲压线的静态类图。

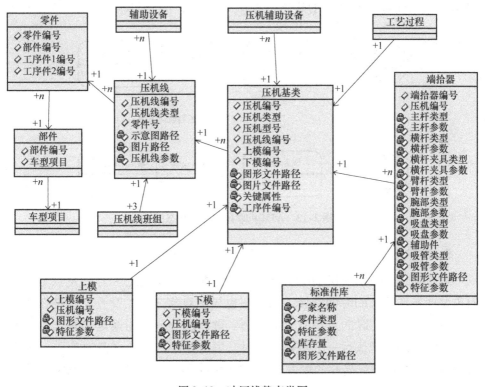

图 3-12 冲压线静态类图

3. 对象图

对象图（Object Diagram）是类图的变体，使用与类图相似的符号描述。不同之处在于，对象图显示的是类的多个对象实例，而非实际的类。可以说，对象图是类图的一个实例，用于显示系统执行时的一个可能，即在某一时刻上系统显现的样子，反映事物实例的数据结构和静态快照，帮助人们理解比较复杂的类图。

4. 状态图

状态图（State Diagram）是对类描述的补充，用于显示类的对象可能具备的所有状态，以及引起状态改变的事件。状态之间的变化称为转移，状态图由对象的各个状态和连接这些状态的转移组成。事件的发生会触发状态的转移，导致对象从一种状态转化到另一种状态。

实际建模时，并不需要为所有的类绘制状态图，仅对那些具有多个明确状态并且这些状态会影响和改变其行为的类才绘制状态图。在构建基于 Agent 仿真模型的时候，往往需要对 Agent 对象建立状态图，以明确 Agent 的不同状态。图 3-13 所示为一个 ATM 机取款的状态图。

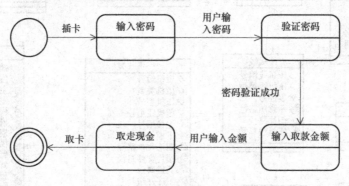

图 3-13　ATM 机取款的一个状态图

5. 顺序图

顺序图（Sequence Diagram）显示多个对象之间的动态协作，重点是显示对象之间发送消息的时间顺序。顺序图也显示对象之间的交互，就是在系统执行时，某个指定时间点将发生的事情。顺序图的一个用途是用来表示用例中的行为顺序，当执行一个用例行为时，顺序图中的每个消息对应了一个类操作或状态机中引起转移的触发事件。图 3-14 所示为一个用户打印文件的顺序图。

顺序图展示的是对象之间的动态协作，所以图 3-14 中，方框里面的"系统""打印机"表示的是一个具体对象，名字下面用下划线（修饰）。垂直的虚线表示时间线，而矩形方框表示"产生或激活"。实线箭头表示消息，而虚线箭头表示返回消息。

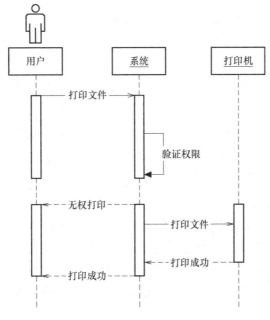

图 3-14　用户打印文件的顺序图

（四）UML 建模过程

面向对象建模过程一般分成五个步骤，每步都可以利用 UML 规范化语言进行定义，并且可以作为阶段性的结果为其他步骤参考。这五个步骤是：需求分析、系统分析、系统设计、系统实现和测试验证。

（1）需求分析

首先，根据应用场景构建用例，利用 UML 的用例图表示用户的需求。通过用例建模，可以对外部的角色以及它们所需要的系统功能建模。角色和用例是用它们之间的关系通信建模的。每个用例明确了用户的需求：用户要求系统做什么，或者说，系统应该具有什么功能。

（2）系统分析

系统分析阶段主要考虑所要解决的问题。可以用 UML 的逻辑视图和动态视图来描述。在该阶段只为问题域类建模，不定义系统解决方案的细节，如用户接口的类、数据库等。

系统分析是构建系统的概念模型，分析事物及其关系。

（3）系统设计

在系统设计阶段，把系统分析的成果扩展成技术解决方案。加入新的类来提供技术基础结构、用户接口、数据库等。系统设计结果是构造系统的详细规格说明。

系统设计确定系统的逻辑结构以及可供实现参考的实现架构，需要过程视图进行逻辑设计分析。

（4）系统实现

在该阶段中，把系统设计阶段的类转移成某种建模工具所能接受的方式进行实现。

通过实现，前面的概念模型、逻辑模型形成了实现模型。实现模型可以分成可运算的模型（如仿真模型、数学物理模型）或信息模型（如数据库、软件）。模型实现一般可以运行或能供应用访问共享。

（5）测试验证

测试通常分为单元测试、集成测试、系统测试和联合测试几个不同的级别。单元测试是对一个类或一组类进行测试；集成测试通常测试集成组件和类，看它们之间是否能恰当地协作；系统测试验证系统是否具有用户所要求的所有功能；联合测试是验证系统是否满足所有需求，以及系统是否在与外界的交互中表现正常。

不同实现模型的测试方法不同。对于仿真模型，需要进行 VV&A（校验、验证与确认）；对于数学或物理模型，可以用证明推导或计算结果对比验证；对于信息模型，则可以通过白盒或黑盒测试来进行。

总体而言，这五个过程不是"瀑布"式单向流动的，在各个阶段，都可能需要返回前面的阶段进行调整和修改，最终实现符合客户需求的系统构建工作。

（五）系统建模语言 SysML

系统建模语言（SysML）是统一建模语言（UML）的衍生品，即 UML 在系统工程应用领域的定制版。

UML 是一种可视化建模语言，它定义了图形符号所对应的语义，支持用户利用这些图形符号创建系统抽象模型。UML 设计是一种面向对象的程序设计语言。虽然 UML 发源于软件工程领域，但是，从 2004 年开始，一些研究工作已经尝试将其应用到系统工程等更广泛的领域。为了让 UML 适应系统工程领域的应用需求，设立了 OMG 系统工程领域特别兴趣小组（SEDIG）。这个 OMG 小组由系统工程国际委员会（INCOSE）和 ISO 233 AP 工作组组成，为满足建模语言的需求共同努力。该组织形成了 UML 的系统工程征求建议书及在 2003 年 3 月颁布了 UML 的 SE RFP（OMG UML 2003 年）。SysML 是 RFP 下的产物，其团队成员包括行业用户、工具供应商、政府机构、专业组织和学术界人士。在 RFP 发布四年半后，OMG 于 2007 年 9 月正式发布了作为规范的 SysML 1.0 版本。

SysML 视图通常分为四个"支柱"——结构、行为、需求和参数之间的关系。此外，SysML 提供了一系列连接不同模型元素的方法。SysML 视图与 UML 视图的关系如图 3-15 所示。SysML 使用九类视图，每一类视图分别描述系统的某个方面，包括四类结构图（块定义图、内部块图、包图和参数图）、四类行为图（活动图、用例图、序列图、状态机图）和一个需求图。其中，需求图和参数图是相比 UML 新增加的。

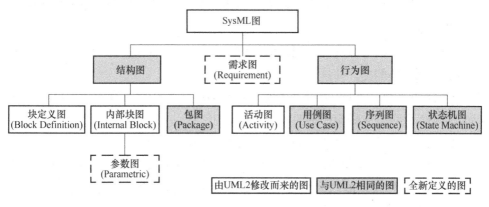

图 3-15　SysML 与 UML 的视图对比

3.2.6　基于多智能体的建模方法

1. 基本方法

Agent（智能体）的概念出现于 20 世纪 70 年代人工智能（Artificial Intelligent，AI）领域的研究中，20 世纪 80 年代后期才成长起来。由于分布并行处理技术、面向对象技术、多媒体技术、计算机网络技术，特别是互联网和移动计算技术的发展，Agent 成为 AI 和计算机领域最活跃的研究内容之一。Agent 技术已在许多领域广泛展开，如分布式人工智能、机器人学、人工生命、分布式对象计算、人机交互、智能和适应性界面、智能搜索和筛选、信息检索、知识获取、终端用户程序设计等，目前学术界仍没有对"Agent"的确切含义达成一致意见。总之 Agent 是一种具有自主性、反应性、主动性的高度自治的实体，每个 Agent 可以独立地完成自身的工作，并通过 Agent 之间的相互通信、合作，完成系统的整体目标。利用这种技术建立的系统具有分布、开放、智能、柔性等一系列特点，在局部自治的基础上能够实现全局优化，因此非常适合于分布、自治环境下数字制造系统的实现。

Agent 可以被理解为一种物理的或者虚拟的自我独立的单元，其内部封装了必要的应用知识并可以以一种智能的方式及它所处的环境和其他 Agent 进行信息交流。Agent 具有对外界环境做出响应、推理、决策和相互间进行磋商的能力，可以解决给定的问题并实现特定的目标。Agent 具有以下特性：

1）自治特性：Agent 内部封装了大量的知识和所处环境的状态，因此当 Agent 内部或所处环境发生变化时，Agent 可以根据知识和状态思索后独立做出决策，而不需要外界或其他 Agent 的干预。

2）反应特性：Agent 具有感知所处环境的能力，可以对环境的各种变化做出相应的反应。

3）社会特性：Agent 可以通过信息传送与其他 Agent 进行交流，Agent 具有参加社会活动的能力，并具有较强的协作能力。

4）积极特性：Agent 可以主动地向外界环境提供信息或行为，根据目标驱动的原则对环境变化做出积极的响应。

5）真实特性：Agent 具有较好的真实度，不会提供虚假的信息。

Agent 的体系结构是指构造 Agent 的方法学，它描述了组成 Agent 的基本成分及其作用、各成分的联系与交互机制、如何通过感知到的内外部状态确定 Agent 应采取的不同行动的算法，以及 Agent 的行为对其内部状态和外部环境的影响等。目前人们已提出的 Agent 的体系结构大致可分为以下三类。

1）审慎式体系结构（Deliberative Architecture）：其主要特点是 Agent 中包含了显式表示的世界符号模型，Agent 的决策是通过基于模板匹配和符号操作的逻辑（或准逻辑推理）做出的，如同人们通过深思熟虑后做出决定一样，因此被称为审慎式的体系结构。该体系结构在分布式人工智能领域占主导地位。

2）反应式体系结构（Reactive Architecture）：该结构来源于 Brooks 和 Agre 等人的研究。这些 Agent 并没有外界环境的内部符号模型，他们采用的是一种刺激/响应的活动模型。其特点是 Agent 中包含了感知内外部状态变化的感知器、一组对相关事件做出反应的过程，以及一个依据感知器激活某过程执行的控制系统。Agent 的活动是由于受到内外部某种"刺激"而发生的，如图 3-16 所示。

3）混合式体系结构（Hybrid Architecture）：该体系结构的特点是 Agent 中包含了审慎式和反应式两个子系统，通常情况下这两个子系统是分层次的，前者建立在后者的基础上。

智能制造系统可以看成是各种制造子系统有机结合而组成的复杂大系统，各子系统间在进行大量物料、能量和信息交流的基础上完成分布式加工任务。分布式人工智能（DAI）中的多 Agent 系统理论为智能制造系统的建模和实现提供了可行性技术支持，并成为制造领域中的研究热点之一。智能制造系统作为一种分散、异构、松散耦合的制造系统，包括复杂的软硬件配置和组成，各部分之间的协作过程复杂。利用多 Agent 技术，数字制造系统中的功能实体转化为 Agent，形成一个多智能体系统，可以为其提供一种普遍的、开放的、一致的框架结构，有利于数字制造系统的研究和实现。

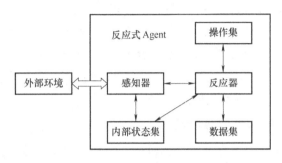

图 3-16　反应式 Agent 结构

制造过程是一种典型的多 Agent 问题求解过程，制造系统中的每一部门（或环节）相当于该过程中的一个 Agent。制造系统中的每一子任务或单元设备等都可由单个 Agent 或组织良好的 Agent 群来代理或实现，并通过它们的交互和相互协调与合作，共同完成制造任务。将制造系统模拟成多 Agent 系统可以使系统易于设计、实现与维护，降低系统的复杂性，增强系统的可重组性、可扩展性和可靠性，以及提高系统的柔性、适应性和敏捷性等。在数字制造系统中，Agent 用来封装现有软件系统以解决遗留问题，通过网络将企业和供应商、合作伙伴及客户的各项活动如设计、规划、调度、仿真、执行、产品销售等集成到分布式的智能环境中，使用 Agent 表示各种制造资源如人、加工中心、工装夹具、产品、零件等以辅助制造资源规划和控制，使用 Agent 表示一些特殊服务如企业代理、数据库 Agent、信息 Agent、中介 Agent 等。最后，Agent 用于合并整体规划和制造规划系统。制造企业通常采用多 Agent 系统方法实现网络化制造资源集成，其主要原因有：

1）制造资源是分布的和相对独立的、自治的和动态的。

2）制造资源类型多样、性质各异，各种类型的制造资源处于异构环境中。

3）复杂的设计制造任务需要利用各种分散的制造资源，即必须通过各种资源协调和协作才能实现一个目标。

4）多智能体系统（MAS）可以解决集中、层次和顺序控制的限制，使得系统更加分散、自发和并行。基于 Agent 的集成容易实现开放的系统，封装遗留系统，加入新的成员仅需要最少的改动，容易同其他多 Agent 系统集成。

从软件工程角度看，多智能体系统是开发大型分布式系统的有效途径，因而对分布式的制造资源进行基于 Agent 的集成是一种自然的方法。通过对分布的制造资源进行 Agent 封装（增加 Agent 应用接口），使得制造资源能够表现出 Agent 的特性；对环境产生反应，互相协调和互操作。在这样的集成环境中，一个地区的用户可以透明地使用其他地区的资源。

由于多智能体系统的分散自治性、网络合作性和结构开放性，它在许多领域受到重视和应用。现代制造系统是高度分散的制造系统，由许多标准化或非标准化、自治和半自治的加工设备、材料运输设备、机器人等各种制造资源组成，因此它是多 Agent 系统的最佳应用对象。

2. 制造系统的多智能体建模

制造系统中所有的组成部分（如机床、刀具、传送装置、操作人员等）均可以用智能体进行描述。控制器是智能体的核心部分，在数据库和知识库的支持下，通过推理和思维对出现的问题进行分析检查并做出决策，控制智能体的所有动作；知识库封装了一系列用于指导操作活动的原理、规则和经验等，可以通过学习器进行更新和补充；学习器是智能体对外界环境的输入经过思索的反应，是一个知识累积的过程；数据库则用来存放智能体的有关数据，例如生产量、加工速率等；感知器和执行器是智能体与外部环境的接口。感知器是外部环境输入智能体的接口，智能体通过感知器获得外部环境的变化；执行器是智能体输出到外部环境的接口，智能体依据所做出的决策，通过执行器发生行为，对感知的变化进行响应。

基于多智能体的制造系统建模方法是将整个制造系统用一智能体群来表示。每个智能体具有自己特定的功能，它们分工、合作、相互交流，资源、信息共享，动态构建了一个对环境变化具有最佳反应能力的制造系统。本节构建的基于多智能体的制造系统模型框架，是一个动态的分布式多智能体网络模型结构，具有中央管理和协同工作的能力。制造系统包含的所有元素均可以采用智能体来表示，由于大量使用具有智能的智能体来完成各项任务而体现出较高的智能能力。采用此种模型框架的制造系统，所有的复杂操作任务不再是由一个集中的问题求解器来完成（传统的问题求解方法），而是将任务细化为一些很小的可以解决的问题，由各个智能体共同完成。该制造系统模型框架由多个管理智能体组成，具体包括资源管理智能体、产品管理智能体、用户界面智能体、任务管理智能体和中央管理智能体，如图 3-17 所示。这些智能体从总体上可以划分为两种类型：静态智能体和动态智能体。静态智能体为其他智能体提供信息或数据，从而使其能够迅速地了解外界的变化；动态智能体的功能是执行既定的动作并做出决策。

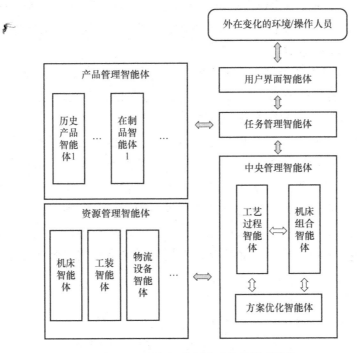

图 3-17　多智能体制造系统的模型结构

（1）资源管理智能体

资源管理智能体中包含大量的制造资源智能体，例如机床智能体、工装智能体、物流设备智能体等。每一个资源智能体均含有它所代表的物理资源的最新信息。例如，机床智能体包含的信息有机床的名称、机床的类型、机床的性能、机床的可靠性、目前的装载情况和机床的维修记录等情况。资源管理智能体中所有的机床智能体均具有竞标完成某项工作的能力，而工装智能体和物流设备智能体等作为静态智能体负责为其他的智能体提供最新的信息。

（2）产品管理智能体

产品管理智能体属于静态智能体，它由许多产品智能体组成。每一个产品智能体包含了特定产品的详细信息，主要包括产品识别、产品的交货日期、要求的级别、质量要求、公差和表面要求、制造工艺顺序以及几何特性分析等内容，为其他智能体提供需要的信息。产品管理智能体负责产品信息的更新，当需要进行新产品制造时，产品管理智能体将生成一个新的产品智能体来存储新产品的详细信息。

（3）用户界面智能体

用户界面智能体是整个模型框架与外界环境及使用者之间信息交流的接口，市场的变化以及产品制造上最新的要求均通过此智能体传送到系统内部。

（4）任务管理智能体

任务管理智能体负责接收由用户界面智能体发送的有关产品变化的信息。此变化主要体现在两个方面：一方面是产品变化即出现新产品的制造要求；另一方面是原来的产品在制造上有新的要求（如质量要求增加等）。任务管理智能体对两种情况采取不同的处理方式。对于新产品的情况，任务管理智能体首先给产品管理智能体发送信息来创建一个新的产品智能体，用于存储新产品的所有信息。然后将这一变化传送给中央管理智能体，由其进行产品制造上的方案规划。而对于产品制造要求变化的情况，任务管理智能体将发送信息给产品管理智能体，使其可以按照新的加工要求更新特定产品智能体的内容。同时给中央管理智能体发送信息，使其可以根据新的变化情况生成更新的产品制造方案。

（5）中央管理智能体

中央管理智能体属于动态智能体，它可以形象地比喻为整个模型框架的"大脑"。基本功能是当外界环境变化（如市场变化）或者制造系统内部情况发生变化（如机床出现故障或刀具破损）时，通过协调和监控其内部的各智能体的运作，完成系统模型重构和系统资源重新配置，提出所制造产品的最新、最优的制造方案。中央管理智能体由工艺过程智能体、机床组合智能体、方案优化智能体组成。当中央管理智能体接到由任务管理智能体发出的有关变化的信息后，工艺过程智能体向产品管理智能体提出查询以获得产品的有关分析信息，该信息提供了一系列推荐用于产品制造的工艺过程。工艺过程智能体同时与资源管理智能体建立联系，检查车间内与产品的制造过程相关的制造资源目前的状况。根据车间资源的可用情况以及推荐的工艺过程，工艺过程智能体生成一系列可用的工艺过程序列，并将该信息提供给机床组合智能体。机床组合智能体负责根据工艺过程智能体提供的工艺过程序列生成不同的机床选用情况。由于在车间中，一台机床可以提供多种加工工艺，而多种机床又可以提供同一种加工工艺，因此一种产品的制造方案将会出现多个不同的机床组合方式。机床选用过程中，所有相关的机床智能体根据各自的性能和可用性均参加工艺过程的竞标，每个机床智能体均需提供制造过程所需要的最短工艺过程时间。方案优化智能体根据优化标准对不同的机床组合情况进行分析，得出最优的机床组合方式即最优的产品制造方案。大多数对制造问题的最优求解采用的是单一标准，方案优化智能体的优化进程中采用了多种优化标准。具体采用的优化标准是总制造成本标准、总生产时间标准和每个机床组合中机床的可靠性标准。优化求解时力求按照最低的制造成本、最短的生产时间和最高的机床可靠性来对各个机床组合情况进行优劣排序，最后得出最优的制造方案。

第**4**章

数字化工厂的仿真方法

4.1 仿真的基本概念

人们一般先进行一些数学处理，然后，通过计算来推理和研究。后来，电子计算机技术产生和发展，人们发现可以利用模拟电路去研究工业控制过程中的实际问题，由此而产生了现代控制理论。而这个模拟电路就是工业控制系统的一个模型，通过在这个模型上进行实验，就可以解决实际控制过程中产生的问题。例如，在飞机设计过程中，由于飞机造价的昂贵，用真实的飞机进行实验是不现实的。为了获得飞机外形的气动数据，尤其是飞机机翼的气动数据，必须制作各种不同形状的机翼模型放到风洞中进行实验。风洞实验的结果改进了飞机的设计理论，而利用这个理论又可以去设计新型的飞机。诸如解决这些问题的方法，就是现代仿真技术，在这个时期，人们在利用仿真方法研究或求解问题时，都是利用实物去构造与实际系统成比例的物理模型，在这个模型上进行实验。因此，从一般意义上讲，在对一个已经存在或尚不存在但正在开发的系统进行研究的过程中，为了了解系统的内在特性，必须进行一定的试验，由于系统不存在或其他一些原因，无法在原系统上直接进行实验，只能设法构造既能反映系统特征又能符合系统实验要求的系统模型，并在该系统模型上进行实验，以达到了解或设计系统的目的，于是，仿真技术就产生了。

根据 ISO（国际标准组织）定义：模拟（Simulation）即选取一个物理的或抽象的系统的某些行为特征，用另一系统来表示它们的过程。仿真（Emulation）即用另一数据处理系统，主要是用硬件来全部或部分地模仿某一数据处理系统，使得模仿的系统能像被模仿的系统一样接收同样的数据、执行同样的程序，获得同样的结果。从这个意义上讲，在计算机中构建真实系统的模型，进行分析的过程应该称为"计算机模拟",但是目前习惯上还是称为"计算机仿真"。在不引起歧义的情况下,本书统一用习惯用语"仿真"来表述上述的"模拟"和"仿真"的概念。

仿真就是建立系统的模型(数学模型、物理模型或数学—物理效应模型),并在模型上进行实验。仿真是建立在控制理论、相似理论、信息处理技术和计算技术等理论基础之上的,以计算机和其他专用物理效应设备为工具,利用系统模型对真实或假想的系统进行实验,并借助于专家经验知识、统计数据和资料对实验结果进行分析研究并做出决策的一门综合性和实验性的学科。

4.2　仿真模型

建模与仿真是指构造现实世界实际系统的模型和在计算机上进行仿真的复杂活动,它主要包括实际系统、模型和计算机三个基本部分,同时考虑三个基本部分之间的关系,即建模关系和仿真关系。建模关系是通过对实际系统观测和检测,在忽略次要因素及不可监测变量的基础上,用数学的方法进行描述,从而获得实际系统的简化近似模型。仿真关系主要研究计算机程序的实现与模型之间的关系,其程序能为计算机所接受并在计算机上运行。

我们知道仿真研究就是把构建好的数学模型放在计算机上运行求解,数学模型是人类用数学语言描述客观事物的,它不能直接在计算机上进行运算。一个真实系统的数学模型往往相当复杂,依靠人工计算来求解是非常困难的,必须借助于计算机的高速运算来进行求解。因此,人们就需要把数学模型转换成计算机可以理解的模型,即按照计算机语言并按照计算机运算的特点(或说按照一定的算法)进行重新构造模型,这个过程被称为仿真建模。至此,根据仿真模型就可以利用计算机语言编写程序了,再把编写好的程序在计算机上运算求解,并用数字或图形等方式表示计算结果,这就是计算机仿真的基本过程。

根据仿真建模技术的基本原理,建模与仿真分别代表了两个不同的过程,建模是指根据被仿真的对象或系统的结构构成要素运动规律、约束条件和物理特性等,建立其数学模型的过程,仿真则是利用计算机建立校验运行实际系统的模型,以得到模型的行为特征,从而分析研究该系统的过程。建模是仿真的基础,仿真是建模的目的。在仿真技术的实际应用中,人们总是追求两者之间具有清晰的关系,主要表现为建模框架和仿真框架的分离,这样便于实现通用的仿真控制和实验环境,使得研究人员可以集中精力于对仿真对象系统的建模研究上，同时实现较高的建模灵活性、可维护性以及代码可重用性。仿真框架则主要提供对仿真系统的控制功能的描述。在传统的面向过程的仿真建模方法中，仿真系统的控制功能被嵌入描述模型的过程，代码中仿真涉及的各种控制功能与模型的建模元素不能明确地区分开，这种建模结构与控制结构混为一体的方式使得模型结构复杂，缺乏可扩展性，难于维护和修改，代码可重用性低。

在选择建模方法时，应该考虑被讨论的系统的特征，以及所要跟踪问题的性质。因此，在本节中列出了各种仿真模型。通常，根据以下模式，可以对制造系统领域中所用的仿真模型进行分类。

1）静态/动态。

2）连续/离散。

3）随机/确定性。

4）以及近来发展起来的面向对象和多智能体仿真模型。

1. 静态和动态仿真模型

静态仿真模型反映出具体某个时刻的系统。这类模型定义成没有活动的结构，也就是说，仿真过程不随时间的变化而变化。这类模型的典型的例子是蒙特卡罗（Monte Carlo）仿真模型以及基于展开表的分析模型。

与静态系统相反，动态仿真模型将结构和活动相结合起来，也就是，随着时间的变化，仿真模型反映出整个系统的变化。生产活动的仿真模型就是这类模型的典型例子，其中随着时间的推移，工件进出系统。这类动态仿真模型可以用来查找决策变量中的合理值，例如，什么时间进行生产及生产的批量是多少，才能使总的运作费用达到最小。

2. 连续和离散仿真模型

连续仿真使用一个模型，其状态变量随着时间的变化而变化。最为典型的是，连续建模是在抽象、分解和综合的基础上，用一个或多个微分方程或/和代数方程来描述系统内部存在的关系。

离散事件系统的仿真则是指对那些系统状态只在一些时间点上由于某种随机事件的驱动而发生变化的系统建立其数学模型，并将它放在计算机上进行试验，这类系统的状态量是由于事件驱动而发生变化的，在两个事件之间的状态量保持不变，也即是离散变化的，所以称为离散事件系统。另外这类系统的数学模型一般很难用数学方程来描述，通常是用流程图或网络图来描述。

加工机床的操作就是一个很好的例子。当一个工件送到一台机床前准备加工，如果该机床正在运作，那么它则必须在缓冲区中等待。一旦一台机床已经准备就绪，而同时缓冲区中有工件任务，就启动加工过程。因此，系统的状态随着时间的变化离散地从一个状态转换为另一个状态。

从系统分析的角度来看，唯一要关心的是机床正在运作、空闲还是发生故障，而不是关心机床是如何完成该任务的。从离散状态变化的角度来看，在加工站的例子中，有许多显而易见的系统事件。其中有原材料的到达，将材料装到空机床上，从机床上卸下已加工完毕的工件，机床为下一实体准备就绪，以及机床发生故障。机床加工工件所需时间可以从适当的分布（随机仿真）中取样，或设定为已知的常数（确定性仿真）。这也同样适合于系统中其他的活动。因此，参照这些已知的活动时间，就可以模拟出系统状态的下一个变迁。在离散事件仿真中，所关心的是随着时间的推移，系统的状态的变迁以及实体与资源之间的相互作用。

由此可见，在离散事件仿真建模中，总的问题是如何体现上面所提到的结构和动态元素之间的相互作用。至少有四种广泛使用的方法来实现离散事件的仿真建模，每一个都有其独特的一面。几乎所有的仿真都使用其中的一种方法来完成仿真过程。

为了更好地描述离散系统内资源活动和实体的功能及其他们之间的关系，需要有一种能够体现涉及所有元素的技术。活动循环图技术就是一个能很好地实现此目的的方法，用于描述资源类，概括描述出他们所要进行的活动并将这些活动连接在一起。

由于离散仿真也许是使用于现代制造系统的设计和分析中的最重要的一类计算机仿真，因此在下面将重点阐述这一特殊类型的建模。

3. 随机和确定性仿真模型

根据随机性和确定性系统的区别，如果一个仿真模型不包含随机变量作为该系统的参数，则为确定性系统。例如，在上例中，如果工件的到达时间间隔和工件的加工时间都完全是可预知的，那么该加工系统是一个确定性系统。这时，给定一组输入，模型将产生唯一的一组系统响应。反之，如果一个或几个系统参数不能完全被确定，但是能从确定的概率分布中取样，那么该仿真模型视为随机性。给定一组输入，由于输出本身也是随机变量，因此随机仿真模型只是生成真实系统的估计值。在随机仿真的许多情况下，为了减少要估计的系统变量，则需要大量的反复仿真评估真实的系统响应。

4. 面向对象的仿真建模

制造系统的结构、信息和控制都更加复杂，因此，如果要想在一种数字的环境下研究制造系统，将制造系统映射到数字环境中是数字制造研究的基础。这种映射有两个层次，首先是在仿真环境下的映射，其次是在虚拟现实环境之下的映射。对制造系统进行建模是实现这两种映射的主要手段。首先是通过对制造系统内部结构、信息、控制等方面特征的形式描述，使模型能够反映真实系统。其次通过添加诸如仿真时钟、事件控制器等仿真驱动机制进行推动和管理，使系统能在仿真环境下运行。为了进一步达到虚拟环境下的"复现"，还必须在建模中体现虚拟现实的特征，如模型的可视化等，此时系统模型才会在表象、行为、交互和控制上真实地反映制造系统。

面向对象的仿真（Object Oriented Simulation）是当前仿真研究领域最引人关注的研究方向之一，由于它非常诱人的应用前景，促使许多研究人员对面向对象的仿真进行了大量广泛的研究。然而这些研究大多数集中在实际应用和语言实现方面，研究如何采用面向对象的编程语言（如 C ++ 、Java、C#等）实现离散事件仿真模型，缺乏在理论方面对面向对象仿真的基本机制和仿真结构进行深入的研究。

面向对象的仿真是一种新的仿真建模方法，它的建模结构和控制结构都不同于传统的仿真建模方法。在此基础上，根据面向对象的思想、系统理论概念和离散事件仿真（DEVS）理论提供的形式基础，建立面向对象的仿真建模框架（Object Oriented Simulation Modeling，OOSM），并从建模结构和控制结构两方面进行了研究，OOSM 建模框架包括组成系统的对象和对象之间关系的描述、描述对象内部的动态行为和对象之间交互和通信的对象交互描述。OOSM 控制框架研究了仿真中包含的不同的控制功能，实现对仿真控制功能的分离，提供更为灵活和实际的控制结构，它包括仿真逻辑控制、对象行为控制、模型结构控制三个部分。

面向对象的仿真使用户也变成一种语言的设计者。对象是应用系统中的活动实体。用户不仅仅是利用语言中预定义的对象，还可以利用一组工具建立自己的新对象。用户不仅要知道如何使用对象，而且必须知道如何描述对象和实现它们。建模的中心任务就是描述组成系统的对象及其相互作用关系。对象是一个封装起来的模块，对象中定义了一组属性和操作，操作形成一个接口，通过它，该对象与模型中的其他对象交换信息。这种方法为利用预定义的对象类建立仿真模型提供了一种更为方便的框架，而继承和子类的概念为重用和扩充已有的对象及对象的属性和操作提供了一条途径。

一旦建立了对象类库，建模任务就变得很简单。建模任务就是创建、控制和删除对象，用以模拟实际系统的活动。面向对象仿真在理论上突破了传统的仿真方法的观念，它根据组成系统的对象及其相互作用关系来构造仿真模型，模型的对象通常表示实际系统中的相应的实体，从而弥补了模型与实际系统之间的差距。而且它分析、设计和实现系统的观点与人们认识客观世界的自然思维方式一致，这也大大增强了仿真研究的直观性和易理解性。实际上，离散事件仿真是面向对象的方法最适合的应用领域之一。

4.3 仿真建模方法

仿真建模已经在广泛而多样的应用领域中积累了众多的成功案例。随着新的建模方法和技术的涌现，以及计算机性能的快速增长，仿真建模技术将应用到更加广泛的领域之中。

在制造系统中，仿真建模的应用如图 4-1 所示。

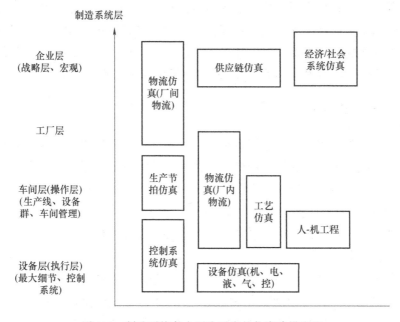

图 4-1 制造系统各个层次对应的仿真建模应用

图 4-1 中列出了制造系统各个层次对应的仿真应用。底层是设备级建模，表示在现实世界中具有最大细节化的实体。在这个层面的仿真，很多是多学科的，包括机械、电子/电气、液压/气动以及控制系统的建模和仿真，用于分析某个产品或某个设备的运行情况，验证设计方案。

图 4-1 中最上面的是企业层高度抽象的仿真，针对企业宏观决策、应对策

略等方面的建模与仿真，例如针对社会、经济因素的系统仿真，供应链仿真等。这些模型往往定性和定量结合，建模涉及的周期长，针对一个较长时间范围内的仿真。

在这两个层面之间的，是一个中间规模和中等细节的建模。例如物流仿真、生产过程仿真、工艺仿真等。

选择合适的抽象层，对于建模至关重要。前面说过，模型是对实际系统的一个抽象，只有明确了模型所需要包含和舍弃的部分，才能构建出复杂程度适应、能真正解决实际问题的仿真模型。

仿真建模方法就是一个映射真实世界的常规模型框架。仿真建模方法给出了适用于仿真的建模语言和一系列术语和条件，目前为止，在制造系统领域的建模方法主要包括：离散事件建模、基于智能体建模和系统动力学建模。

每一种建模方法都适用于其特定的抽象层级范围。系统动力学建模适合较高的抽象层级，其在决策建模中已经得到了典型应用；离散事件建模支持中层和偏下层的抽象层级；基于智能体建模适合于中抽样层级的模型，既可以实现较低抽样层级的物理对象细节建模，也可以实现公司和政府等较高抽象层级的建模。选择仿真建模方法要基于所需模拟的系统和建模的目标来决定。

4.3.1　离散事件仿真

离散事件系统和连续系统完全不同，它包含事件的发生过程在时间上和空间上都是离散的，并且这些离散的时间点是不确定的。例如交通管理、生产流水线、计算机网络、各种通信系统和社会经济系统都是离散系统。在这类系统中，各种事件以某种顺序或在某种条件下发生，并且大都属于随机性的，或是由于有随机的输入，或是由于系统元素的属性值作随机的变化，使得不能用常规的方法去研究。

离散事件系统和连续系统的仿真结果表示也是不一样的。在连续系统的仿真中，系统动力学模型是由表征系统变量之间关系的方程来描写的，仿真的结果为系统变量随时间变化的时间历程；在离散系统仿真中，系统变量是反映系统各部分相互作用的一些事件，系统模型则是反映这些事件状态的数集，仿真结果是产生处理这些事件的事件历程。在离散系统仿真中常用的概念如下：

1）实体（顾客）：这是系统仿真模型中的基本临时元素，它可以单独被识别和处理。在制造系统中，车间里等待处理的工件就是一个典型的实体。

2）属性：系统中每一个实体都具有一个或多个属性。属性是一个实体相关的信息。任务数量、零件名称、材料类型、尺寸大小和精度要求等都是在制造环境中遇到的典型的属性。在仿真过程中，这些信息很有用。例如，可以用系统中每一实体的属性来跟踪实体当前的状态。

3）资源（或服务）：这是模型结构中的基本永久元素。它们为临时元素——实体提供服务。典型的有：制造系统中的机床和其他工作站。

4）队列：一旦实体等待资源服务，而资源由于某种原因没有空闲，那么，在系统中形成了一个队列。通常，资源与队列可以互连而形成一个有实体通过的仿真模型的网络。

5）事件：使系统在某时间点发生状态变化，如资源因处理一实体而变忙，或者它完成了对实体的服务而变空闲。

6）活动：在每一事件点上所触发的过程称之为活动。活动改变系统实体的状态信息。例如，加工信息将从"原材料"变为"零件"。当特定条件满足时，活动才可以被触发，一旦活动被触发，通常需要花一定的时间来完成。

7）进程：简单地说，进程即为一组有序的事件。例如，原材料到达加工站，被加工，然后再运到下一个加工站。通常，一个进程描述了一个实体流经系统的完整过程或部分过程。有时，用这样的过程来简化仿真过程是非常有用的。

8）仿真时钟：这是仿真模型的一个变量，用来跟踪仿真运行时仿真时间的当前值。根据此变量的值，触发仿真过程中的相应的活动。

一般类型的离散事件模型可以根据上面的定义概括出来。一般可以假设系统是由 I 个资源 $S_i(i=1,2,\cdots,I)$ 组成，每一资源负责一个队列 Q_i。这些资源和队列以任意方式互连，因此给出了一个正在研究的特殊系统。在动态仿真过程中，临时实体 $E_j(j=1,2,\cdots,N)$ 到达资源，当发生了一个或多个活动后，实体通常进入一个新的队列 Q_k，因此对应于资源 S_k，根据 Q_k 的状态（空或非空），S_k 的状态以及 E_j 的优先权属性，则在此阶段 E_j 所需的等待滞后时间 W_{jk} 就能产生（W_{jk} 可能为零）。当轮到 S_k 为 E_j 服务时。E_j 又将经历一个处理滞后时间 P_{jk}，P_{jk} 是一个主要系统参数。当 E_j 离开 S_k，如果 S_k 仍然处于工作状态，则下一个实体将进入 S_k，过程继续。如果没有下一个实体，S_k 处于闲置，直至下一个实体到达。当任何资源发生故障时，则有可能产生附加的滞后。这个动态过程将一直持续下去直至满足某一预置终止条件。例如，仿真时钟到达所需的仿真时间；所设定的 N 个实体全部通过系统，或满足了一些其他的准则。相当多的系统都可以看成是具有队列结构，这样就可以将他们归为离散事件仿真。图 4-2 所示为仿真软件的结构。

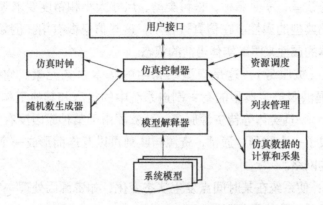

图 4-2　离散事件仿真软件系统的体系结构

离散事件系统中纳入的参数是随机变量。因此，经过仿真运行后的输出结果也将是随机的，并不是确定的数值，而是统计学上的估计值，从而有置信度问题。一次仿真的结果，只能是系统性能的一次抽样分析，这就要求通过多次观察随机变量，用统计方法对输出结果进行分析。一般采用区间估计方法来估计输出结果的置信度或置信区间，以及估计值的置信概率，在概率统计学中，区间估计方法是基于以下两个假设：

1）所有的测量值是彼此独立的，即一次抽样不受其他采样的影响。

2）总体分布是稳定的，即随机变量的总体分布不受采样次数的影响，也不受采样长度的影响。

但是，在仿真中采集到的随机变量值往往不满足上述条件。例如，实际系统往往需要一个过渡阶段才能达到稳定的工作状态。在过渡阶段的采样值并不具有稳定的分布。因此，在系统的仿真输出分析中，应消除初始阶段对仿真结果的影响。

我们把仿真运行时间的长度预先给定或对其中的事件预先指定的仿真过程称之为终态型仿真，典型的例子是单班制的生产系统的运行。而把仿真的目的是研究系统在长期运行条件下的稳定性能的系统仿真称之为稳态型仿真，连续运作的生产系统就是一个稳定型仿真的例子。

为了对终态型仿真的仿真结果进行统计分析，每次运行需要采用相同的初始条件，相同的样本长度。为了使重复运行的结果具有相同的性质，必须选用不同的随机序列。以保证各次运行的估计值相互独立。

设系统独立运行的次数为 n 次（$n \geq 2$），x_{ij} 是第 i 次运行中的第 j 个观察值，共观察了 m 次，则 $\bar{x}_i = \dfrac{1}{m} \sum_{j=1}^{m} x_{ij}$。

$\bar{x}_i$ 为第 i 次运行的点估计，且 $\bar{x}_1$，$\cdots$，$\bar{x}_n$ 为独立同分布的随机变量序列，当 n 充分大时，要求该序列应趋近于正态分布，则总的点估计值为 $\bar{x} = \dfrac{1}{n} \sum\limits_{i=1}^{n} \bar{x}_i$。

随机变量 $\bar{x}$ 的方差为 $\sigma^2 = \sum\limits_{i=1}^{n} (\bar{x} - \bar{x}_i)$，从而 $\bar{x}_i$ 的数学期望 $E(\bar{x}_i)$ 的估计值为

$$\mu = \bar{x} \pm t_{n-1, 1-\frac{\alpha}{2}} \sqrt{\frac{\sigma^2(n)}{n(n-1)}}$$

式中，$t_{n-1, 1-\frac{\alpha}{2}}$ 为 t 分布；$\alpha \in [0, 1)$，为 μ 的置信水平；而 $100(1 - \alpha)\%$ 为置信度。

稳定型仿真中，根据仿真观察值来估计仿真结果的置信区间的方法和原理与终态型仿真是相同的。其基本思想为把仿真运行划分为长度相等的 n 段，每一段看作一次独立的仿真运行，得到样本平均值 $\bar{x}_1$，$\cdots$，$\bar{x}_n$。它可以近似为相互独立的同一分布的随机变量，可以利用前面的统计方法来构造仿真结果的置信区间。

4.3.2　系统动力学仿真

系统动力学（System Dynamics，SD）是一门分析研究信息反馈系统的技术，也是一种认识系统问题和解决交叉问题的有效手段。

系统动力学由美国麻省理工学院的 Jay W. Forester 教授创立。1958 年他在《哈佛商业评论》上发表奠基之作，1961 年又出版专著《工业动力学（Industnal Dynamics）》阐明了系统动力学的基本原理与典型应用。随着发展，其应用范围日益扩大，遍及经济社会等各类系统，后改称为系统动力学。目前，系统动力学在世界范围内得到了广泛的应用，覆盖企业发展、产业发展、经济发展以及安全防护、健康医疗、军事战争等各个领域。

按照系统动力学的观点，系统界限是封闭的，要把那些与建模目的关系密切、重要的变量都划入边界内。一个最简单的系统动力学模型如图 4-3 所示。

系统动力学的基本组成要素有：

1）存量（LEVEL），也可称为水平、积累量、流位。它是系统的状态，也就是系统的某个指标值。

2）速率（RATE），也可称为决策函数、速度、流率等。它控制着存量的变化。

3）实物流，用来连接存量和速率。它模仿控制的通路。

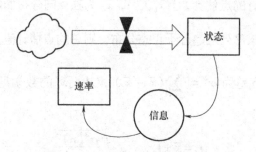

图4-3　一个简单的系统动力学模型

4）信息链，它指向速率，表示根据什么信息控制速率，模仿信息传递的过程。

5）辅助变量，它表示流速变动的规律。

6）常数，是系统中重要的参数。

7）源或汇，源指的是来源，汇指的是去向。

8）函数变量、表变量，代表图例。

9）延迟。

系统动力学的一条准则是确保系统中的反馈回路形成闭合回路。这里的反馈是指信息的传送和返回，分为正反馈和负反馈两种。基本反馈结构的非线性相互作用（包括延迟等）会导致系统的振荡。

4.3.3　多智能体仿真

在基于 Agent 的建模与仿真方法学中，Agent 的交互方式为：Agent 从其他 Agent 或者环境中得到信息，然后根据得到的信息和自身的状态以及自身的规则，修改自身的状态/规则，并且向其他 Agent 或者环境发出信息，进行交互。通过这些形式的交互，"突现"出目标系统整体具有的、而单个 Agent 却不具有的整体行为。通过上面的论述，可以看出，复杂系统、基于 Agent 的建模与仿真方法学、并行与分布仿真以及面向对象思想之间，从基本元素、交互方式到基本的结构都具有极大的相似性，具有内在的一致性。使用基于 Agent 的建模方法学对复杂系统进行建模是合适的，具有很强的、自然的描述能力；作为仿真技术的并行与分布仿真，可以对通过基于 Agent 的建模方法学建立的模型，方便、高效地进行并行与分布仿真；作为实现技术的面向对象技术，可以方便地将基于 Agent 建模思想的并行与分布仿真在计算机上进行实现。也就是说，它们之间的相似性，使得从复杂系统到复杂系统的建模，直至复杂系统模型的仿真与实现，能够尽可能地减少信息的损失程度，使得对复杂系统的描述、建模仿真及实现更为自然，损失的信息更少。

多 Agent 仿真技术是在面向对象的仿真技术和人工智能技术的基础之上发展起来的新仿真技术，它较之传统的仿真建模方法在建模框架和仿真框架上有了很大的发展，它采用智能 Agent 作为仿真系统建模与仿真的基本元素，而 Agent 本身的预动性、交互性、反应性、自主性、通信性使得模型的运行模式、控制模式、部署模式、计算模式均发生较大的变化，它有效地提高了系统的并行计算能力、灵活性、可扩展性等，特别是为开发分布式交互仿真系统提供很好的支持。

与传统仿真技术不同，由于系统的基本构件是具有较高自主性和智能性的 Agent 对象，且它们的行为具有并行性，所以多 Agent 仿真系统通常采用分布式的时钟机制。这类系统由一组 Agent 构成，这些 Agent 实体又被称为逻辑进程（Logic Process，LP），每个 LP 都具有一个局部于整个系统的自有的虚拟时钟（Local Virtual Time，LVT），用于为 LP 定义虚拟时间。同时系统本身还包含一个全局的虚拟时间（Global Virtual Time，GVT）。这类系统需要解决 LP 之间的时间同步，而保证不会发生事件的因果错误次序颠倒。为此，在多 Agent 仿真系统中还要求仿真时钟控制具有时间同步的功能。除此之外，时钟控制功能还需要解决计算时间同步的问题，所谓的计算时间同步问题是由于这样的一个矛盾造成的：理论上系统状态的跃变是瞬时完成的不消耗时间，但在实际中任何计算过程都需要消耗时间，即计算时间，因此就有可能出现计算时间大于时钟推进步长的可能，这将造成模型内部仿真逻辑的严重混乱。

基于 Agent 的仿真框架（见图4-4）将 Agent 分为两大类，一种是软件 Agent 例如 SerAgent 以及组成它的元 Agent，人机接口 Agent（HMIAgent）；另一种 Agent 是直接从目标系统中抽象出的实体 Agent 模型，根据该模型生成的具体的应用模型称为仿真 Agent 即 SimAgent。

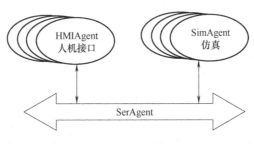

图4-4　基于 Agent 仿真框架

Agent 仿真运行服务模型主要指的是 ScrAgent，它提供了仿真系统中诸如仿真控制逻辑通信服务及仿真的通用基础功能，与具体的仿真应用无关。SerAgent 是一个聚集 Agent，由 TimeAgent、InAgent、CommAgent 和 ManAgent 聚集而成，SerAgent 的主要功能包括：

1）时间管理，由 TimeAgent 提供，主要是保证仿真系统以适当的方式和顺序进行时间推进。

2）Agent 管理，由 ManAgent 提供，主要是提供 Agent 的控制服务、Agent 的声明、注册、撤销与退出等。

3）兴趣管理，由 InAgent 提供，主要是限制网络中 Agent 交互的流量，以及管理网络中 Agent 的交互和节点的触发。

4）通信服务，由 CommAgent 提供，主要是提供 Agent 间通信的封装与解释以及消息的转发。

Agent 仿真模型（Agent Simulation Model，ASM）通过描述仿真系统中的 Agent 及其交互关系来建立模型，ASM 描述了 Agent 的状态、行为及通信接口。系统中的 Agent 仿真模型主要指的是 SimAgent，它可以是一个单独的实体对象的 Agent 描述模型，根据 ASM 需要生成的 Agent，满足分布式仿真的接口需要；也可以是多个 Agent 聚集成的聚合 Agent，根据 ASM 需要生成的 Agent 仿真模型；也可以是纯粹的仿真应用，内部不包括其他的实体 Agent 模型，但整体具有仿真 Agent 模型的特征。SimAgent 之间的消息交换由 SerAgent 负责接收与发送并进行解释，而 SimAgent 本身的状态与状态转换则由自身的控制模块进行监控，这将实现 Agent 的自主性。SimAgent 的工作原理是 Agent 通过自己内部的感应器获取外部信息，在一般情况下经过决策层，由决策层调用规划层分析判断感知到的信息，并做出决策，决策结果传递到控制层，由控制层做出响应，决策的结果包括消息反馈、自身状态改变、行为输出等，这其中规划层的推理分析模块可嵌入智能算法（例如进化算法、人工神经网络等），这将解决仿真模型的智能化问题。

4.4　制造系统的仿真优化

计算机仿真技术作为一门新兴技术，其应用领域及其作用日益扩大。从产品的设计到制造，以及测试维护的整个生命周期中，计算机仿真技术贯穿始终。从发展的历程来看，仿真技术应用的领域从传统的产品设计阶段的仿真，到制造系统规划设计的仿真（数字化工厂）、制造系统运行过程的仿真（工厂运营过程仿真），目前还扩展到了供应链、销售服务过程的仿真。同时，智能制造技术的不断发展为计算机仿真的应用提供了新的舞台，也提出了更高的要求。

　　智能制造系统不仅要求自动化水平高，而且要求系统高柔性。通过计算机仿真建模，可以在规划和设计阶段就对制造系统的静、动态性能进行充分的预测，以便尽早地发现系统配置、布局规划以及运作调度的控制策略等方面的问题。如果当前配置无法满足预定目标，则重新进行规划，再进行仿真、评价，直至构造出理想的制造系统。通过研究，对所构建的制造系统进行系统建模，然后借助仿真软件对模型的性能进行仿真，并建立相应的评价模型对仿真结果进行分析，不断地进行迭代，直到得到满意的结果，如图 4-5 所示。

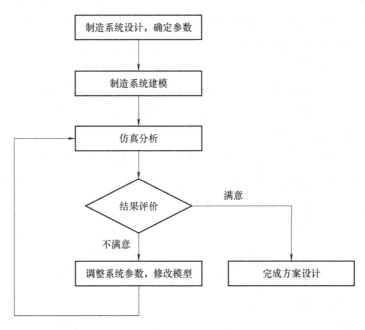

图 4-5　制造系统的仿真过程

　　需要注意的是，一个制造系统的设计方案，最终是一个"满意"的方案，而不是一个"最优"的方案。因为从制造系统整体的角度来说，由于其组成复杂，很难说一个系统设计方案是"最优"的。实际工厂的投资建设是一个多要素的平衡解，比如，建设时间和建设成本可能会有冲突，初期的投资成本和后期的维护成本可能也是一个冲突，最终往往是多方满意的一个方案。当然，满意解的得到，不排除在某些指标上是最优的，或者是从一组 Pareto 解集中获取，因此，结果评价中，最优化理论与方法也是不可或缺的。

4.4.1 制造行业仿真分类

从仿真技术应用的对象来看，可将制造业中应用的仿真分为四类，即面向产品的仿真、面向制造工艺和装备的仿真、面向生产管理的仿真和面向企业其他环节的仿真。

1. 面向产品的仿真

仿真技术应用于产品的开发过程中，可以分为概念设计、详细设计、评审和再设计等阶段。每一阶段又可进一步细分，如详细设计可分为总体 CAD、零部件 CAD、计算机辅助工程、可制造性设计、可装配性设计等。为了减少产品的开发时间，降低开发成本，需要将上述过程所用的各种工具集成起来，以实现并行作业。产品开发过程仿真可以模拟上述各种可行方案，从中分析选择集成的最优方案，具体分析功能有：

（1）产品的静态、动态性能分析

产品的静态特性主要指应力、强度等力学特性；产品的动态特性主要指产品运动学和动力学分析。例如，分析机构运动时部件之间的连接与碰撞。

（2）产品的可制造性分析

可制造性分析包括技术分析和经济分析。技术分析根据产品技术要求及实际的生产环境对可制造性进行全面分析；经济分析进行费用分析，根据反馈时间、成本等因素，对零件加工的经济性进行评价。

（3）产品的可装配性分析

主要进行产品装配和拆卸可能性的分析，进行碰撞干涉检验，拟定出合理的装配工艺路线，并直观地显示装配过程和装配到位后的干涉、碰撞等问题。

2. 面向制造工艺和装备的仿真

面向制造工艺和装备的仿真是针对制造过程的仿真，包括针对加工过程的加工程序仿真（NC 程序仿真）、面向装配过程的装配仿真（装配路径、人机工程仿真）和面向机器人的仿真（动作路径仿真、机器人程序仿真）。

加工过程仿真（Manufacturing Process Simulation，MPS）是由 NC 代码驱动，主要用于检验 NC 代码，并检验装夹等因素引起的碰撞干涉现象。它的具体功能包括：

1）仿真加工设备及加工对象在加工过程中的运动及状态。

2）由 NC 代码驱动加工过程仿真的每一个步骤。

3）零件加工过程具有三维实时动画功能，一旦有干涉产生，便会发出报警信息。

面向制造工艺和制造装备的仿真是验证产品制造过程、进行加工和辅助装备设计与验证的关键内容，也是提高产品质量、提升效率的关键。

3. 面向生产管理的仿真

生产管理的基本功能是计划、调度和控制。从仿真技术在生产管理中的应用来说，可分为以下三个方面：

（1）确定生产管理控制策略

计算机仿真在生产管理控制策略中的应用包括确定有关参数以及用于不同控制策略之间的比较。

（2）用于车间层的设计和调度

车间的设计过程一般可分为两个主要阶段：初步设计阶段和详细设计阶段。仿真技术则主要用于设计方案的评价和选择，具体来说：在初步设计阶段，可以在仿真程序中包含经济效益分析算法，运行根据初步设计方案所建立的仿真模型，给出评价信息。在详细设计阶段，使用仿真技术可以对候选方案做出评价，为产品的投产提供决策依据。计算机仿真在制造车间运行中的调度问题就是分配和协调可获得的生产资源。

（3）用于库存管理

库存控制的目的是使库存投资最少，且要满足生产和销售的要求。对于库存管理的仿真包括：确定订货策略、确定订货点和订货批量、确定仓库的分布以及确定安全库存水平。

4.4.2　制造系统仿真的一般过程

对于每一个成功的仿真研究项目，其应用都包含特定的步骤。不论仿真项目的类型和研究目的有何不同，仿真的基本过程是保持不变的，一般要进行如下七步，如图4-6所示。

1. 问题定义

一个模型不可能呈现被模拟的现实系统的所有方面，有时是因为太昂贵（时间上或建模费用上）。一个表现真实系统所有细节的模型，常常是非常差的模型，因为它会过于复杂和难以理解。因此，聪明的做法是：先定义问题，再制定目标，然后构建一个能够完全解决问题的模型。在问题定义阶段，对于假设要小心谨慎，不要做出错误的假设。作为仿真纲领，定义问题的陈述越通用越好，要详细考虑引起问题的所有可能原因。

2. 确定目标和评价指标

没有目标的仿真研究是毫无用途的。目标是仿真项目所有步骤的导向。系统的定义也是基于系统目标的。目标决定了应该做出怎样的假设、应该收集哪些信息和数据；模型的建立和确认要考虑到能否达到研究的目标。目标需要清楚、明确和切实可行。

目标经常被描述成诸如这样的问题："通过添加机器或延长工时，能够获得更多的利润吗?"。在定义目标时，详细说明那些被用来决定目标是否实现的性能指标是非常必要的。例如产出率、工人利用率、平均排队时间、最大队列长度，都是最常见的系统性能指标。

最后，列出仿真结果的先决条件。如：必须通过利用现有设备来实现目标，或最高投资额要在一定限度内，或产品订货的提前期不能延长等。

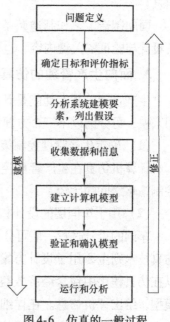

图 4-6　仿真的一般过程

3. 分析系统建模要素，列出假设

不论模型是一个物流系统、制造工厂还是服务机构，清楚明了地定义如下建模要素都是非常必要的：资源、实体（产品、顾客或信息）、路径、项目运输、流程控制、加工时间、资源故障时间、运输时间、排队时间等。

制造系统仿真可以将现实系统资源分成四类：处理单元、队列、运输和共享资源。实体的到达和预载的必要条件必须定义，如：到达时间、到达模式和实体的类型等属性。在定义流动路径时，合并和转移需要详细描述。实体的转变包括属性变化、装配操作（实体合并）、拆卸操作（实体分离）。在系统中，常常有必要控制实体的流动。如：一个实体只有在某种条件或某一时刻到来时才能移动。所有的处理时间都要被定义，并且要清楚表明哪些操作是机器自动完成，哪些操作是人工独立完成，哪些操作需要人机协同完成。资源可能有计划故障/停机时间和意外故障/停机时间。计划故障/停机时间通常指午餐时间、中场休息和预防性维护等。意外故障/停机时间是随机发生的。故障所需的时间，包括平均无故障时间和平均维修间隔时间。

在这些工作完成之后，需要将现实系统进行模型描述，这远比模型描述向计算机模型转化困难。现实向模型的转化意味着你已经对现实有了非常彻底的理解，并且能将其完美地描述出来。这一阶段，将此转换过程中所做的所有假设进行详细说明非常有必要。事实上，在整个仿真研究过程中，最好使所有假设列表保持在可获得状态，因为这个假设列表随着仿真的递进还要逐步增长。如果描述系统这一步做得非常好，建立计算机模型这一阶段将更加容易。

同时，在仿真研究中，确定模型早期运行的可替代方案是很重要的，它将影响着模型的建立。在初期阶段考虑到替代方案，模型可能被设计成易于转换到替换方案的系统。

4. 收集数据和信息

收集数据和信息，除了为模型参数输入数据外，还可以在验证模型阶段提供实际数据与模型的性能测度数据进行比较。数据可以通过历史记录、经验和计算得到。这些粗糙的数据将为模型输入参数提供基础，同时将有助于一些较精确参数数据的收集。

有些数据可能没有现成的记录，而通过测量来收集数据费时、费钱。除了在模型分析中，模型参数需要极为精确地输入数据的情况以外，同对系统的每个参数数据进行调查、测量的收集方式相比，采用估计的方法来产生输入数据更为高效。估计值可以通过少数快速测量或者通过咨询熟悉系统的系统专家来得到。即使是使用较为粗糙的数据，根据最小值、最大值和最可能取值定义一个三角分布，要比仅仅采用平均值仿真效果好得多。有时候采用估计值也能够满足仿真研究的目的。例如，仿真可能被简单地用来指导相关人员了解系统中特定的因果关系。在这种情况下，估计值就可以满足要求。

当需要可靠数据时，花费较多的时间收集和统计大量数据，以定义能够准确反映现实的概率分布函数，就是非常必要的，所需数据量的大小取决于变量的不确定程度。

假如要获得随机停机时间的输入参数，就必须要在一个较长的时间段内捕获足够多的数据。

5. 建立计算机模型

建立计算机模型，首先构建小的测试模型来证明复杂部件的建模是否合适。一般建模过程是呈阶段性的，在进行下一阶段建模之前，验证本阶段的模型是否工作正常，并在建模过程中运行和调试每一阶段的模型。小模型有助于定义系统的重要部分，并可以引导为后续模型的详细化而进行的数据收集活动。有时会对同一现实系统构建多个计算机模型，每个模型的抽象程度都不相同。

6. 验证和确认模型

验证是确认模型的功能是否同设想的系统功能相符合，模型是否同我们想构建的模型相吻合，产品的处理时间、流向是否正确等。还包括更广泛的确认范围：确认模型是否能够正确地反映现实系统，评估模型仿真结果的可信度有多大等。

（1）验证

有很多技术可以用来验证模型。最重要的是在仿真低速运行时，观看动画和仿真钟是否同步运行，它可以发现物料流程及其处理时间方面的差异。

另一种验证技术是在模型运行过程中，通过交互命令窗口、显示动态图表来询问资源和实体的属性和状态。

通过"步进"方式的运行模型和动态查看轨迹文件可以帮助人们调试模型。运行仿真时，通过输入多组仿真输入参数值，来验证仿真结果是否合理，也是一种很好的方法。在某些情况下，对系统性能的一些简单测量可以通过手工或使用对比来获得。对模型中特定区域要素的使用率和产出率通常是非常容易计算出来的。

（2）确认

模型确认可以建立模型的可信度。但是，现在还没有哪一种确认技术可以对模型的结果进行100%的确定。我们永远不可能证明模型的行为就是现实的真实行为。如果我们能够做到这一步，可能就不需要进行仿真研究的第一步（问题的定义）了。我们尽力去做的，最多只能是保证模型的行为同现实不会相互抵触。

通过确认，试着判断模型的有效程度。假如一个模型在得到我们提供的相关正确数据之后，其输出满足我们的目标，那么它就是好的。模型只要在必要范围内有效就可以了，而不需要尽可能地有效。在模型结果的正确性同获得这些结果所需要的费用之间总存在着权衡。

判断模型的有效性需要从如下几方面着手：

1）模型性能测度是否同真实系统的性能测度匹配？

2）如果没有现实系统来对比，可以将仿真结果同相近现实系统的仿真模型的相关运行结果进行对比。

3）利用系统专家的经验来分析复杂系统特定部分模型的运行状况。

4）对每一主要任务，在确认模型的输入和假设都是正确的、模型的性能测度都是可以测量之前，需要对模型各部分进行随机测试。

5）模型的行为是否同理论相一致？确定结果的理论最大值和最小值，然后验证模型结果是否落入两值之间。

6）为了了解模型在改变输入值后，其输出性能测度的变化方向，可以通过逐渐增大或减小其输入参数，来验证模型的一致性。

7）是否有其他仿真模拟器实现了这个模型？如果有的话可以将已有模型的运行结果同现在设计的模型的运行结果进行对比。

7. 运行和分析

当系统具有随机性时，就需要对实验做多次运行。因为，随机输入导致随机输出。如果可能的话，在第二步中应当计算出已经定义的每一性能测度的置信区间。

有些仿真软件特别提供了"优化"模块来执行优化操作，通过选择目标数的最大化或最小化，定义需要实验的许多决策变量、需要达到的条件变量、需要满足的约束等，然后让优化模块负责搜索变量的可替换数字，最终得出决策变量集的优化解决方案，和最大化或最小化的模型目标函数。"优化"模块会设置一套优化方法，包括遗传算法、禁忌搜索、分散搜索和其他的混合方法，来得出模型的优化配置方案。

在选择仿真运行长度时，考虑启动时间、资源失效可能间隔时间、处理时间或到达时间的时间或季节性差异，或其他需要系统运行足够长时间才能出现效果的系统特征变量，是非常重要的。

报表、图形和表格常常被用于进行输出结果分析。同时需要利用统计技术来分析不同方案的模拟结果。一旦通过分析结果并得出结论，要能够根据仿真的目标来解释这些结果，并提出实施或优化方案。使用结果和方案的矩阵图进行比较分析也是非常有帮助的。

需要注意的是，仿真研究不能简单机械地照搬以上七个环节，有些项目在获得系统的内在细节之后，可能要返回到先前的步骤中去做大量的补充工作。同时，验证和确认需要贯穿于仿真工作的每一个环节当中。

4.4.3　制造系统的仿真评价

在构建制造系统和单元时，通常优化的目标是：以尽可能低的制造成本，尽可能快地响应市场需求，提供尽可能令客户满意的产品质量，同时又要使对生态环境的影响尽可能小。在构建制造单元时，我们还需对系统的柔性、敏捷性重点加以考虑，使单元适应当前动态随机的制造环境。柔性我们可理解为可预测变化范围内的可变性，敏捷性则是指对不可预见的变化的适应能力和创新能力。

在制造单元的评价过程中，需要提出一组评价指标，即建立评价指标体系。要建立正确客观的评价指标体系，需要对影响制造单元构建目标的各种因素进行分析，同时在指标体系的建立过程中，还必须遵循科学性与实用性、完整性与可操作性、不相容性与系统性、定性指标与定量指标、静态指标与动态指标相统一等原则。

一、仿真评价指标体系

制造单元的评价指标体系可以大致分为两大部分：经济指标和技术指标（非经济指标）。经济指标主要从单元构建成本和运作成本的角度来评价系统；而技术指标则是从单元的动态性能、柔性和敏捷性以及系统的质量能力、环境影响性来考虑。系统的动态性能主要是从系统运作的角度来评价系统，主要包括平均通过时间、平均在制品数量、平均排队长度等。系统的柔性和敏捷性主要是指系统响应环境变化的能力，即动态适应性。质量能力是从制造系统属性出发来衡量其对产品质量的影响，其中包括设备的精度、过程监测和监控的能力以及产品的工艺方法等。环境性是个新概念，近年来国际上对制造系统的环境适应性越来越重视，相继提出了诸如"可持续制造""绿色制造"的概念。制造单元的评价指标体系结构如图 4-7 所示。

1. 经济性评价指标体系

一个制造单元的成本包含了许多方面，大体上可分为单元构建成本和单元运作成本。构建成本指单元实际运行之外所需投入的费用；单元运作成本主要指单元实施阶段所涉及的费用。各类成本的具体内容如下：

1）单元规划成本：规划设计单元所需的设计费用，包括设计系统所使用的软硬件费用，设计人员的劳务费等。

2）单元的重构成本：指单元响应市场需求，对当前配置进行调整的费用，当然改动越小则越方便，所需成本越低。

3）系统设施和设备成本：建立制造系统需要基础设施（如场地、水、电、气供应、房屋等）、制造设备和储运装置等，这些方面的投资费用都将以折旧费的形式计入系统或产品的成本中。

4）材料成本：包括制造产品所需要的原材料、工具消耗和系统所用的辅助材料（冷却剂、润滑油、清洗剂等）消耗。

5）劳动力成本：运行系统的直接劳动，也包括开发系统或产品所付出的劳动。

6）能源成本：有些制造系统耗能很少，能源所占成本的比例低，甚至可以忽略不计；而有些制造系统却耗能很多，甚至成为制造系统或产品的主要成本因素。

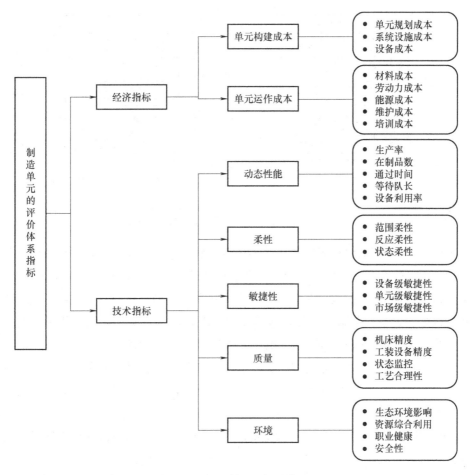

图 4-7 制造单元的评价体系

7）维护和培训成本：为保证系统的正常运行所进行的维护、修理工作和需要的维护人员、备件等，以及为适应新设备和新技术的必要培训。

2. 技术指标——动态性能指标

制造单元的动态性能是评价单元好坏的一个非常重要的方面，事实上，这也是人们构建单元最为关心的问题。动态评价的内容包括工件平均通过时间、在制品库存、排队长度等，如图 4-8a 所示。同时，在进行动态评价时，需要考虑一些性能影响因素，如调度规则、零件批量等，如图 4-8b 所示。在所有这些因子中，调度规则对系统的性能影响最大，另外，零件混合比、零件到达系统时间分布以及零件的加工时间分布对工件的平均通过时间等性能指标影响较大。

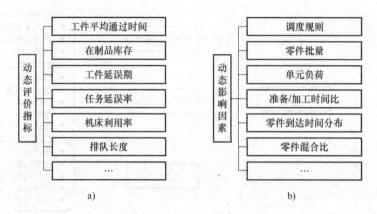

图 4-8　制造单元的动态评价指标与影响因素

1）通过时间：它是指零件进入系统后直到加工处理完毕而离开系统所历经的时间。一般情形下，需要知道的是平均通过时间。

2）在制品数：投放到车间进行生产但尚未完成的零件数称为在制品数。在制品数多，会增加存储费用及输送费用。不但如此，还增加了磕碰损坏的可能性，给生产管理也带来了困难。因此通常希望压缩在制品数。

3）等待队长：工件进行加工之前常常需要等待，在某一时刻在某加工设备前等待加工的工件数称为等待队长。一般而言，它是一个随机数，通常需要求平均等待队长。

4）等待时间：工件在等待接受加工服务的队列中所逗留的时间称为等待时间。同样，它也是一个随机变量，通常人们感兴趣的也是平均等待时间。

5）设备利用率：设备利用率是设备的实际开动时间占制度工作时间的百分比。制度工作时间是指在规定的工作制度下，设备可工作的时间数。

6）设备有效利用率：$\eta = \dfrac{T_w}{T_w + T_D}$　式中，T_w 为有效工作时间；T_D 为设备故障时间。

3. 技术指标——柔性评价指标

针对制造单元的特点，可以把系统的柔性划分为以下三种类型：

1）范围柔性：指系统输出可以在某个范围内变化的能力，可变范围越大，柔性越高。例如在满足获取相应利润的前提下，生产批量如能随市场需求作动态变化，则系统具有批量柔性。另外，产品柔性也属于范围柔性。

2）反应柔性：指通过对系统转换过程做必要的调整以响应系统内外各种可能变化的容易程度，表现在时间和成本方面所需的开销，这种开销越小，柔性越高。机器柔性、操作柔性、过程柔性均属于该范围。例如产品改变时，必须更换相应的刀具、夹具及控制程序，显然具有多种加工能力的加工中心比普通机床更容易实现所需调整，因而具有更高的机器柔性，它是一种反应柔性。

3）状态柔性：指在系统输入或内部状态发生变化时，系统仍能满足给定约束并实现转换的能力，反映了系统抵抗干扰、维持原有功能的能力，也可看作系统对状态变化的敏感程度，这种抗干扰能力越好，敏感度越低，则系统柔性越高。例如机床出现故障时，可通过调度将工件安排到别的机床。从而以不同的路径完成工件加工，这种路径柔性即是一种状态柔性。此外，物料运送柔性和人员柔性也是状态柔性。各种柔性的具体定义见表4-1。

表 4-1　柔性指标体系

柔 性 分 类		柔性指标含义
范围柔性	产品柔性	在产品中增加、去除或更换某些零部件的能力，以增强对市场产品需求的响应能力
	批量柔性	制造系统能在多种生产批量下获得相应利润的能力，以维持系统在各种需求水平下的获利性
反应柔性	机器柔性	机器能完成多种加工操作的能力，利于实现小批量生产、降低库存费用、提高机器利用率和缩短加工周期
	操作柔性	多种加工工艺的工件能以多种方式进行加工的能力，以便在机器出现故障时实现动态调度
	过程柔性	制造过程能同时生产多种产品的能力，通过提供多样化的产品以提高客户服务水平
状态柔性	物料运送柔性	物料运送设备能运送多种物料的能力，提高物料运送设备的可获得性和利用率
	人员柔性	掌握多种操作技能的人员能在不同岗位上工作的能力
	路径柔性	制造系统能通过多种路径完成工件加工的能力，以便平衡机床负荷，增强系统在机床故障、刀具磨损等情况下系统运行的稳定性和可靠性

制造柔性的度量涉及两方面的问题：1）现有制造系统的柔性有多大？2）为适应未来的某种变化需要多大的柔性？制造柔性度量的困难性首先在于各种制造柔性的性质不同，其次制造柔性的两个方面也属于不同性质的问题，很难将它们统一起来进行定量的综合评判，当涉及未来的变化时更难以获得精确的数据。目前提出的一些度量方法和模型，有的只适用于投资评估等个别情况，有的虽有良好的数学基础，但过于理论化而难以应用。

为了减小制造柔性度量的复杂性并便于实际应用，可对前述概念框架中三类最基本的制造柔性分别采用不同的方法进行度量。具体来讲，1）范围柔性，用某种制造柔性可适应的变化范围来度量。例如批量柔性可用系统能获利的最小和最大生产批量来度量。2）反应柔性，用适应某种变化所需时间或费用来度量。例如机器柔性可用不同操作间转换所需的时间或费用来度量，过程柔性可用不同产品混合比间转换所需时间或费用来度量。3）状态柔性（State Flexibility，SF），状态柔性与系统对某种变化的敏感度（Sensitivity to Change，STC）成反比，即 $SF = 1/STC$。如果适应变化可以不需要任何费用（$C=0$），或者发生这种变化的概率很小（$P=0$），都可以认为系统对这种变化的敏感度为零。因而可设 $STC = C \times P$。设 x 表示某种变化，则与此相关的费用 C 和概率 P 都应当是 x 的函数。例如当涉及三种状态 A、B、C 时，则存在九种状态变化的组合，即 AA、AB、AC、BA、BB、BC、CA、CB 和 CC，显然，

$$STC = \sum_{i=1}^{n} C(x_i) P(x_i)，其中 \sum_{i=1}^{n} P(x_i) = 1，$$

式中，n 是可能变化的数目；i 是变化的序号；$C(x_i)$ 和 $P(x_i)$ 分别是与变化 x_i 相关的费用和概率。当系统中的状态变化连续时，可以得到一个更为一般的公式，即

$$STC = \int_{x_1}^{x_2} C(x) P(x) \mathrm{d}x，其中 x_2 和 x_1 分别为状态变化的上下界。$$

这里关键在于如何确定与未来某种变化相关的成本和可能性。对与产品相关的柔性来讲，式中的成本主要指由于产品变化所造成的与产品设计和材料等相关的成本，而发生的概率应当根据材料技术的发展、客户喜好的变化、竞争对手的策略以及对产品功能变化的预测等因素综合而定。对过程柔性来讲，式中的成本主要包括由于加工过程所需设备更新造成的成本，而发生的概率可根据制造过程中的各种不确定性因素而定。

4. 技术指标——敏捷性评价指标

可以从以下几个方面对制造单元的敏捷性进行分析：

1）设备级敏捷性：主要从设备角度出发，考虑制造单元内的设备对不可预见的变化的适应能力和创新能力。包括设备的模块化程度、标准化程度和通用化程度，使得系统能够在环境突变时真正做到及时响应，图4-9所示为设备级敏捷性的各项指标。

2）单元级敏捷性：主要从单元的角度出发，考虑制造单元的人员、控制结构、生产过程及组织结构对不可预见的变化的适应能力和创新能力。人员的敏捷性是指单元内人员的知识、技能程度和人员的主动性；控制结构的敏捷性指

控制系统的可重用性、可扩充性，扁平的管理和控制结构敏捷性好；过程的敏捷性主要指物料传输的可重构性、调度策略的适应性、单元的冗余程度；组织结构的敏捷性主要表现为单元的自治能力、可扩充能力和单元配置的可重组能力。图 4-10 所示为单元级敏捷性的各项指标。

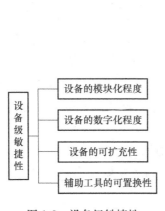

图 4-9　设备级敏捷性

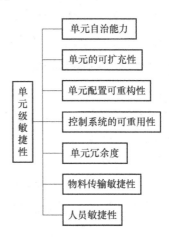

图 4-10　单元级敏捷性

3）市场级敏捷性：指单元和外界系统的关系。在市场层，制造系统的敏捷性主要是与零件混合比的可重组性、产品的模块化程度、生产能力的可扩充性以及批量的范围有关，还包括必要时期各个单元之间的协作程度。具体表现在当零件混合比、批量等制造系统的运作参数发生变化时，系统适应变化所需要花费的时间和成本。图 4-11 所示为市场级敏捷性的各项指标。

5. 技术指标——质量指标

质量指标是指评估制造系统影响产品质量的相关因素的指标，包括机床和工装的精度、是否进行状态监控以能及时处理加工过程的意外，以及工艺对保证质量的合理性等方面。

1）机床精度：机床精度可以利用所处理零件的一些可量化指标来标记，例如尺寸精度、表面粗糙度精度等。需要注意

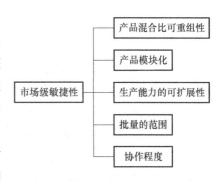

图 4-11　市场级敏捷性

的是，机床精度是一个动态的概念，其和所用的刀具、工装夹具都有关系，同时，随着机床的老化、机械部件的磨损，其加工精度也会下降，需要进行再次调试以恢复原始精度。

2）工装设备精度：工装设备的精度也影响到产品的质量，一般可以采用和机床精度类似的指标来标定。

3）状态监控：可以根据是否具备加工过程和质量相关的状态监控能力来进行标定。可以在一次评估过程中，利用状态监控的点数来进行衡量。

4）工艺合理性：工艺是加工质量的根本保证，也是工艺编制的一个主要目标。这个需要工艺专家对产品加工工艺进行定性的评价。

6. 技术指标——环境指标

制造系统的环境性是广义的，这里主要考虑以下几个方面：

1）生态环境影响：制造系统及产品在整个生命周期中对生态环境造成的影响，如制造过程中产生的废气、废液、废物、产品寿命结束后的处置对生态环境的影响等。

2）资源综合利用：制造系统对自然资源特别是不可再生资源的综合利用和优化利用能力，包括生产制造过程可能要用到的原材料、能源、土地和水资源等的优化利用。

3）职业健康：制造系统在其运行过程中可能对劳动者职业健康造成的损害。

4）安全性：制造系统及其产品在运行或使用过程中因故障等原因产生的危害和不安全性。

在保证其他决策目标的情况下，制造系统中所追求的环境目标作为制造系统对环境造成的影响越小越好。

二、评价方法

1. 层次分析法

层次分析法（AHP）是美国著名运筹学家、匹兹堡大学教授 T. L. Saaty 于 20 世纪 70 年代初提出的，其实质是将决策主体对复杂系统的评价思维过程层次化和数量化。该方法以决策主体的定性分析和逻辑判断为主要依据，建立判断矩阵并通过一系列数学方法计算出各种候选方案的重要度，从而选择重要度最大的方案作为最优方案。尽管应用该方法需要掌握一些简单的数学工具，但 AHP 从本质上讲仍是一种思维方式，它把人的主观判断用数量形式加以表达和处理。因此，层次分析法是一种对复杂问题做出决策的简明有效的方法，体现了人们决策思维的基本特征，即分解、判断和综合的思维过程。

层次分析的过程一般可以分为构造层次结构模型、建立判断矩阵、层次单排序与一致性检验、层次总排序和一致性检验四个步骤。应用层次分析法进行决策的步骤如图 4-12 所示。

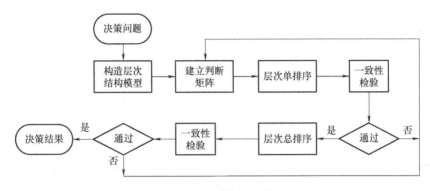

图 4-12　层次分析法步骤

（1）构造层次结构模型

应用 AHP 方法解决和分析实际问题，首先应该把所研究的问题条理化，从而构造出层次分析结构模型。在这个结构模型下，复杂问题被分解成人们称之为元素的组成部分；再对这些元素按属性分成若干组，并形成不同的层次。同一层次的元素作为准则对下一层次的某些元素起支配作用，同时它又受到上一层次元素的支配。一般的层次结构可以分为三层：目标层、准则层和方案层。这种自上而下的支配关系所形成的层次结构称为递阶层次结构。

（2）建立判断矩阵

在建立了递阶层次结构以后，上下层次之间元素的隶属关系就确定了，假定以上一层次元素 H_s 为准则，所支配的下一层次元素为 A_1，A_2，…，A_n，我们的目的就是要按它们对于准则 H_s 的相对重要性赋予 A_1，A_2，…，A_n 相应的权重。通常采用 Saaty 所提出的 1 ~ 9 比例标度对重要性程度赋值，见表 4-2。

表 4-2　建立判断矩阵的判断尺度

判 断 结 果	标　　　度
对 H_s 而言，A_i 和 A_j 具有相同的重要性	1
对 H_s 而言，A_i 比 A_j 稍微重要	3
对 H_s 而言，A_i 比 A_j 明显重要	5
对 H_s 而言，A_i 比 A_j 重要得多	7
对 H_s 而言，A_i 比 A_j 极端重要	9
表示上述两相邻判断的中值	2、4、6、8

根据上述的标度，对于准则 H_s，n 个被比较元素构成了一个两两相比较的

判断矩阵：$A = (a_{ij})$，其中 a_{ij} 为元素 A_i、A_j 相对于 H_s 的重要性的比例标度。很显然，构造判断矩阵具有下述的性质：

$$a_{ij} > 0, \quad a_{ij} = 1/a_{ji}, \quad a_{ii} = 1$$

由此可知，判断矩阵 A 为正反矩阵，因此，对于含有 n 个元素的判断矩阵仅需给出其上或下三角的 $n(n-1)/2$ 个元素就可以了，也就是说只需做 $n(n-1)/2$ 个判断即可。

（3）层次单排序与一致性检验

层次单排序是对同一层次各个元素相对于上一层次中的某个元素的相对重要性进行排序。设 n 个元素 A_1，A_2，…，A_n 对于准则 H_s 的判断矩阵 A，它们对于准则 H_s 的相对权重以向量的形式表示为 $w = (w_1, w_2, \cdots, w_n)^T$。对于权重向量的计算，常用的方法有和法、方根法、特征根法、对数最小二乘法和最小二乘法。本章采用方根法，即先计算判断矩阵每一行诸元素乘积及其平方根，再进行归一化处理。

由于客观事物的复杂性和人们认识的多样性，人们在判断时难免会产生某些片面性，用成对比较法得到的判断矩阵是否存在一致性，实质上是检验人们对事物的认识判断是否存在逻辑上的一致性，因此需要进行一致性检验。在一般的层次分析法中，均要计算一致性指标 C.I.、平均一致性指标 R.I. 和一致性比例 C.R.，其中，C.I. $= (\lambda_{max} - n)/(n-1)$，$\lambda_{max}$ 为判断矩阵 A 的最大特征根，R.I. 的值见表4-3。当 C.R $= \dfrac{\text{C.I.}}{\text{R.I.}} < 0.1$ 时，就可认为所构造的判断矩阵的一致性是可以接受的，否则必须调整判断矩阵。

表4-3　平均随机一致性指标

阶数	1	2	3	4	5	6	7	8	9
R.I.	0	0	0.58	0.90	1.12	1.24	1.32	1.41	1.45

（4）层次总排序与一致性检验

层次单排序后，还需进行层次总排序，即计算同一层次所有元素对于最高层（或目标层）相对重要性的总排序。具体方法是从上到下逐层进行，对于最高层，其层次单排序即为总排序。设 A 层有 m 个要素 A_1，A_2，…，A_i，…，A_m，它们关于上一层的综合重要度分别为 a_1，a_2，…，a_i，…，a_m。A 级的下层 B 有 n 个要素 B_1，B_2，…，B_j，…，B_n，它们关于 A_i 的相对重要度分别为 b_1^i，b_2^i，…，b_j^i，…，b_n^i，则 B 层的要素 B_j 的综合重要度为

$$b_j = a_i b_j^i \quad j = 1, 2, \cdots, n$$

即某一层的综合重要度是以上一层要素的综合重要度为权重的相对重要度的加权。其中无关元素不受支配，即与上层的第 j 个元素无关的元素的权重为零。综合重要度总是由上至下进行计算，第二层的综合重要度就是它的相对重要度，而第三层的综合重要度要根据第二层的综合重要度计算，以此类推。

层次总排序也需要进行一致性检验，具体方法是从高层到低层逐层进行。同样也要计算各层的一致性指标 C. I. 、平均一致性指标 R. I. 和一致性比例 C. R. ，当 C. R. <0.1 时，就可认为递阶层次在该层水平上所构造的判断矩阵具有满意的一致性。

2. 模糊层次评价方法

AHP 的核心是利用 1~9 间的整数及其倒数作为标度构造出判断矩阵，在构造判断矩阵时，如果 i、j 两因素的权重之比不易确定，只知道其变化范围在 P 和 Q 之间，最大可能值为 M。这时，利用 AHP 法就无法构造判断矩阵了，于是决策者们提出了在模糊环境下使用 AHP 方法，对 AHP 在模糊环境下进行了扩展，称其为模糊层次分析法，即 Fuzzy AHP。模糊层次分析法的基本步骤如图 4-13 所示。

模糊评价法是应用模糊集合理论对系统进行综合评价的一种方法，在工程评价中得到了广泛应用，其评价对象可以是方案、产

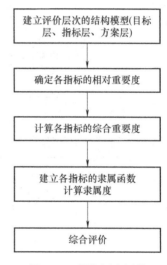

图 4-13　模糊层次评价
方法的步骤

品或是各类人员（如管理人员、技术人员、生产工人等）。模糊评价法是对受多个因素影响的事物做出全面评价的一种有效的综合评价方法。它突破了精确数学的逻辑和语言，强调了影响事物因素中的模糊性，较为深刻地刻画了事物的客观属性，可以获得各候选方案优先顺序的有关信息。

模糊层次评价法的基本思想为：

1）首先，确立系统的评价指标集 F，$F = (f_1, f_2, \cdots, f_n)$，描述对各种候选方案进行综合评价的指标或准则，其中 n 为评价指标的个数。在模糊层次分析法中评价指标集是一个多级递阶机构的集合。

2）通过层次分析法，或根据评审专家们的经验，确定每一评价指标的权重 W，$W = (w_1, w_2, \cdots, w_n)$，且 $\sum_{j=1}^{n} w_j = 1$。

3）确定隶属度，这是模糊评价法的关键。设 U_k 为第 k 种方案各项评价指标的隶属度集，$U_k = (\mu_1, \mu_2, \cdots, \mu_n)^T$，$U_k$ 的计算方法后面给出。

4）根据模糊评价值 $T_k = W_k U_k$，对各个方案进行优先顺序排列。

三、制造系统模糊层次评价模型

（1）构造递阶层次结构模型

根据评价指标体系构建层次模型，构建如图 4-14 所示的评价模型。该模型并非固定不变的，可以根据具体的实际情况进行扩充、删减和修改。

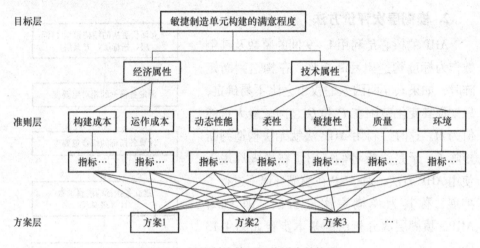

图 4-14　敏捷制造单元评价层次结构图

（2）确定相对重要度

建立递阶层次结构后，上下层之间的元素的隶属关系就确定了。用层次分析法对各指标进行权重分配，确定各指标的相对重要度。

（3）计算综合重要度

在计算了各级指标对上一级的权重后，可从最上一级开始，自上而下地求出各级指标关于评价目标的综合重要度。

（4）确定隶属度

这是模糊综合判断的关键。隶属度可以通过成立专家组，采用分数评价尺度的方法计算，也可以通过隶属函数计算求得。本章研究了两种方法来计算各个指标的隶属度。

方法 1：由于人们在生产实践中已经积累了许多经验，对于构建智能制造单元的某方案，该领域的专家们可以比较客观且容易为各项指标的好坏分个等级，所以，可以采用分数评价尺度的方法计算每项评价指标的综合隶属度。

先确立一个评价尺度集 E，描述对每一评价指标进行评价的尺度，记为 $E = (e_1, e_2, \cdots, e_m)$，其中，$m$ 为评价尺度集中评价尺度的个数。隶属度 r_{ij}^k 描述对于候选方案 A_k 而言，对第 f_i 项指标作出第 e_j 评价尺度的可能程度，记为 $r_{ij}^k = \dfrac{d_{ij}^k}{d}$。式中，$d$ 表示参加评价的专家人数；d_{ij}^k 表示对方案的第 i 项评价指标 f_i 作出评价尺度 e_j 的专家人数。显然 $\sum\limits_{j=1}^{m} r_{ij}^k = 1$。

A_k 方案的所有评价指标的隶属度组成了隶属度矩阵 $\boldsymbol{R}_k$：

$$\boldsymbol{R}_k = \begin{bmatrix} r_{11}^k & r_{12}^k & \cdots & r_{1j}^k & \cdots & r_{1m}^k \\ r_{21}^k & r_{22}^k & \cdots & r_{2j}^k & \cdots & r_{2m}^k \\ \vdots & \vdots & & \vdots & & \vdots \\ r_{i1}^k & r_{i2}^k & \cdots & r_{ij}^k & \cdots & r_{im}^k \\ \vdots & \vdots & & \vdots & & \vdots \\ r_{n1}^k & r_{n2}^k & \cdots & r_{nj}^k & \cdots & r_{nm}^k \end{bmatrix}$$

考虑评价尺度的分数，对于每一指标的综合隶属度为 $\boldsymbol{U}_k = \boldsymbol{R}_k \boldsymbol{E}^{\mathrm{T}}$。

例如假设有 9 位专家对 A_1 方案进行评估，投票结果见表 4-4。

表 4-4　隶属度计算方法 1

方案 A_1		评价尺度集 E				
		$e_1 = 0.9$	$e_2 = 0.7$	$e_3 = 0.5$	$e_4 = 0.3$	$e_5 = 0.1$
评价指标集 F	成本（f_1）	0（票）	6（票）	2（票）	1（票）	0（票）
	质量（f_2）	1（票）	3（票）	3（票）	1（票）	1（票）
	生产率（f_3）	2（票）	3（票）	3（票）	1（票）	0（票）

$$\boldsymbol{U}_1 = \boldsymbol{R}_1 \boldsymbol{E}^{\mathrm{T}} = \begin{bmatrix} 0 & 0.67 & 0.22 & 0.11 & 0 \\ 0.11 & 0.33 & 0.33 & 0.11 & 0.11 \\ 0.22 & 0.33 & 0.33 & 0.11 & 0 \end{bmatrix} \begin{pmatrix} 0.9 \\ 0.7 \\ 0.5 \\ 0.3 \\ 0.1 \end{pmatrix} = \begin{pmatrix} 0.612 \\ 0.539 \\ 0.627 \end{pmatrix}$$

则 f_1 的综合隶属度为 0.612，f_2 的综合隶属度为 0.539，f_3 的综合隶属度为 0.627。

方法 2：在构建智能制造单元的过程中，本身对其有一定的期望度，例如，构建成本应在什么范围内可以接受等，因此，可采用最大最小隶属度模型，将各项指标隶属函数近似为单调上升或下降的直线，即升半梯形或降半梯形分布

模式。升半梯形分布的隶属函数为

$$\mu(x) = \begin{cases} 0 & , \quad x \leqslant \inf(x) \\ \left[\dfrac{x - \inf(x)}{\sup(x) - \inf(x)} \right]^n & , \quad \inf(x) \leqslant x \leqslant \sup(x) \\ 1 & , \quad x > \sup(x) \end{cases}$$

式中，$\sup(x)$、$\inf(x)$ 分别为 x 的上确界（Supremum）、下确界（Infimum）值。当 $n=1$ 时，$\mu(x)$ 为一单调不减直线，在 $0 \sim 1.0$ 之间取值，函数曲线如图 4-15 所示。

降半梯形分布的隶属函数为

$$\mu(x) = \begin{cases} 0 & , \quad x > \inf(x) \\ \left[\dfrac{\sup(f) - x}{\sup(x) - \inf(x)} \right]^n & , \quad \inf(x) \leqslant x \leqslant \sup(x) \\ 1 & , \quad x \leqslant \sup(x) \end{cases}$$

当 $n=1$ 时，$\mu(x)$ 为一单调不增直线，同样也在 $0 \sim 1.0$ 之间取值，降半梯形分布的隶属函数曲线如图 4-16 所示。

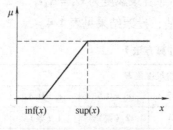
图 4-15　升半梯形分布

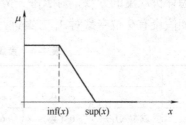
图 4-16　降半梯形分布

当某指标值越大，所构建的单元化制造系统越理想，则使用升半梯形分布的隶属函数描述；反之，用降半梯形分布的隶属函数描述。

（5）综合评价

根据权重、隶属度，即可对敏捷制造单元的构建做出综合评价。可采用线性加权法，即方案的综合评价值就是该方案各指标单项评价值的线性加权和，记为

$$T_k = W_k U_k = \sum_{i=1}^{n} w_i \mu_i$$

式中，w_i 为每项指标的综合重要度；μ_i 为每项指标的隶属度。

4.4.4　制造系统的仿真优化

鉴于现实系统的复杂性和随机性，仿真模型的仿真运行只能提供一定条件

下的可行方案，并未给出问题的最优解，所以一般在仿真过程中嵌入仿真优化技术，以便在仿真环境下使系统的输出不断地得到改进和完善，进而实现系统性能的优化。仿真优化就是指非枚举地从可能值中找到最佳输入变量值，使得输出结果最优解或满意解的过程，其目标是在仿真实验中获得最多信息的同时，所耗费的资源最少，使得用户可以更加容易地进行决策，对于辅助决策具有重要意义。仿真优化就是要对所有的输入变量（X_1，X_2，$\cdots$，X_n）的取值进行优化组合，使得输出响应 $f(X_1$，X_2，$\cdots$，$X_n)$ 达到满意或最优。仿真优化模型如图 4-17 所示，其中优化算法控制策略利用仿真模型的输出对最优解的搜索过程提供反馈，当产生的输出结果满足寻优的条件时，就可以退出求解最优值的过程。

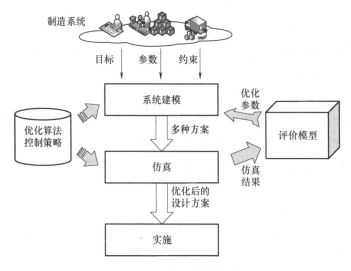

图 4-17   仿真优化模型

　　实际应用中使用广泛的一些仿真优化方法有基于梯度的搜索方法、随机优化法、响应曲面法（RSM）、启发式方法、A-Teams、统计方法、分支定界法、神经网络、模糊逻辑以及各方法的综合等。

　　（1）基于梯度的搜索方法

　　此方法是通过估计响应函数的梯度（∇f）来判定改进目标函数的方向，然后可以利用确定的数学规划方法来求解：

$$\min_{\theta \in \Theta} f(\theta)$$

式中，θ 为决策参数，也就是输入变量；可行域为 $\Theta \subset R^d$，假设可行域连续；目标函数值 $f(\theta)$ 是通过仿真运行估计得到的。基于梯度的搜索方法主要包括有限微分法、似然比法（LR）、摄动分析（PA）、频域方法（FDM）等。

（2）随机优化法

随机优化法解决的是在目标函数值无法解析得到，但可以估计的情况下，如何得到最优解的问题。典型的随机优化算法是基于梯度估计的迭代技术。随机优化方法主要包括20世纪50年代出现的RM-KW方法、样本路径优化法。

（3）响应曲面法

响应曲面法（RSM）是试验设计与数理统计相结合的优化方法。通过给定初始的试验设计点，分别对这些点进行仿真运行，可以产生与各设计试验点的仿真输出响应，通过应用一系列回归模型，将这些响应拟合成响应曲面，在响应面的最大梯度方向上寻优，对回归函数的结果进行优化，得到该响应面上的最优解。然后以该点为中心点再做试验设计，得到新的试验点，重复进行，直到满足终止条件。该方法开始于一阶回归方程和最速上升/下降搜索方法，在找到最优点的附近时，使用更高阶的回归方程。一般情况下，RSM比许多梯度方法所需的仿真次数要少。

（4）启发式方法

启发式方法代表了仿真优化中直接搜索方法领域的最新发展，各优化算法中判断解的优劣都是通过比较仿真运行所得到输出响应来实现的。启发式方法主要包括模拟生物进化的遗传算法（GA）、模拟合金冷却退火过程的模拟退火算法（SA）、禁忌搜索方法（TS）、单纯形法（SM）等。

进化计算（EC）是遗传算法、进化规划、进化策略和遗传编程的统称，是基于适者生存的一类高度并行、随机和自适应优化算法。以遗传算法为例，它将问题的求解表示成染色体的适者生存过程，通过染色体群的一代代不断进化，包括复制、交叉和变异，最终收敛到问题的最优解。其特点在于：对问题参数编码成染色体后进行进化操作，不针对参数本身，从而不受函数约束条件的限制。搜索过程从问题解的一个集合开始而不是单一个体，具有隐含并行搜索特性。大大减小了陷入局部极小的可能；遗传操作具有随机性，并根据个体的适配值信息进行搜索，无需其他信息。其优越性主要表现在：算法进行全空间并行搜索，并将搜索的重点集中于性能高的部分，从而提高效率且不易陷入局部极小。具有固有的并行性，通过对种群的遗传处理可处理大量的模式，且容易并行实现，目前进化计算是应用最广的智能优化算法。

（5）A-Teams

A-Teams将解决不同优化问题的策略结合起来，使它们可以同向地相互作用。由GA和传统方法（如Newton法等）组成的A-Teams的求解过程既快捷又稳定，在解决非线性代数方程组时，节省了大量的计算时间。A-Teams 继承性地适用于多准则仿真优化问题，是最快速发展的仿真优化研究领域之一。

（6）统计方法

主要有重点抽样算法、排序和选择、与最佳值多重比较（MCB）等方法。

仿真算法和优化一直是仿真方法研究中的热点和重点问题，好的算法能提高模型的运算速度和模型的正确性和有效性，对于单机仿真和一般系统仿真其算法研究已经比较成熟，目前的算法研究主要集中在实时连续系统算法、各类系统的并行算法、定性系统算法以及仿真优化算法。

仿真优化是研究基于仿真的目标优化问题，即基于模型仿真给出的输入输出关系（性能）通过优化算法得到最佳的输入量。随着计算机技术、人工智能和数学分析方法的发展，仿真优化的研究取得了一定进展，但仍存在大量的问题。有专家在分析仿真优化特点的基础上指出了仿真优化的进一步研究内容和方向，认为仿真优化从理论上需发展新的数学分析和建模工具，完善算法的收敛性、收敛速度和鲁棒性分析以及参数设计理论，并将仿真优化理论系统化，从算法设计上应基于新的仿真优化思想和技术开发高效的新方法，或将不同类型的方法综合使用来开发混合优化方法。

仿真结果以一种可视化的形式推送给用户，让用户利用人类直觉或者定性判断能力对仿真结果进行判断和决策，也是仿真优化的一个方法。可视化多媒体仿真技术、协同分布式仿真技术和虚拟仿真技术等研究其实都可看作是仿真环境的研究，建立一个怎么样的仿真环境也属于仿真方法的范畴。随着计算机技术、信息技术、多媒体技术和网络技术的发展，同时随着对复杂系统的仿真研究深入，单机仿真和二维仿真越来越满足不了人们的要求，从而并行仿真和三维仿真的研究应运而生，在此基础上也开始了可视化多媒体仿真技术、协同分布式仿真技术和虚拟仿真技术的研究。可视化多媒体仿真技术是在可视化仿真的基础上，即对数值仿真过程及结果增加文本提示，在图形图像动画表现的基础上再增加声音的一种视觉和听觉媒体组合的技术，这种技术的采用使仿真过程更加直观，仿真结果更容易理解，还能对仿真过程的正确性进行验证。可以利用人类的直觉快速判断。

协同分布式仿真技术是在分布交互式仿真的基础上提出的，分布交互式仿真是通过计算机网络将分散在各地的仿真设备互连构成时间与空间互相耦合的虚拟仿真环境，其实现的关键技术是网络技术、支撑环境技术组织和管理，其中网络技术是实现分布交互仿真的基础，支撑环境技术是分布交互仿真的核心。分布式仿真的最大问题是仿真进程的划分以及仿真系统的运行控制，而每个节点上又包含多个任务更增加了运行控制的复杂性。协同仿真是一种处于不同地点基于不同计算机平台的仿真人员，采用不同的建模方法建立起来的混合异构层次化仿真模型，是一种基于分布交互式环境下进行仿真运行表现和分析的复杂系统仿真方法，协同仿真技术主要用于解决复杂系统的仿真问题。

虚拟仿真是在多媒体仿真的基础上，使仿真系统成为具有可自由变换视角的三维界面，具备一定的交互功能且至少支持触觉视觉的感知系统，使用户产生身临其境的感受，虚拟仿真世界中的仿真人员可以来回走动，可以从各个角度实时观察仿真的运行状况，并能与虚拟环境交互。当发现问题时能暂停仿真，且能及时地调整系统参数，然后继续运行以期获得更好的仿真效果。这是最令人心动的仿真技术，随着移动计算、AR/VR 技术的发展，越来越得到人们的重视。

第5章
数字化工厂技术的应用

  智能工厂的规划，包括了厂房和建筑基础设施的规划、车间和生产线的设备布局规划、生产线设备和物流设备的参数规划、人员和物流规划等内容。这些内容可以分成布局规划、工艺规划两大部分。这两个部分相互关联，如图5-1所示。

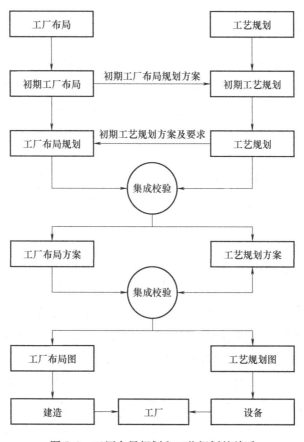

图 5-1 工厂布局规划和工艺规划的关系

在布局规划中，物流规划也是一个重要的因素。下面分别针对布局规划（工厂布局）、生产线规划（工艺规划）与装配规划的数字化工厂方法应用进行说明。

5.1 布局规划

各种文献对布局规划定义的表述不尽相同，但在制造业中，布局规划都会包含工厂布局规划和工艺布局规划。工厂布局包含了厂房建筑布局和车间基础设施布局；工艺布局是指车间和生产线设备的布局。布局规划是对一个生产系统进行全面的、系统的规划和安排，需要确定经济合理的投入，使设施得到优化的配置，以支持整个系统实现有效的运行，获得期望的产出。布局规划和工艺规划是有密切关系的，一般是由工艺来确定布局，即工厂、车间、生产线、设备的布局需要满足工艺要求。

5.1.1 布局设计的一般流程

新建一个工厂之前，理想状况是首先依据产品的类型，根据工艺进行单个加工过程的设计，再到加工单元的设计，然后进行生产线的规划和设计，最后进行生产车间和厂房建筑的规划和设计。然而实际情况往往先从厂房建筑和生产车间的规划、设计开始，再进行生产线的规划和设计，最后到加工单元设计。

在工厂的设计和规划阶段，各种类型人员所关心的层次有所不同，所以有必要将工厂布局规划的一般流程进行层次的划分，分为以下6个层次（见图5-2）。

1）厂房建筑层：厂房规划工程师要对厂址进行分析选择，根据厂房、车间等建筑物的大小要求不同，进行总体的建造。

2）工厂车间层：对车间的设备布局和辅助设备及管网系统进行布局分析，对设备的占地面积和空间进行核准，为工厂设计人员提供辅助的分析工具。

3）生产线层：工业工程师分析生产线布局的合理性、物流瓶颈和设备的使用效率等问题，同时也可对制造的成本进行分析。

4）加工单元层：提供对设备之间和设备内部的运动干涉问题，并可协助设备工艺规划员生成设备的加工指令，再现真实的生产过程。

5）加工操作层：对具体的工步进行详细的分析，对加工的过程进行干涉等分析，进一步可对操作人员的人机工程方面进行分析。

6）单个过程层：产品工程师对单个产品的生产过程进行分析定义，根据生产系统来规划加工工艺和生产计划。

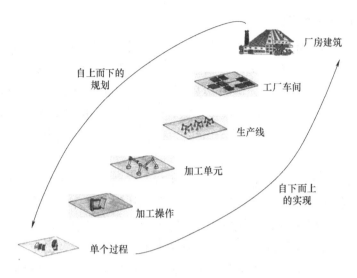

图 5-2　工厂布局规划流程图

在工厂布局规划中，涉及的不同专业的人员有：产品工程师、物流仿真工程师、工装夹具设计工程师、工业工程师、人机工程仿真工程师、厂房规划工程师等。各个专业的人员在进行自己相关部分布局规划的时候，需要整体布局的信息，例如车间面积、车间形状、空间限制等；另一方面，车间内部基础设施的规划需要其他专业规划的结果。因为在实际规划过程中，基础设施是为各个专业的设备和工艺配套的。例如，焊接生产线需要的电力、保护气体等，就需要土建规划人员把相应的管道铺设到该工位上。

多年以来，在工厂布局规划方面，国内的绝大多数制造企业都只是在各自规划领域中进行，至今还处于一个很低的技术水平上，只有基本的二维图纸和 Excel 报表，所有的项目数据多数还停留在 AutoCAD 图纸状态。目前，文本性的工作占据了大量时间，很难有时间去考虑制造工艺本身的问题。

传统的工厂布局方法通常将设施及设备布局和物流路径布局分割开来，作为两个单独的问题进行求解，即先进行设施及设备布局，再进行物流路径布局。这种方法的缺点在于：当设备布局完成后，很难在此基础上进一步导出合理的物流路径；或者在导出合理的物流路径之后却发现原先的设备布局并不如预期的好，存在很多问题。因此，需要利用数字化工厂的方法来进行多专业模型和数据的集成。

5.1.2 车间布局

1. 车间布局分类

通常车间布局是在产品的工艺设计和设备选型之后进行的,通过工艺选择和生产能力规划产生整个生产的工序和设备的具体规格,以及设备之间的物料传递关系,为布局设计提供原始数据。同时两者也是相互影响的,布局决策包括各部门内的生产单位和设备布置,这种布置影响到系统工作的流畅性,并影响到生产能力、成本和生产柔性。布置决策受产品和服务设计决策的影响。

制造系统布局问题不同于一般的几何布局问题。几何布局只考虑空间利用率的问题,各布局实体之间没有必然的联系,其约束条件也仅为单纯的几何约束。而制造系统布局不仅要考虑空间利用率的问题,更重要的是要考虑系统中的物流问题;它不但要满足单纯的几何约束条件,而且还要满足其他一些定性定量方面的条件。此外,布局实体之间还存在着物流关系、功能关系以及某些特定的约束关系等(如精加工设备不能紧挨振动和冲击力大的设备)。因此,制造系统布局问题比单纯的几何布局问题要复杂得多。

制造系统布局设计是工业工程研究和实践的一个重要领域。长期以来,制造系统的布局设计一直被当作制造工业中最关键和最困难的设计任务之一。它是将加工设备、物料搬运设备、工作单元和通道走廊等制造资源合理地放置在一个有限的生产空间内的过程。布局结果必须满足定性和定量两方面的要求。在定量方面,布局设计主要考虑生产规划周期内设备之间或单元之间的材料流、工件流和人流的运输费用的最小化。而在定性方面则主要考虑设备之间或单元之间的相互关系,如布局的美观性、操作的舒适性和生产的安全性等。定性和定量这两方面的要求常常会发生冲突,例如若将喷漆单元紧挨着带点焊的装配单元布置,则由于装配好的部件可以直接送到喷漆单元进行喷漆处理,因此物流成本(定量要求)是最小的,但此时安全性问题(定性要求)却得不到保证。制造系统布局设计就是要在多个目标之间进行最佳的平衡或折衷。

可适应和可重构的过程和系统是未来企业迎接挑战的一项最为关键的技术。在制造系统的布局中,应当考虑制造系统的可重构性。一般把系统在某个时间的物理形态定义为构形,系统从一种构形向另一种构形的变迁称为重构。制造系统的可重构性表现在以下几个方面:

1)生产能力可调,以适应市场需求的波动变化。

2）加工范围可调，能适应新产品的加工。

3）制造系统能不断升级，在制造过程中能不断融入新型的先进制造技术。

制造系统的布局包括制造单元布局和物流路径布局。传统车间常见的布局类型大致可分为下列几种：

1）按工艺流程布置：根据某种产品的加工顺序来排列各种制造设备，典型的有加工流水线布局。流水线布局旨在使大量产品快速地通过制造系统。在标准化较高的产品加工中，如电子工业、汽车工业等，使用这一布置方式。它们使用重复性的加工方式，工作被分解为一系列标准化的作业，由专门的人力和机器完成。系统仅涉及一种或少数几种相似的加工对象，由于加工对象按照同样的加工顺序，所以可以使用固定路线的物料运输设备，从而使加工过程形成一种流动的工作方式。在制造业中，这种工作方式称为生产线或装配线。生产线上的工作单元紧密地连接在一起，这种布置方式使得人力和机器得到充分的利用，降低了设备费用，同时由于加工对象的移动很快，使得在制品数量极少。生产线的常用布置方式除了直线形的布置方式外，还有 U 形、S 形等，便于工人操作和减少物料运输量。

2）按机床类型布置：将设备按功能进行分类，同一类型的设备集中布置，即机群式布局。机群式布局将所有相同类型的资源放置于相同的位置上（见图 5-3a）。机群式布局根据资源的功能特征对其进行分组，这不仅考虑了规模经济性，同时也符合分配的简单性。普遍认为，当产品品种多而生产批量又小时，机群式布局将能提供最大的制造柔性。但是，众所周知，机群式布局下的作业计划调度透明度不好、物流处理复杂、制造系统的性能不佳。

3）按成组生产布置：根据成组技术的思想，将设备按照一定的零件族的工艺要求布置，即单元布局。单元布局将车间划分为多个制造单元，每个单元供加工工艺相似的零件族使用，这样的布局形式称之为单元布局（见图 5-3b）。虽然单元布局在简化工作流和改善物流方面非常奏效，但一般而言，制造单元是专门为一组特定的零件族而设计的，因此其柔性差。同时在设计单元化布局时，存在一个前提假设，即产品需求已知且稳定，同时其生命周期足够长。实际上，一旦单元形成，通常就专用于那些在该单元内基本能完成加工的零件族。当零件分组清晰，且需求量稳定时，这种组织就足够了，但一旦产品的需求发生波动，在这种情况下，单元布局的性能优势就无法显示，甚至在某些性能指标上会低于其他布局。这些局限性呼唤新的单元布局结构的出现，如机床共享的单元，以及分形单元等。尽管这些新型的单元在性能上有所改进，但它们仍受其单元布局结构的约束。

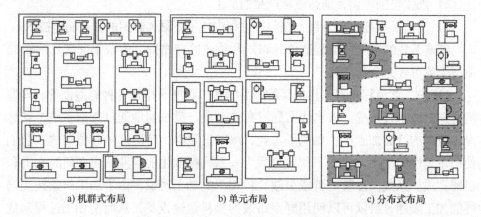

a) 机群式布局　　　　　　　b) 单元布局　　　　　　　c) 分布式布局

图5-3　机群式布局、单元布局与分布式布局的比较

现有的布局设计方法，大部分还是基于确定式模式，即其设计参数，如零件混合比、产品需求量和产品的工艺路线等都假设为已知且在较长的一段时间范围内（2~5年）保持不变。一般布局设计所使用的方法有：

1）使用工序卡为输入数据：工序卡综合了整个工厂所生产的产品情况，包括产品工艺路线和生产数量。它能使车间设计人员对整个工厂的生产情况有总的了解，但是工序卡仅仅是一个简单的图表，它不能反映出车间对机床能力以及机床重复配置的需求，这样使设计人员局限于设计单一类型的布局。

2）使用零件主样件来设计布局：这种方法经常使用于单元布局的设计中。一般是通过ABC分析来选择零件的主样件，根据主样件的工艺路线进行单元布局设计。但是，单个样件很难精确地反映出整个车间总的生产情况，尤其是产品品种多，或者零件混合比变化的车间更是如此。也有采用基于批量的取样标准，使总的物流运输距离最小，实现物流费用最小，但它忽略了一些动态因素，如产品订购的频率、订单大小的变化等。

在布局设计时所用到的评价指标通常是物流效率（即总的物流运输距离），这是一个静态指标，不能反映出在动态环境下对布局柔性和可重构性的需求。同时，评价指标也忽略了运作参数对单元动态性能的影响，如零件在每个制造单元中的准备时间、批量等参数。

2. 车间布局的设计方法

目前，布局问题的求解算法有以下几种：数学规划法、图论方法、基于专家系统的求解算法、基于约束满足求解的布局设计方法、数值优化法、基于启发式的构造法、模拟退火法、遗传算法等。下面介绍图论方法和数学规划法。

（1）图论方法

图论方法是设备布局设计中的一个重要的方法。其设计过程的基本框架如图 5-4 所示。

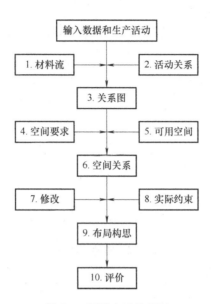

图 5-4　图论方法的框架

首先是基于输入数据和对生产活动的作用及其关系的理解，进行材料流分析（来—去图）和活动关系分析（活动关系图），形成一个关系图。另一方面，根据每个生产活动所需要的面积，决定每个活动的面积，用实际的面积来代替关系图中的节点，形成空间关系图。然后再根据实际可用的面积做出几种布局方案，进行评价、择优。这种方法的优点是简单可行，但缺点是无法获得最优解。

这里，以 n 个不同的零件在 m 台不同的设备上加工、设备呈直线布局为例，介绍图论方法在车间布局中的应用。

车间布局的目标：零件总的移动量最少，即

$$\min \sum_{i=1}^{m} \sum_{j=1}^{m} a_{ij} X_{ij};$$

st：$X_{ij} \geqslant 0$；$i = 1, 2, \cdots, m$；$j = 1, 2, \cdots, m$

式中，a_{ij} 为任意两台设备间零件的移动次数；X_{ij} 为两台设备间的移动距离。

用"从至表"法，首先做出综合工艺路线图，见表 5-1，并根据零件的综合工艺路线图编制零件从至表，见表 5-2。需要说明的是，这里假设设备是线性布置，每两个设备之间的距离是相等的，假设为 1 个单位。这样，从第 1 个到最后一个设备，距离就是8。

表5-1 综合工艺路线

零件号 / 设备	1	2	3	4	5	6	7	8	9	10	11	12	13	14	合计
毛坯	①	①	①	①	①	①	①	①	①	①	①	①	①	①	14
铣床	②			④	⑥		③			②			③		6
车床	③	②	②	③	③⑤⑧			②	②		②		②		11
钻床	④	③	③		④			③		③					6
镗床					②										1
磨床					⑦⑨		⑤								3
压床	⑤										④	②		②	4
锯床		④		②			②④								4
检验台	⑥	⑤	④	⑤	⑩	②	⑥	③	③	④	⑤	③	④	③	14

表5-2 零件从至表

	毛坯	铣床	车床	钻床	镗床	磨床	压床	锯床	检验台	合计
毛坯		2	6		1		2	2	1	14
铣床			1	1		1		1	2	6
车床		3		5		1			2	11
钻床			1				2	1	2	6
镗床			1							1
磨床			1						2	3
压床									4	4
锯床		1	1			1			1	4
检验台										

I=1   I=2

在从至表对角线的两侧作平行于对角线、穿过各从至数的斜线，并按距离对角线的远近依次编号，它代表设备之间的距离单位数，总的零件移动距离见表5-3。

表5-3 零件的移动距离

前　　进	后　　退
$i \times j$	$i \times j$
$1 \times (2+1+5+1) = 9$	$1 \times (3+1) = 4$

（续）

前　　进	后　　退
$2 \times (6+1+4) = 22$	$2 \times (1+1) = 4$
$3 \times (1+2+2) = 15$	$3 \times 1 = 3$
$4 \times (1+1+1) = 12$	$4 \times 0 = 0$
$5 \times 2 = 10$	$5 \times 1 = 5$
$6 \times (2+1+2) = 30$	$6 \times 1 = 6$
$7 \times (2+2) = 28$	$7 \times 0 = 0$
$8 \times 1 = 8$	$8 \times 0 = 0$
小计 134	小计 22

总的零件移动距离 $L = \sum i \times j = 134 + 22 = 156$（单位）

斜线与对角线愈靠近，则移动距离愈短，应使从至表中从至数越大的设备排列在越靠近对角线的位置上。经过有限次的调整后，可得到较优的设备布置方案，见表5-4，零件移动总距离见表5-5。

表5-4　改进过的设备布局方案

	毛坯	车床	铣床	钻床	压床	检验台	锯床	镗床	磨床	合计
毛坯		6	2		2	1	2	1		14
车床			3	5		2			1	11
铣床		1		1		2	1		1	6
钻床		1			2	2	1			6
压床						4				4
检验台										
锯床		1	1			1			1	4
镗床		1								1
磨床		1				2				3

表5-5　在改进过的设备布局方案中的零件移动总距离

前　　进	后　　退
$i \times j$	$i \times j$
$1 \times (6+3+1+2+4) = 16$	$1 \times (1+1) = 2$
$2 \times (2+5+2+1) = 20$	$2 \times 1 = 2$
$3 \times (2+1) = 9$	$3 \times 2 = 6$
$4 \times (2+2+1) = 20$	$4 \times 1 = 4$

（续）

前　　进	后　　退
$5 \times 1 = 5$	$5 \times 1 = 5$
$6 \times (2+1) = 18$	$6 \times 1 = 6$
$7 \times (1+1) = 14$	$7 \times 1 = 7$
$8 \times 0 = 0$	$8 \times 0 = 0$
小计 102	小计 32

总的零件移动距离 $L_1 = \sum i \times j = 102 + 32 = 134$ （单位）

总的零件移动距离改进前后之差 $\Delta L = L - L_1 = 22$ （单位）

总距离相对减少程度 $\Delta L / L = 22 / 156 = 14.1\%$

（2）数学规划法

从 19 世纪 60 年代起，就发展了一些定量的数学模型来求解车间布局问题。车间布局的目标是满足总物流搬运耗费最小化。

$$\min \sum_{i=1}^{m} \sum_{j=1}^{m} a_{ij} X_{ij} ;$$

st：$X_{ij} \geqslant 0$；$i = 1, 2, \cdots, m$；$j = 1, 2, \cdots, m$

式中，m 为设备总数；a_{ij} 为物流强度，它是使用一个节拍时间内两个设备物料交换的重量来表示，物流具有方向性，由此所得的物流强度矩阵采用非对称阵的形式；X_{ij} 为两台设备间的距离。

用数学模型来描述车间布局问题，属于 NP 完全问题，不能得到最优结果，可采用分支定界法、模拟退火法、遗传算法等方法来进行近似最优解的计算。

3. 新型的布局模式

传统车间的布局，一旦确定以后，便基本不再变化。事实上，制造车间的布局可以根据生产任务的变化及制造技术的发展在一定范围内进行适当的调整，使得布局更能适应具体生产的要求。对车间布局的调整应基于车间一定阶段内相对稳定的生产任务，建立在生产设备的重构基础之上，并在技术上保证设备在调整后的生产能力。新型的车间布局主要形式如下：

1）分布式布局：将大的功能单元分解成小的子单元，并将他们分布在整个车间，在高度动态的环境中将是一个有用的策略，这就是分布式布局概念。重复配置单元，并分布于工厂车间的不同区域，将有助于从车间的不同区域对其进行访问，从而改善物流。这样的方式在生产需求频繁波动的环境中尤为适用，根据不同的需求，快速组建单元，而物理上又不需要对资源重新进行组织，同时也能使物流距离保持最小，这正是所期望的工厂布局。

2）模块化布局：将布局设计成基本布局模块（车间、单元和流水线等）的网络结构，根据需求选择使用相应的模块，这样的布局形式称之为模块化布局，如图 5-5 所示。模块化布局的一个前提假设是至少在短期内产品需求已知且稳定。当产品需求发生变化时，可以删除其中的一些不用的布局模块，同时按需要增加一些新的布局模块。模块化布局的设计思想是将不同工艺路线的工序子集所需要的机床进行分组并排列成经典的布局配置，实现运输距离（成本）最小。

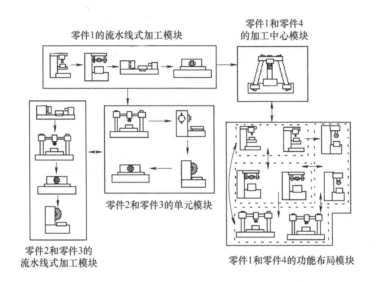

图 5-5　模块化车间布局

3）可重组布局：该布局是针对以上方法的缺点提出的，上述方法求解的一个前提就是假设生产数据，其中包括所生产的产品、工艺数据及设备资源的数量都已知。而在动态环境下，生产变化频繁，这样就要求布局设计者并不是预测下一周期的需求变化，而是其所设计的布局能够快速重构，且重构费用很小即能适应未来周期内的生产需求。未来材料以及机械加工工艺的发展都将促使这类布局的推广和实施。

4）敏捷布局：敏捷布局的设计目标与经典的设计目标不同，经典布局的设计目标通常是物流距离（成本）最小，该目标没有考虑布局对单元运行性能的影响，如交货期、在制品库存、机床前排队时间和生产率等。随着生产周期的缩短，就智能车间的性能而言，这些指标变得越来越重要了，降低生产周期、保持低库存水平是企业竞争的关键，因此，所采用的布局配置需要满足库存量低、生产周期短、生产率高的需求，而这正是工业界所追求的。敏捷布局以此为出发点，使用单元运行性能作为其设计指标。通过该方法，可以设计出任何类型的布局。该方法是基于仿真基础之上的，因此，在设计该类布局时，需要应用一些仿真优化策略，可借助于排队模型分析布局配置对制造系统关键性能指标所产生的影响，并根据分析结果开发出车间布局。

5.1.3 数字化工厂技术的应用

制造企业的工厂布局需要根据主导产品的功能、产量、加工工艺等特性选择加工设备、物流设备以及各种辅助设备，结合车间空间的结构特点对这些设备进行空间配置，并充分考虑设备之间、设备与车间建筑、设备与基础设施在空间位置上的协调性和控制的连续性，以确保整个系统的畅通和自动化，因此需要考虑的因素很多。如果采用传统工厂布局方法，利用简单的计算机辅助二维平面设计，或采用现场布置的方法，由于无法事先预估未知因素，缺少对各种设计方案的分析比较，将很难得到最优方案，而且一旦需要调整方案，其过程会非常烦琐。利用数字化工厂技术进行工厂布局设计的方法可以很好地解决传统设计中遇到的问题。数字化工厂技术采用面向对象技术建立制造环境中的基本资源类型库，并针对其中的对象建立相应的模型库，然后通过可视化的建模方式，在虚拟场景中组建出装配车间仿真模型，生产环境、机床、运输设备、仓库以及缓冲区等生产工位的合理位置的三维可视化仿真模型，规划人员和操作者通过漫游，对空间布局进行调整，对生产的动态过程进行模拟，统计相应的评价参数，确定布局优化方案。

数字化工厂中的工厂布局功能为新厂房的建立和厂房的调整与改善提供了预分析和规划的能力，同时也为生产线的仿真、规划以及数字化装配做好铺垫。因此，进行工厂布局是应用数字化工厂技术的第一步，起着至关重要的作用。在数字化工厂体系下，利用仿真平台建立数字化工厂布局模型包含三个层次的内容：实体模型的建立、作业区之间的宏观布局、各作业区内的微观布局。此布局模型反映了工厂的物理信息和逻辑信息：物理信息包括建筑模型、基础设施模型，在制品、加工设备、搬运工具、各工位的相互位置关系以及工人的几何模型等信息；逻辑信息包括工艺流程、生产班制以及生产组织信息等。数字化工厂仿真模型的建立为研究的进一步进行提供了依据。具体的实施过程如图5-6所示。

1) 利用建模工具对工厂布局中用到的实体（建筑物、设备等）进行三维建模。

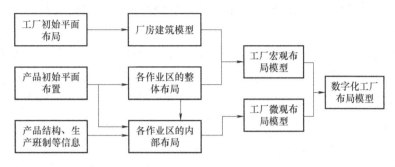

图 5-6　基于数字化工厂的工厂布局的实施步骤

2）根据工厂的平面布置图设定厂房内各作业区的位置、面积以及它们的相对位置约束，然后再根据各作业区的自身特点进行建模，建立作业区的宏观布局模型。作业区的宏观布局建模是基于各作业区相对和绝对位置、车间作业衔接、流水作业的实际情况，对其主要的物流、信息流、能量流进行仿真，其注重于工厂内物流堵塞的处理，确保生产过程协调一致。

3）结合工厂的建筑模型建立起工厂宏观布局模型后，就确定了各作业区的总体位置，而各工位内部的布置主要是按照工艺规程、工序内容等，针对各个工序的作业内容，主要是考虑操作的合理性和可行性，避免各种干涉，对人员、搬运工具和生产设备等进行微观层次的调整，从而来确定工位内部各设备间的距离、摆放位置等，进而确定了作业区的微观布局。

虚拟环境为布局规划人员提供一个三维的、直观的、交互式的设计环境，充分利用各专业规划人员的知识和经验进行协同交互式的详细布局设计，并通过实时碰撞检测机制和约束机制自动保证布局过程的有效性，将真实世界和虚拟世界精确地对应起来，直接呈现给用户布局结果。用户通过虚拟现实引擎，全景交互场景仿真系统像在真实世界中观察和操纵布局模型。

5.1.4　工厂布局规划的关键技术

1. 物流仿真

物流系统是一个多因素、多目标的复杂系统，运用系统仿真的方法对其进行分析研究，以此来确定物流系统中物料运输、存储等动态过程的各种统计信息，了解设备的处理能力是否能满足实际需要，运输设备的利用率是否合理，运输线路是否通畅，以及物流配送中心的地理位置选择是否恰当，物流配送中心的建设容量设计是否适当等问题。由于现代生产物流系统具有突出的离散性、随机性的特点，因此可以通过对现代物流系统的计算机辅助设计及仿真的研究，将凭经验的猜测从物流系统设计中去除，能使物流合理化进而提高企业生产效率。

物流仿真技术是借助计算机技术、网络技术和数学手段，采用虚拟现实的方法，对物流系统进行实际模仿的一项应用技术。它需要借助计算机仿真技术对现实物流系统进行系统建模与求解算法分析，通过仿真实验得到各种动态活动及其过程的瞬间仿效记录，进而研究物流系统的性能和输出效果。物流仿真是指评估对象系统（配送中心、仓库存储系统、拣货系统、运输系统等）的整体能力的一种评价方法。在系统仿真中，仿真的三项基本要素是：系统、模型和计算机。将三个要素联系起来的三项基本活动是系统建模、仿真建模和仿真试验。应用于物流仿真中，系统建模就是要根据物流仿真的目的、系统试验知识和试验资料来确定系统数学模型的框架、结构和参数。模型的繁简程度应与仿真目的相匹配，确保模型的有效性和仿真的经济性。其次将数学模型转变成仿真模型，建立仿真试验框架，之后利用仿真软件将仿真模型输入计算机，设定试验条件，根据仿真的目的在模型上进行试验。最后将试验结果进行分析、整理及文档化，根据分析的结果修正数学模型、仿真模型、仿真程序，以进行新的试验。

2. 三维模型轻量化

三维模型的轻量化是网络协同产品开发环境下数据交换、网络传输的关键技术之一。在数字化工厂系统中，以产品模型数据为基础的产品信息贯穿于各个环节。由于网络传输带宽的限制，复杂的模型数据给各种 CAX 系统工具之间的数据交换及网络传输带来沉重的负担，导致分布式网络环境下产品协同开发效率降低。此外，在计算机图形处理中，常用大量的三角形网格模型来描述复杂场景，如何加快绘制速度，在保持足够逼近精度的情况下尽量减少三角形网格的数目，已成为热点问题。随着产品复杂程度的增加，原始三维 CAD 数据模型越来越庞大。利用一些轻量化模型接口，可以实现产品数据模型轻量化。例如，西门子公司利用其市场优势，推行基于 JT 格式的轻量化技术解决大装配问题，不断扩大市场的影响力。其他可以减小模型大小的三维模型格式有达索公司的 CGR 格式，以及通用的 STEP 格式和 VRML 格式等。

3. 模型集成

模型集成是把不同来源、格式、特点性质的模型在逻辑上或物理上有机地集中。由于不同用户提供的数据可能来自不同的途径，其数据内容、数据格式和数据质量千差万别，有时甚至会遇到数据格式不能转换或数据转换格式后丢失信息等棘手问题，严重阻碍了数据在各部门和各软件系统中的流动与共享。

数字化工厂软件模块之间以及和其他软件模块之间的信息也需要通过一些软件来进行交换和集成。随着二维、三维 CAD 软件的应用和实施，电子化的产品相关数据的种类与数量将呈指数形式增长；产品数据不但包括设计数据，而且包括与产品相关的工艺、质量、生产等各种数据。将这些数据以一定的关系集成管理起来，并支持方便的信息共享。

4. 三维模型的干涉分析

干涉是计算机辅助设计里面需要避免的，一般贴合或保持间隙是实际所需要的。整个工厂的规划是由不同专业和背景的人协同完成的，就要考虑如何避免各专业的的规划结果产生干涉，最后得到可以指导实际施工的设计方案。工厂布局规划的不同专业划分，在大的范围内有相应的规定，但是在一些小范围内，就没有相应的规范了，比如车间内的管道规划，可能会有分工约定 6m 以上的管道属于厂房规划部门设计，6m 以下的属于工艺部门设计。这样同属于厂房部门的管道（如动力管道、通风管道等），就会有不同部门、不同专业人员设计完成。在设计中，需要不断地沟通，有可能方案随时可能更新，一个部门的方案改变后，其他部门也得做相应的改变，牵一发而动全身。对于汽车生产车间或者能源企业，涉及的管道种类很多，有很大一部分管道间有间隙要求，还有很多管道使用法兰连接，如果工位发生改变，厂房内的管道就得重新设计和建造。

根据这些问题，如果能进行有效的模型集成和干涉分析，就能解决不同专业规划设计方案不一致的问题。干涉分析可以进行静态或者动态分析。干涉分析时，首先选中需要分析的对象，设置规则，滤掉不需要分析的对象，设置碰撞类型和公差，再进行分析。厂房内部部分工位是运动的，也需要对运动的物体进行干涉分析。

CATIA 干涉分析是 CATIA 装配常用的有效分析工具之一。干涉分析主要用来计算零件与零件之间体积是否交叉以及交叉后干涉体积为多少的工具。干涉零件将两两之间计算，干涉部分将以红色醒目标记出来。另外，比如 Autodesk 公司的 Navisworks 软件，也能完成模型干涉分析工作。

5.1.5 工厂布局规划的实施

数字化工厂中的工厂布局规划和传统工厂布局规划一样，在设计初期，需要全面地分析工厂所在的地理地势状况，分析工厂的物流能力、生产能力。作为一种先进的工厂设计技术，数字化工厂技术采用并行设计方式，在确定设备几何参数的时候，既考虑设备性能也考虑设备装配关系约束、物料流向等各个方面的问题。因此，数字工厂设备模型必须具有参数修改、自动更新能力，以满足不同工厂、同一设备、不同规格的要求。完成工厂建筑、设备的建模后，根据工厂各个制约关系、物流关系，接着搭建完整的工厂模型。这种完整的工厂模型除了能够表达各个工厂组成部分的位置关系外，还能清晰地表达各个设备、建筑的细节。

整个数字化工厂的布局是在计算机的虚拟环境下完成的，可以在这个环境下进行信息的修改，以达到最佳的布置方案。而数字化工厂中工厂布局这一模块的数据库是可以进行修改的，在生产变化或者产品调整时，工厂布局就可以进行相应的改变。

数字化工厂中不仅仅要考虑到工艺过程生产线的规划布置，也要考虑到数字化工厂中的工厂布局，它是数字化工厂实现以后几个环节的基础，而数字化工厂中对工厂布局的规划不同于传统的工厂设计，不是凭着规划人员的经验，而是要考虑到整个工厂的运作情况，它更注重数字化设计。同时，考虑到工厂内部的物料搬运系统和整个工厂的物流情况，尽量使工厂的物流量最小。

数字化工厂的直接作用是根据产品的变化对生产系统的重组和运行进行仿真，使生产系统在投入运行前就了解系统的使用性能，分析其可靠性、经济性、质量等指标，为生产过程优化和网络制造提供支持。随着数字化生产、虚拟企业概念的提出，生产系统的布局设计与仿真变得日益重要，合理的系统布局不仅可以减少系统运行的成本和维护费用，提高设备利用率和系统生产效率，而且对系统的快速重组和提高企业的快速响应特性，均具有十分重要的意义。

数字化工厂中的工厂布局功能为新厂房的建立以及厂房的调整与改善提供了预分析和规划的工具，同时也为生产线的仿真和规划以及数字化装配做好铺垫。由此可见，进行工厂布局是应用数字化工厂技术的第一步，起着至关重要的作用。其实施的主要步骤和过程如图 5-7 所示。

1）采用建模工具对工厂布局中用到的实体（建筑物、设备等）进行三维建模，在虚拟环境中展示出单元内的设备布局情况。

2）将三维模型导入数字化仿真软件中，并利用其交互式的布局手段实现对布局物体的移动和定位。

3）实现对设备模型（二维和三维）的测量、查询、计算和干涉等功能。测量功能主要是测量设备模型和设备之间的尺寸；查询功能主要是查询设备的名称、空间坐标的位置、方向、面积以及外形尺寸信息。查询这些信息能够辅助布局人员快速、方便地完成布局设计。

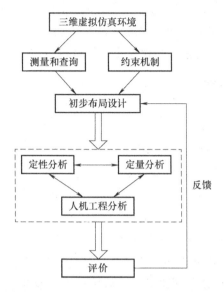

图 5-7　基于数字化工厂的工厂布局的实施步骤

4）建立虚拟环境下的布局约束机制。约束机制包括设备之间的最小距离、物体的移动属性（可动或者固定不动）、限制区域的禁止属性。当布局违反约束时，系统通过改变颜色的方式予以警告。

5）初步布局设计方案。结合车间的具体生产方式，结合工序之间的材料流分析（来—去图）和活动关系分析（活动关系图）选择构思车间布局的初步方案，或者基于某一常见的布局类型（以产品为中心的布局，以工艺过程为中心的布局、成组布局）进行改进和调整。

6）设备布局方案的评价与分析。主要从定量、定性和人机工程学的角度来对设备布局方案进行分析与评价。这三个因素之间既相互关联又相互影响，应从整体的角度对这三个因素综合考虑。

7）定性分析。主要考虑设备之间或单元之间的相互关系（布局的美观性、操作的舒适性和生产的安全性）。

8）定量分析。通过虚拟环境下的动画仿真功能，以模拟机床的运转，模拟物料沿某一给定路径移动或搬运的情况，从而观察它们是否会与周围的物体相碰撞。

9）人机工程分析。通过模拟人的操作过程，综合考虑工作场地的空间、设备运转、周围环境等因素使人员的工作更加舒适、安全和方便。

工厂布局规划需要在数字空间形成整个工厂的虚拟数字模型，也就是形成一个工厂 DMU（工厂数字模型）。工厂 DMU 包括了工厂规划所需要的三维模型以及相关的仿真分析模型，通过工厂 DMU 的不同分析，来完成工厂布局规划。同时，工厂 DMU 模型也在不断地改进和完善。工厂投入运行后，就可以利用工厂 DMU 来实现数字孪生，进一步优化工厂的运行。

5.1.6　工厂数字模型

1. 数字样机的概念

数字样机（Digital Mock-up，DMU）技术兴起于 20 世纪 90 年代。数字样机技术是以 CAx/DFx 技术为基础，以机械系统运动学、动力学和控制理论为核心，融合虚拟现实技术、仿真技术以及计算机图形技术，将原本分散的产品设计开发和分析过程集中到一起，使产品的设计者、制造者和使用者在产品设计研制的早期就可以直观形象地对数字化的虚拟产品原型进行设计优化、性能测试、制造仿真和使用仿真，为产品的研发提供了全新的数字化设计方法。

数字化样机技术的概念可定义为：从机械设计及制造的角度出发，借助于计算机技术对产品的各项参数进行设计、分析与仿真，从而达到替代或精简物理样机的目的。

数字化样机技术使设计者可以在没有制作新产品物理样机的情况下，利用数字模型对新产品的性能和制造过程进行仿真测试实验。通过它设计者能够及时地发现设计中的错误，提高工作效率和设计质量。这不仅为企业节省了大量的设计经费，也能够有效地缩短新产品的设计周期。

数字样机建立在三维几何模型基础上的可仿真数字模型，可以对产品进行功能、几何、物理性能等方面的分析。应用数字样机技术可以使产品设计者、制造者和使用者，在产品的设计阶段就能在计算机的数字化环境中直观地了解产品的几何特性，再利用仿真技术对产品的数字模型进行性能测试和制造仿真，发现问题从而达到优化产品的目的。

数字样机技术的出现和逐步成熟为提高设计质量、减少设计错误和提高设计工作效率等问题提供了强大有力的工具和手段，具有重大的意义。但如果简单地将数字样机理解成虚拟样机模型，很容易将数字样机与分析几何模型（简称分析模型）相混淆，这样的理解不利于充分利用数字样机的分析功能，是一种局限的定义。在制造业中用来代替物理样机进行产品性能分析和预测的数字样机，是分析模型、分析工具、分析过程和分析知识的集合，其中分析知识包括数字化分析过程中所涉及的边界条件、分析结果等。数字样机所包含的模型应该包含分析模型、边界条件模型、分析结果模型等多种。这是对数字样机的广义理解，有利于充分发挥数字样机性能分析的优势。

2. 工厂数字模型的概念

现代制造企业之间的激烈竞争，使得制造企业都在不断地寻找方法来缩短产品的设计生产周期。面对瞬息万变的市场，只有率先生产出符合要求的产品，厂商才能获得发展的机会。应用数字样机技术对产品进行设计和分析，可以大大地缩短产品开发周期、减少开发费用。为了赢得更多的时间，不仅应该从产品的设计和生产方面努力，工厂的设计和建造过程也同样应该得到重视。

借鉴产品 DMU 的概念和技术，将其引入到工厂的规划、设计、建造、运行维护等过程，由此提出工厂 DMU 的概念。将工厂作为研究对象，应用数字样机技术来规划和管理工厂的建设，可以为企业节省大量的时间和资源。

工厂数字模型（Factory Digital Mock-up，工厂 DMU），是整个工厂从规划、设计，到施工、运营和维护整个生命周期相关数字化文档的综合。它不但包括了工厂的三维几何模型，还包括了各类设计文档、施工文档和维护信息。

工程师在计算机上建立数字化工厂模型，并且对模型进行评估、修改和完善，同时对工厂内部进行优化安排，协调各部分可能存在的冲突，避免因为设计不合理带来的损失，使车间的内部流程设备和流程工艺有关数据、信息能够与工厂厂房实现最佳结合。所有的模型数据和工程文档都能完整地保持在统一的数据库中进行集中管理，便于不同部门不同专业共享信息。

3. 工厂 DMU 的主要内容

以汽车制造工厂为例，工厂 DMU 包括两大部分：三维几何模型和工厂相关文档（见图 5-8）。

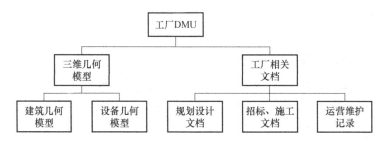

图 5-8　工厂 DMU 的主要内容

1）三维几何模型：建筑设计阶段制作完成的建筑模型、工厂布局规划阶段所完成的设备布局模型，包含了厂房及厂房内所有设备的模型。对工厂的设计有修改时必须及时地修改和更新模型，以便模型能够真实地反应工厂现场的真实情况。

建筑部分又包含：屋顶、墙面、地面、基础、柱子、桩基、采光、轴网架结构、消防设施、给排水设施、空调通风设施及电气、照明、安全系统等。

设备模型包括生产所需的机械、电气和监控设备，以及配套的管线、输送链等设施。

2）工厂相关文档：工厂规划设计中产生的设计文档、招标文件、与施工单位签订的合同文件、施工过程中产生的施工文档、再到整个厂房运营过程中的维护记录。

招标文件是建设单位（发包方）在进行招标前编制的文件，目的是向投标单位介绍招标工程的情况、招标要求、合同条款、招标程序和规则等，它是承发包双方建立合同协议的基础。其主要内容有：投标须知、工程综合说明、工程设计和技术说明、工程质量要求、工程验收方式、工程量清单和单价表、材料供应方式、工程价款支付方式、施工单位资质、业绩及合同主要条款等。

施工合同即建筑安装工程承包合同，是建设单位（发包方）和施工单位（承包方）为完成商定的建筑安装工程，明确相互权利、义务关系的合同。施工合同的内容包括：工程范围、建设工期、工程开工竣工时间、工程质量、工程造价、技术资料交付时间、材料和设备供应责任、计量结算、竣工验收、质量保修范围和质量保质期、双方协作等条款。

施工文档主要包括：开工报告、图纸会审、施工组织设计、技术交底、施工计划进度表、材料进场报检单、隐蔽工程记录、施工现场协调会议纪要、监理通知（回复）单、分项工程报检表、变更通知书、变更图纸、施工联系单、备忘录、施工日志、材料说明书、测试报告、接线图、分布图、系统图、施工图纸、验收申请报告、验收证书等。

运营维护记录包括工厂运营过程中所记载的厂房维修施工记录。

4. 工厂 DMU 的相关技术

与产品 DMU 类似，根据前文所述工厂 DMU 的主要内容和概念，除基础的建模技术之外，工厂 DMU 还需要融合其他相关技术（见图 5-9）。

1）几何建模技术：用于在计算机中建立工厂建筑及内部设备设施的三维几何模型。三维几何模型是工厂 DMU 最主要的两项内容之一。

2）模型干涉分析技术：集成不同专业的模型，分析不同专业之间的干涉碰撞，使工程师在设计阶段就能够发现并解决绝大部分干涉问题。遇到重大的吊装作业，还能够动态地检测整个过程中是否存在碰撞，保证吊装工作的安全。

3）仿真技术：根据相关的物理及化学原理，模拟工厂中发生火灾、地震等突发灾难事件时，人员疏散和灾难发展情况，最大程度地保障员工的安全。

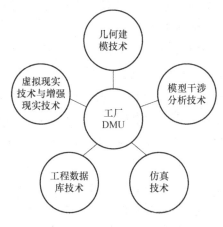

图 5-9　工厂 DMU 相关技术

4）虚拟现实技术与增强现实技术：用于展示模型，使不同专业的设计相关人员能够跨越自身专业知识的局限，充分理解设计内容。

5）工程数据库技术：工厂 DMU 涉及了大量的工厂相关文档和模型文件，必须建立统一的数据库来完成这些数据的管理，保证所有信息能够被及时地共享，并且采取适当的保密措施保证信息的安全。

5. 工厂 DMU 的应用效果

工厂 DMU 的构建是在工厂规划设计阶段，但是，工厂 DMU 的应用可以贯穿整个工厂的全生命周期，包括：建筑设计、工厂布局规划、工程建设和运行维护阶段。在各个阶段应用了工厂 DMU 后的效果如下。

（1）在工厂建筑设计中的应用效果

1）模型直观：在建筑设计中使用工厂 DMU 技术，由于三维模型非常直观，不同专业的工程师在完成设计建模工作后，能够通过对工厂建筑结构模型的各个部分进行简单直观地观察和测量，检查厂房的建筑结构是否达到设计标准，是否存在疏漏。为了更加真实地体会模型内容还能够使用虚拟现实技术或增强现实技术，加强使用者对模型的理解。

2）协同工作：工厂 DMU 使得不同专业的设计人员能够共享工程设计数据，有效地进行协同工作。将厂房建筑、结构、基础、设备等不同部分的模型集成在一起，检查各部分之间的干涉冲突，通过观察干涉冲突部位的三维图形，不同专业的工程师能够很好地协调解决干涉问题。除了建筑专业的工程师外，设备布局专业的工程师也能够通过观看模型，及时了解厂房建筑的设计情况，从设备布局的角度提出修改意见。由于能够在工程开工前及时地发现并解决绝大部分干涉问题，工程人员利用工厂 DMU 技术进行有效的协同工作能够缩短设计和建设周期，避免浪费，节省工程费用。

3）模型测试：厂房内的基础设施设备，例如给排水管道、电力设备、通风设施等，能否达到使用标准、满足工厂运转的需要。除了通过工程师人工检查模型设计的合理性之外，还能够通过软件进行模拟测试，检验各个设备设计的合理性。

对于厂房应对灾害的各项性能指标，如防火性能、抗震性能，除了根据国家规定和工程师的经验进行设计外，也可以利用各种专业仿真软件计算机来模拟工厂中发生各种灾害的情形，预测厂房的受损情况，从而检查设计是否存在缺陷。比如模拟火灾发生时火势的蔓延、烟雾的扩散情况。除了检查灾难对建筑本身的伤害以外，计算机还能够模拟人员逃生疏散过程，确保逃生通道设计的合理性，最大限度地减少灾难发生时的生命财产损失。目前世界各地已经有非常多的研究机构或公司正在研究开发此类模拟仿真软件。美国国家标准所（NIST）建筑火灾实验室开发的 FDS 软件就是一款能够模拟火灾中流体运动的流体动力学软件，重点计算火灾中的烟气和热传递过程。由于 FDS 是开放源码的，使用者也可以在它的基础上根据自己的需求开发出扩展功能，FDS-EVAC 就是芬兰的 VTT 技术研究中心在 FDS 的基础上研发的逃生模拟软件，可以同步模拟火灾发展和火场中人员的疏散情况。

经过反复修改完成的工厂建筑模型，既可以输出二维图纸便于现场施工时使用，又能够生成所需建筑材料的详细列表清单便于项目在财务以及物料供应方面的管理。由计算机自动完成的工程预算统计报表不仅精确程度高，降低了人为出错的概率，而且极大地节省了人力和时间成本。

（2）在工厂布局规划中的作用效果

工厂布局规划工作需要考虑诸多因素，许多设备性能精密价值不菲，通常还涉及各种复杂的配套管线，因此设备布局一旦确定，一般就不会允许发生大的改动。如果工厂开始运转之后才发现布局不合理，不论是重新安装移动设备还是沿用不合理的布局，都将对企业造成不必要的损失。

1）模型直观：使用工厂 DMU 技术，建立工厂建筑和工艺设备的三维模型，能够为设计者呈现直观而真实的工厂布局结果，方便设计师从感性直观的角度充分了解布局规划的结果。

2）过程仿真：以工厂 DMU 中原始的三维模型文件为基础，使用专业的数字化工厂软件对模型进行分析，能够完成生产过程的仿真，包括加工过程、物流过程、工人操作等各个方面，全面地对设计师的规划结果进行评估，及时发现设计缺陷。

3）协同工作：如同前文建筑设计阶段提到的协同工作，使用工厂 DMU 技术也能在布局规划中起到相同的作用，将数字模型与其他专业的工程师及时共享，能够方便其他配套基础设施的工程师及时了解工艺设备需要配备的管线设施，设计方案需要修改时各专业也能够及时地做出更新方案。

工厂 DMU 的形成过程如图 5-10 所示。

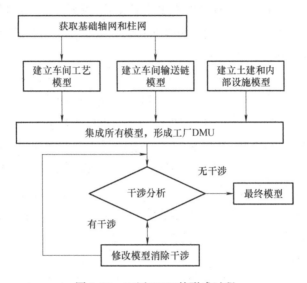

图 5-10　工厂 DMU 的形成过程

（3）工程建设阶段的工厂 DMU 的应用

完成了工厂的设计规划工作，通过各个相关部门的审批后，工厂就进入了工程建设的实施阶段。利用工厂数字模型，工程师在设计阶段就解决了绝大部分的干涉碰撞问题，所以大量地减少了现场设计变更工作。

1）施工进度安排：以工厂的数字模型为基础，利用相关软件能够导入项目进度组织计划软件制定的节点图或横道图对施工进度 4D（3D 模型加上时间维，成为 4D 模型）仿真模拟，Bentley 和 Autodesk 等公司都已经开发了此类软件。利用施工进度模拟能够查看到工程进行的任何时间点实际的建筑建设完成到怎样的程度，能够帮助检验施工组织进度的合理性。工程师通过查看各阶段的工程完成程度，反查进度计划中疏漏的施工任务。

2）吊装施工模拟：一些厂房建筑可能需要进行重大的吊装工序，以工厂数字模型为基础，利用专业的模拟软件能够在计算机中精确地模拟吊装工作的过程。精确地模拟吊装工作中的各种状态，如静止、等待、移动等，动态检测吊装过程中可能发生的碰撞，以确定最安全的吊装施工方案。

3）记录文档保存：工厂 DMU 不仅包含最基本的工厂数字模型，还包含所有相关的工程设计、施工文档。在工程建设过程中，完整地保存相关的工程档案十分重要。工程档案包括设计图纸、科技档案、文书档案、声像档案等。完整的工程档案能够真实准确地反映工程建设活动和工程建设过程中的实际情况。如果工程完成后出现问题，可以通过调取项目档案，找出问题所在，确定所出现的问题应由参与项目的哪方承担责任。工程档案真实地记录了工程技术人员在项目建设过程中的实施过程和解决问题的方法，也是积累宝贵的工程技术和工程经验的手段。

（4）运行维护阶段工厂 DMU 的应用

完成所有前期准备工作后，工厂就将投入生产，进入运行维护阶段。

1）检修维护：在运行过程中，厂房可能因为环境和使用等方面的原因出现一定的损坏，需要定期进行检修和维护。工厂 DMU 的数据就能够辅助工程师制定合理的检修维护方案，计算维护成本。随着制造技术的飞速发展，厂房内也可能需要引入新型设备并为其设计配套设施，工程师就需要调取原有的工厂DMU 数据，在原有工厂数据的基础上，设计新设备的安装方案。模拟新设备运输和安装的过程，检查动态碰撞确保足够的运送空间，防止在此过程中新设备与其他设备发生碰撞而造成不必要的损失。

2）文档保存：由于工厂 DMU 全部采用电子档案形式，所以与传统的纸质档案相比，工程师在检索提取档案时也能节省大量的时间，提高工作效率，并且能够避免纸张老化或破损而导致的信息丢失。

5.2　生产线规划与装配规划

5.2.1　PERT 图与数字化工厂

制造企业的生产计划包括要达到什么目的和采取什么行动、什么时候开始和什么时候结束、先做什么和后做什么等。这里面很重要的一部分工作是将整个任务（行动）分解成基本的活动（工序），确定它们的先后关系，并且按时间来安排起止日期。由于各项活动之间存在着相互联系、相互制约的关系，所以组织安排的恰当与否，关系到任务完成的时间和耗费的劳动与资源多少问题。可以把产品的制造过程看成是一个项目，产品的制造是由许多工序组成的，如粗加工、清洗、检查、精加工、热处理、安装等。这些工作是零件制造的技术性工作，同时也是一个组织工作。特别是一些复杂的制造活动，生产活动错综复杂、工序繁多，参加的单位和人员也是成百上千，如何最合理地组织好生产，使生产中各个环节互相密切配合，协调一致，使任务完成得既好又快且省，这就不是单凭经验或稍加分析所能解决的。在这种情况下进行生产，必须要有科学的组织和严密的计划，按照生产规律办事，对生产上出现的不平衡情况，要及时通过信息进行周密预测、调整和处理，才能保证生产的连续进行和充分有效地利用现有的人力、物力、财力，以取得良好的经济效果。

第 2 章对生产制造中的基础对象进行了分析，制造过程就是产品、资源和操作过程之间的关系和时间顺序组成的工作流程（见图 2-4），如产品制造的某一工序需要什么加工设备、工装夹具和加工工艺。如何将这些一个个的基本工序在计算机中表示，让计算机自动进行规划，这就需要运用网络分析技术来进行统筹安排、合理规划。传统的项目管理计划采用甘特图（Gantt Chart）来表示，但因为甘特图不反映各项工作之间的逻辑关系，因而难以确定某项工作推迟对完成工期的影响；当实际进度与计划有偏差时也难以调整。另外，甘特图虽然直观清晰，但只是计算的结果，而一项工作什么时候开始，什么时候结束，却是需要通过计算来实现。网络计划技术可以有效地解决这些问题。目前应用比较广泛的两种计划方法是关键路径法（Critical Path Method，CPM）和计划评审技术（Program Evaluation and Review Technique，PERT）。它们都是通过网络图和相应的计算来反映整个项目的全貌，所以又称为网络计划技术。

PERT 图是一个项目管理工具，用于规划、组织和调整项目内的任务。PERT 是基于性能评审技术，一种美国海军于 1950 年发展起来的管理潜艇导弹计划的方法。一个 PERT 图显示了一个项目的图形解释，这种图是网络化的，由号码标记的节点组成，节点由带标签的带方向箭头的线段连接，展现项目中的事件或转折点，以及展现项目中的任务。带方向箭头的线段表示任务的先后顺序。PERT 是制定和管理大规模计划的方法，它能够形象地把整个工程计划用一张网络图形表示出来，能清楚地反映整个计划中各活动间的制约关系，能使项目主管清楚地知道哪些是项目实施过程中的关键工作，哪些是非关键工作，从而综观全局、抓住关键、合理地调配资源，使各部门围绕主要矛盾线紧密配合，克服忙乱、窝工现象，从而在保证项目进度的前提下，以最低的代价完成项目计划。归纳起来，它具有以下一些特点：

1）编制 PERT 图的过程是深入调查研究的过程，有利于克服过去编制计划凭经验、不精确的缺点。

2）PERT 能够反映出各工序之间的相互依赖、相互制约的关系。在计划执行中，某一工作完成时间因某种原因提前或推迟时，可以预见它对整个任务完成工期的影响，因此 PERT 比较适合应用于制造系统的规划。

3）从 PERT 图中可以了解到哪些工序是关键的，必须确保按期完成；哪些工序是非关键的，还有潜力可挖。

4）能够从许多可行方案中，选择最优方案。

5）按照 PERT 图的指示，在工程或任务执行中，能根据环境变化情况迅速调整，保证自始至终对整体计划进行有效的控制和监督。

6）可以利用计算机进行计算。

PERT 网络中所有工作的进度安排都是由工作的延续时间来推算的，因此，对延续时间的估计要做到客观正确。这就要求在对工作做出时间估计时，不应受到工作重要性及工程完成期限的影响，要把工作置于独立的正常状态下进行估计，要统盘考虑，不可顾此失彼。估计工作时间的方法主要有：

1）专家判断：专家判断主要依赖于历史的经验和信息，当然其时间估计的结果也具有一定的不确定性和风险。

2）类比估计：类比估计意味着以先前的类似的实际项目的工作时间来推测估计当前项目各工作的实际时间。当项目的一些详细信息获得有限的情况下，这是一种最为常用的方法，类比估计可以说是专家判断的一种形式。

3）单一时间估计法：估计一个最可能工作实现时间，对应于 CPM 网络。

4）三个时间估计法：估计工作执行的三个时间，乐观时间 a、悲观时间 b、正常时间 c，对应于 PERT 网络：期望时间 $t = (a + 4c + b)/6$。

5）工作最早开始时间：工作最早开始时间是指到某个节点前的工作全部完成所需要的时间，它是本项工作刚刚能够开始的时间。

6）工作最迟开始时间：工作最迟开始时间是指某项工作为保证其后续工作按时开始，它最迟必须开始的时间。

7）时差的计算：时差是指在不影响整个任务完工期的条件下，某项工作从最早开始时间到最迟开始时间，中间可以推迟的最大延迟时间。

其中的关键路径有两种定义：1）在一条路径中，每个工作的时间之和等于工程工期，这条路径就是关键路径；2）若在一条路径中，每个工作的时差都是零，这条路径就是关键路径。图 5-11 所示为某项目的 PERT 图，图中粗箭头所表示的路径为项目的关键路径，这个项目的花费时间为 90 天。

在数字化工厂中，采用改进的 PERT 图来表示操作之间的关系，如并行关系、串行关系以及相互间的约束关系等，而操作又是资源、产品以及制造工艺之间的关联，它具有时间属性，如图 5-12 所示，通过 PERT 图，可以对整个制造过程进行分析和验证，如给出关键路径、制造时间以及费用等用户关心的问题。

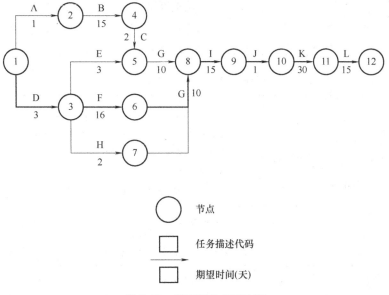

图 5-11 某项目的 PERT 图

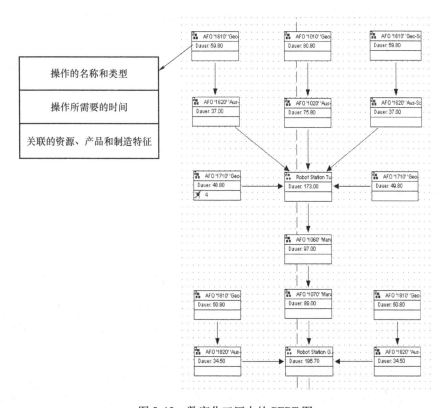

图 5-12 数字化工厂中的 PERT 图

每个节点代表一个操作，操作可以是简单操作，如使用扳手拧螺纹；也可以是一个复合操作，它是由若干个简单操作组成的，如汽车总装生产线中仪表盘装配操作。在制造过程的描述中，可以采用表5-6中的元素。

表5-6 PERT图中的描述元素

图形	名称	说 明
Weld Robot 1 Duration: 11.00	操作盒	这是节点的表示方法，含有与操作相关的信息，包括三层： 第一层：操作的名称和类型 第二层：操作所需要的时间 第三层：分配给该操作的资源以及产品和制造特征
⊩	源	从源头发送零件（如：料架、零件仓库），这不属于操作
⊨	宿	发送零件至源头（如：料架、零件仓库），这不属于操作
▶	接口	复合操作的接口
	流	定义操作、源、宿和接口之间的依赖关系和顺序关系的矢量。流反映了由操作消耗/生成零件

5.2.2 生产线规划设计

生产线是在产品专业化基础上发展起来的一种生产组织形式，也就是按产品（加工对象）布置组织封闭工段（或车间）。生产线广泛应用于大批量生产的制造业企业，例如汽车工业、电子工业等。生产线系统的基本组成一般包括以下几个部分：

1）工作单元：设备及装卸站。

2）成品库、毛坯库、料架等。

3）缓冲站：缓冲站用于工件（或废品件）的临时储存等待。设置缓冲站可以提高物料运送系统的利用率，减少设备的冲突，提高整个系统的效率。

4）传输系统：在各机床之间、装卸站、缓冲站之间运送零件。零件传送主要有两个部分：零件从系统外进入系统和零件在系统内运送。

5）计算机控制系统：使系统中的各个部分协调工作。控制系统用于控制各个部分或整体的正常、协调、高效的运行。各机床、物料传输系统、装卸站的大量信息通过通信网络传输给主控计算机。

生产线系统规划主要确定生产系统的规模、构成和布局，对构成生产系统的机床设备进行合理的选择和优化配置可以减少投资费用，降低维护费用和运行成本，提高机床的利用率，对生产系统的长期高效运作具有十分重要的意义。生产系统规划阶段的各设计任务之间是紧密关联的。设备需求与配置方面、机床设备选择与布局设计密切相关。生产系统控制系统的设计既要考虑机床设备的局部控制功能，同时也要考虑机床布局和物流系统的运输畅通。整个生产线的设计流程如下。

生产线的规划设计一般可以分为以下 4 个步骤，即初步设计、详细设计、建模仿真和优化评价，如图 5-13 所示。

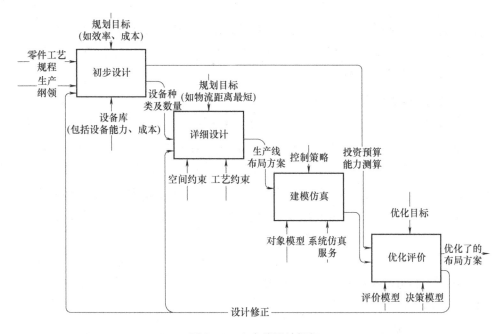

图 5-13　生产线设计框架

1）初步设计：根据零件工艺规程以及生产纲领初步估算出整个生产线中所需要的设备及其数量，成本和效率可能是初步设计的目标。

2）详细设计：基于初步设计给出的结果（设备种类和数量），根据工厂空间、工艺约束条件以及设备的大小，合理确定机床、运输设备缓冲区和仓库等生产工位的位置，并初步给出不同的生产线布局方案。

3）建模仿真：根据生产线布局方案图，建立生产线上各实体的对象模型，包括机床、缓冲站、仓库、工人、物料运输设备（小车、行车）、托板等，确定它们之间的关系，定义控制规则，如零件进入系统的节拍、设备服务的优先级、机床零件的加工节拍（对于不同零件的加工工序，机床所需要的加工时间是不同的）、小车的运动策略等，设置仿真时钟，运行所建立的模型。系统仿真可以真实地反映出系统运行的状况，容易查找到瓶颈工序，确定机床、小车、缓冲区以及仓库的负荷率，并能确定整条生产线的生产能力。

4）优化评价：前面各个阶段为优化评价提供了足够的数据，这些数据包括加工成本、设备利用率、工件的平均通过时间、工人的工作效率等，选择合适的评价模型（如模糊层次评价方法）对各个方案进行综合比较，选择最佳方案。

5.2.3 生产线规划的建模仿真

计算机仿真技术已经广泛应用于生产线设计、运作以及重组的各个领域。这里，就计算机仿真技术在生产线的规划设计作展开，生产线规划设计仿真系统的功能已在第2章进行了讨论。

1. 面向对象的生产线建模

面向对象方法的正式提出是在20世纪80年代中后期，这种方法把客观世界看成是各种独立对象的集合，每个对象将数据和操作封装在一起，并提供有限的外部接口，其内部的实现细节、数据结构以及对它们的操作则是外部不可见的。对象之间通过消息相互通信，当一个对象为完成其功能需要请求另一个对象的服务时，前者就向后者发出一条消息，后者在接收到这条消息后，识别该对象消息并按照自身状态予以响应。

根据面向对象建模设计方法，以类为设计单位，对生产线的制造环境进行分析，可以从中抽象出以下3种基本资源类：实体类、信息类、控制类。如图5-14所示。

（1）生产线类

该类描述了生产线的基本属性和方法，如生产线的名称、标识、状态以及与之相关的方法，如设备选择与排序算法、单元构建算法以及评估算法等。生产线类与生产线中的其他3个基本资源类（实体对象类、信息对象类和控制类）之间属于聚合关系。

（2）实体类

该类描述了生产线中所涉及的各种实体对象，如产品、设备、刀具等，它们在实际的生产线中拥有有形的外观，因此，有关外观轮廓尺寸的属性和方法将被抽象出来，封装在实体类中，以便在派生过程中可以将这些属性和方法直接派生给它的子类。

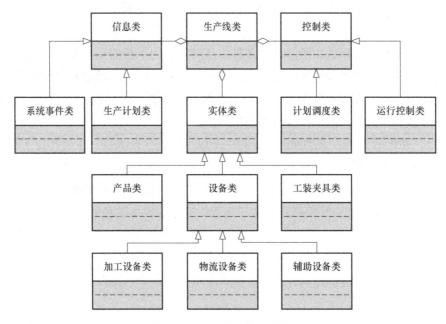

图 5-14　生产线中的对象分类

1）产品类：该类描述了生产线上的各种待加工工件对象，其属性分为静态属性和动态属性。静态属性是指在产品的整个加工过程中保持不变的属性，如产品的加工工艺信息；动态属性是指在产品的加工过程中会随着加工进程有所改变的属性，如产品被提取、放置、等待等状态。产品类提供的信息，可辅助系统混流加工方案的选择、设备的选取、布局的优化以及确定零件加工的批量和加工顺序。

2）设备类：该类描述了生产线中使用的各种设备对象，这些设备又可分为加工设备类、辅助设备类和物流设备类。通过对各类设备的功能、工艺特性及状态的分析，作为所有设备的基类，设备类的属性也可以分为静态属性和动态属性。静态属性在设备的运行过程中是不变的，如设备能力、装载和卸载时间等；动态属性则根据设备的运行状态发生变化，如设备的运行、等待、实时负荷等信息。而作为设备类的子类，除了可以继承父类的这些属性和方法，还可以拥有针对自身特点的属性和方法，如加工设备类的能力指的是该设备的可加工产品的工艺能力、辅助设备类的能力指的是该设备可辅助处理产品的种类、物流设备类的能力指的是该设备可运送的货物重量等。

3）工装夹具类：该类描述了生产线中使用的工装、刀具和夹具对象。其属性也分为静态属性和动态属性。以刀具为例，静态属性包括刀具的编号、名称、类型等；动态属性主要是指当前刀具所在位置（刀具库或设备）。

（3）信息类

该类描述了生产线中所涉及的各种信息对象，为系统的运行提供信息支持。因此，信息对象类的属性可包括作业或事件的对象、时间、地点和事件内容等。信息类的子类，如作业计划类、系统事件类等，可通过继承的方式获得这些属性，并根据需要添加属于自身特点的新属性。

1）生产计划类：该类描述了针对生产线指定的生产大纲，主要指定了待加工产品的名称、编号、生产批量以及交货时间等。从产品的计划时间上看，它是一个比较粗的生产任务安排，并为计划调度提供必要的数据基础。

2）系统事件类：该类描述了生产线运行过程中发生的各种事件信息，如下道工位阻塞、设备运行时出现碰撞、单工位加工时间超时、刀具无法到达加工位置等异常情况。因此，其属性和方法主要就是事件列表和事件管理。事件列表用于保存系统事件的格式列表，事件管理用于对事件列表的管理。

（4）控制类

该类描述了生产线的决策和控制对象，为系统的运行提供决策和控制支持。因此，控制类中主要包含的是方法，针对系统提供的必要信息，通过封装在其中的这些方法加以处理，并将处理结果反馈给执行对象。

1）计划调度类：该类描述了生产线上各种待加工工件的作业安排，这种作业安排将细化到具体零件的批次、编号、工序号、加工设备、加工时间、加工内容等。因此，计划调度类提供的这些信息将标识生产线上各种待加工工件的加工顺序和加工路线，并且是仿真运行的直接依据。

2）运行控制类：该类描述了生产线上的运行控制对象，解析并实施产品的作业安排。由于生产线是一种复杂的离散随机系统，随机事件或系统故障随时有可能发生，因此，计划调度类还要针对各种可能出现的系统事件做出判断与决策，在尽量满足生产要求的前提下，控制系统的运行。

基于以上基本资源类，利用类对象的继承与封装机制，通过自底向上的设计过程，可依次生成各种设备、加工单元、生产线等环境。

在生产线中，这些基本资源类对象并非孤立存在，它们之间相互联系和相互作用，如控制类对象可通过获取实体类对象的相关信息，产生控制整个系统运行的信息类对象，并依此控制整个系统的运行活动。因此，生产线中的这些基本资源类是紧密联系而形成一个不可分割的整体。而在这种模型框架下，有关生产线的设计、计划调度和运行控制等子问题可以通过一种相互关联、集成和动态的方式加以研究和解决。

2. 生产线的仿真机制

生产线仿真的基本原理是：从初步规划/或生产现场得到原始数据，然后在计算机中应用软件来建立仿真数学模型，然后进行仿真计算，输出结果。再根据结果对生产和物流进行调整，根据反馈数据进行计算和优化，如此往复，得到适合于用户的最终系统方案。

生产线仿真主要进行生产线产能验证、在制品缓存区大小分析和排产计划仿真，它可以对各种规模的工厂和生产线进行建模、仿真，分析和优化生产布局、资源利用率、产能和效率、物流和供需链，评估不同大小的订单与混合产品的生产结果。它使用面向对象的技术和可以自定义的目标库来创建具有良好结构的层次化仿真模型，这种模型包括供应链、生产资源、控制策略、生产过程、商务过程。用户通过扩展的分析工具、统计数据和图表来评估不同的解决方案并在生产计划的早期阶段做出迅速而可靠的决策。

生产线仿真可分为以下几个阶段：

（1）项目描述和数据准备

制定仿真标准、目的及要求，收集仿真所需的数据，包括生产线布局图、生产节拍、产品混产比例、设备利用率、输送线速度等参数。

（2）黑匣子仿真

根据粗规划方案建立仿真模型，粗略地分析各缓存区大小、各车间产能配合、班次配合和在产产品型号及数量，进而论证粗规划的可行性，并为接下来的细规划提供方向支持。

（3）详细仿真

根据细规划方案继续建立仿真模型，较细致地分析各车间的生产流程、产能和瓶颈，各缓存区的存储策略、大小及占位情况、各车间产能及班次配合等，进而分析细规划的可行性，为进一步优化规划方案和设备供应商的最终规划提供技术支持。

（4）供应商仿真

根据设备供应商的最终规划方案继续建立仿真模型，细致地分析各车间的生产流程及控制、产能和瓶颈、工艺器具投放数量，各缓存区存储策略、大小及占位情况，各设备组的可行/不可行排产计划等，进而验证设备供应商最终规划的可行性。

（5）最终仿真集成

根据实际分析需求补充完成部分模型，并将其与基于最终方案的各个仿真模型进行整合，从而获得涵盖整个生产系统和流程的模型，进而用于持续的分析生产流程及控制、产能和瓶颈、工艺器具投放数量，各缓存区存储策略、大小及占位情况，排产计划等，从而为生产和规划提供技术支持。

生产线仿真主要分为以下几类：

（1）产能验证

仿真目的：验证当前规划方案的产能是否能达到预期要求，若不能，则根据仿真情况分析生产线瓶颈，并进行优化。

仿真条件：生产节拍、缓存区大小、混产比例、布局图、设备利用率、排产计划等参数。

仿真结论：产能分析曲线图、生产运行状态的分析图表及瓶颈分析图文说明等。图 5-15 所示为产能统计示例图。

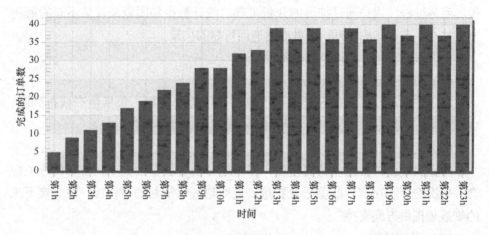

图 5-15 产能统计示例图

（2）缓存区能力分析

仿真目的：分析生产线各缓存区在不同生产要求下的最佳缓存大小，避免缓存区过大而产生的场地资源浪费。

仿真条件：生产节拍、混产比例、布局图、设备利用率、排产计划、输送线速度等参数。

仿真结论：满足生产所需的各类载具/吊具数量（最大和最小），缓存区占用图表，缓存区在制品最小保有量和最佳保有量。图 5-16 所示为缓冲区能力分析示例图。

（3）排产计划仿真及验证

仿真目的：根据目前的生产状态制定各车间最佳的排产策略。

仿真条件：生产节拍、混产比例、布局图、设备利用率、缓存区大小、生产策略等参数。

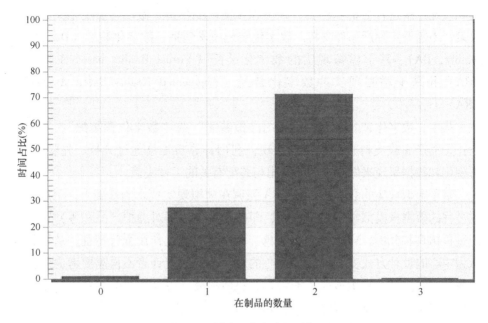

图 5-16 缓冲区能力分析示例图

仿真结论：排产策略对产能的影响分析，工序的保持率分析，排产策略及其优化结果。图 5-17 所示为排产计划结果对比示例图。

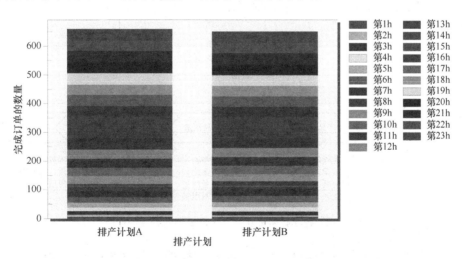

图 5-17 排产计划结果对比示例图

5.2.4 数字化装配概述

数字化装配是虚拟制造的关键组成部分之一，它通过计算机对产品装配过程和装配结果进行分析和仿真，评价和预测产品模型，做出与装配相关的工程决策，不需要实际产品作支持。数字化装配技术包括：数字化装配（Digital Assembly，DA）、基于虚拟现实的数字化装配（Virtual Reality based-Assembly，VRA）和基于增强现实的数字化装配（Augmented Reality-Based Assembly，ARA）。

其中，数字化装配又称"广义的虚拟装配"或"数字化预装配"，可定义为：无需产品或支持过程的物理实现，利用计算机工具通过分析、先验模型、可视化和数据呈现来做出或辅助做出与装配有关的工程决策。

基于虚拟现实的数字化装配 VRA 强调在虚拟现实技术的基础上，利用产品或过程的数据来模拟物理装配过程，即在虚拟环境下对虚拟产品和零件进行装配过程仿真和分析。VRA 具有真实感、沉浸感、交互作用强等特征，从以计算机为中心的设计方式变为以人为中心的设计方式，设计者不再需要考虑怎样表达各种装配关系和约束方式才能为计算机所接受，可以把更多的精力集中在怎样提高产品的可装配性等设计质量问题上。

增强现实技术借助于移动设备或头盔使计算机图像叠加在周围环境中的物体上。基于增强现实的装配技术可以在复杂的装配过程中起指导作用，或者对混合样机的可行性、成本和装配规划等进行评估。

从产品生命周期的整体考虑，数字化装配技术在其各阶段的作用如图 5-18 所示。

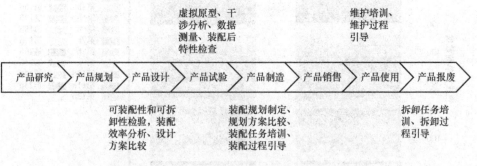

图 5-18　数字化装配在产品生命周期各阶段的作用

它可在产品设计阶段有效地支持面向装配的设计（Design for Assembly，DFA）分析，检验设计的可装配性和可拆卸性，对不合理的结构提出改进意见，并进行装配效率分析等。产品试验阶段利用虚拟原型可以减少对物理原型的需要，直观地展示装配体结构和装配过程，测量和分析装配性能，并对运动过程中发生的干涉进行报警。数字化装配技术支持规划人员在产品设计的同时并行地进行装配规划，以及规划方案的评估和优化等。此外，数字化装配也可用于产品装配、售后维护和报废拆卸等任务的培训，以及在这些操作过程中起指导作用。而基于虚拟现实的数字化装配有助于工程技术人员在设计和规划过程中充分地发挥创造性思维，从而提高产品开发的质量和效率。

在虚拟制造领域，由于装配环节具有很强的智能性和高度的复杂性，致使其相对薄弱，成为制约制造技术提高的瓶颈。装配过程本身的复杂性使得各种分析模型很难从数学模型自动衍生，模型间数据的一致性难以保证，这些也就造成了目前数字化装配缺乏知识性、智能性的局面。

5.2.5　数字化装配功能模块

产品数字化装配系统主要由产品装配建模、产品装配序列规划、产品装配路径规划、产品装配分析等功能模块组成，系统功能结构树如图 5-19 所示。

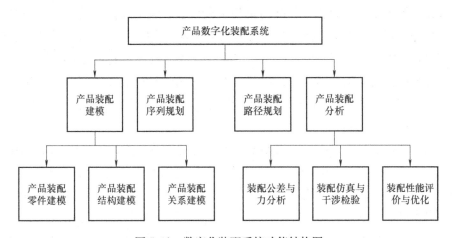

图 5-19　数字化装配系统功能结构图

装配建模是对构成装配体的零件及零件间关系的描述。该功能为数字化预装配系统提供了一个产品装配建模环境，它提供了相应的建模工具和资源，并为下游各功能模块提供零件模型、装配树和装配关系等信息。它包括产品装配零件建模、产品装配结构建模、产品装配关系建模三个功能子模块。

产品装配序列规划研究装配序列的生成，找出能把零件装配成产品且满足约束条件（如几何、工艺、工具等）的顺序。该功能为数字化装配系统提供了一个产品装配序列规划环境，提供相应的序列规划工具和资源，并为下游各功能模块提供装配序列信息。

装配路径规划是在装配建模和装配序列规划的基础上，利用装配信息进行路经分析和求解，判断并生成合理的装配运动路径，为装配仿真提供显示数据，为设计人员提供可视化的辅助设计工具。该功能为数字化预装配系统提供了一个产品装配路径规划环境，提供相应的路径规划工具和资源，并为下游功能模块提供产品装配路径信息。

数字化装配系统可模拟装配过程，评价产品设计及装配规划，测试不同的装配策略，但需要建立装配评估标准。评估准则与企业的生产方式、产品和设备、质量等有关。这些标准包括：配合、装配时间和序列、人机工效和工作安全、返修和拆卸、固定、间隙尺寸、过程数据、零件处理等。应用这些标准对产品方案进行评估得到数据，经系统工程方法处理后，得出当前产品的装配评估结果，用于制定科学的生产决策。产品装配分析为数字化预装配系统提供了一个产品装配性能分析、仿真的环境，提供了相应的装配分析、仿真工具和资源，并为上游功能模块提供了装配分析、仿真结果，以指导装配设计的改进。它包括装配公差与力分析、装配仿真与干涉检验、装配性能评价与优化三个功能子模块。其中装配仿真与干涉检验是数字化装配的基础，对产品结构和装配规划进行干涉检验，可检验产品的可装配性、发现在装配过程中零部件之间或工具与零部件之间的碰撞、动态检查产品在正常运转中发生的碰撞。碰撞检验算法的基本原理是在离散的时间点上，对有可能发生干涉的空间内的物体的面、边或体进行相交检测。

一个典型的数字化装配流程如图 5-20 所示。首先在特定的商用三维 CAD 软件（如 UG、Pro/E、Solidworks、Solidedge 等）进行产品的特征几何造型，然后利用三维 CAD 软件二次开发模块所开发的产品装配特征信息提取和转换程序模块并导出产品装配特征信息，同时三维几何模型转换为中性文件（如 STEP、VRML）的格式存储在产品信息中性文件库中。产品装配模型采用 XML 进行描述并将所建模型存储在模型库中。由于中性文件格式可适应于不同的三维 CAD 软件且适合网络传输，XML 格式文件也可通过网络传输供不同的用户使用。同时，系统中建立了产品信息中性文件库和产品装配模型库，通过检索、修改库中的零部件模型和产品装配模型实现零部件和产品装配模型的可重用，通过对装配模型结构树中装配节点的添加、删除和移动的操作实现产品装配模型的可重构。产品装配模型建立后，在装配专家系统的装配知识和装配规则的支持下，进行产品虚拟装配序列和产品虚拟装配路径的规划并进行虚拟装配公差规划，在此基础上进行产品虚拟装配过程的动态仿真和干涉检查，同时进行装配性能分析（包括装配公差、装配力、装配约束、装配稳定性等的分析），如发现问题则返回装配建模并修改装配设计，如无问题，则说明装配设计是可行的（但不一定是最优的)，最后，针对装配进行装配性能的评估并优化，若装配设计不是最优的，则返回重新进行装配设计。

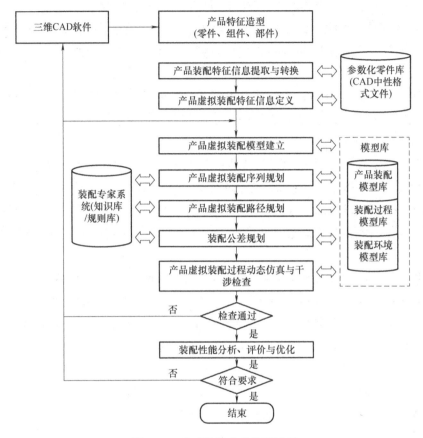

图 5-20　典型的数字化装配流程

5.3　VR/AR 应用

5.3.1　虚拟现实技术的起源和发展

虚拟现实技术的发展可分为三个阶段：

第一个阶段从 20 世纪 50 年代到 20 世纪 70 年代，这是虚拟现实技术的探索阶段。1965 年，在 IFIP 会议上，有虚拟现实"先锋"之称的 Ivan Sutherland 发表了"The Ultimate Display"论文，文中他提出全新的感觉真实、交互真实的人机协作理论。论文中他描述了如何把计算机屏幕作为"观看虚拟世界的窗口"，使观察者能够沉浸在计算机生成的虚拟世界中，观察者看到的场景会随着他身体和头部的移动而改变，并且能够以自然的方式直接与计算机中的虚拟对象进行交互。人们把这篇经典论文看作虚拟现实技术研究的开端。

1968 年他使用两个戴在眼睛上的阴极射线管，开发了头盔式立体显示器，并发表了题为"Ahead-Mounted 3D Display"的论文，成为三维显示技术的奠基性成果。

1975 年 Myron Krurger 提出了"Artificial Reality"（人工现实），这是早期出现的虚拟现实的词。后来人们又提出了虚拟环境（Virtual Environment，VE），它们都具有 VR 的含义。

第二个阶段从 20 世纪 80 年代初到 20 世纪 80 年代中期，是虚拟现实技术的实用化阶段。1984 年，NASA 的 Ames 研究中心，虚拟行星探测实验室的 M. McGreevy 和 J. Humphries 博士组织开发了虚拟环境视觉显示器用于火星探测，将探测器发回地面的数据输入计算机，为地面研究人员构造火星表面的三维虚拟环境。

1987 年 James. D. Foley 教授在"Scientific American"上发表了一篇题为"Interfaces for Advanced Computing"的论文，公布了 NASA 虚拟工作站令人瞩目的研究成果。在这篇文章中用"Artificial Reality"来描述 VR。论文对 VR 的含义、接口硬件、人机交互式界面、应用和未来前景做了全面的论述，从此 VR 概念和理论初步形成。

1989 年 VPL 公司的创始人之一 Jaron Lanier 正式提出用"Virtual Reality"一词来表示虚拟现实，并指出研究虚拟现实技术的目的是为了提供一种比传统计算机模拟更好的方法。

第三个阶段从 20 世纪 80 年代末期到现在，是虚拟现实技术的高速发展阶段。

进入 20 世纪 90 年代后，计算机硬件及软件技术的迅速发展推动了虚拟现实技术的飞速发展，许多创新而实用的设备出现，为虚拟现实技术的发展打下了良好基础。

1992 年，在法国召开了虚拟现实技术的第一次国际会议，会议名为"真实世界和虚拟世界的接口"。

1993 年 11 月，宇航员利用虚拟现实系统成功地完成了从航天飞机的运输舱内取出新望远镜面板的工作；波音公司完成了首架没有物理样机的大型客机。

在国际上，目前 VR 技术已经逐渐走向成熟，并且向着视觉、听觉、触觉多感官沉浸式体验的方向发展。同时，相应的硬件设备也在朝着微型化、移动化方向发展。美国纽约州立大学石溪分校联合 Nvidia 和 Adobe 公司已经开发出一种系统，可以利用人眼的扫视抑制现象和眼球追踪技术，为用户提供在大型虚拟场景中自然行走体验。在我国，关于虚拟现实技术的研究始于 20 世纪 90 年代初，虽然相对发达国家来说起步较晚，技术上有一定的差距，但目前我国政府相关部门和科学家们已经开始高度重视对这项技术的研究。根据国情，我国已经制定了针对虚拟现实技术的研究计划。例如，国家"十一五"规划、国家 863 计划、国家 973 计划、国防科工委、国家自然科学基金会都曾对虚拟现实技术的研究归入重点支撑范围。我国军方较早就非常关注虚拟现实技术的发展，支持此技术研究开发的力度也非常大。与此同时，国内一些科研院所和重点高等院校也都积极开展了虚拟现实技术领域的研究工作，目前已经有很多已经实现或正在研制的虚拟现实系统，如清华大学、浙江大学、北京航空航天大学等都是比较有代表性的单位。

在国内一些民营企业及组织对虚拟现实的研究也起到了积极的作用，积极地推动了虚拟现实本土化。在教育虚拟平台的应用系统、建筑漫游仿真、房地产交互展示等开发的方面取得了良好的效果，使虚拟现实在商业应用方面，逐步走向大众化和民用化。在"2018 国际虚拟现实创新大会"上，专家学者齐聚青岛，探讨了 VR 产业的发展现状和未来动向。会上公布的《中国虚拟现实应用状况白皮书（2018）》对我国 VR 应用状况展开了全面的探讨和分析，涉及相关企业、单位数量 500 余家，为我国 VR 产业从萌芽向商业化、规模化转变标明了方向。随着国内通信网络的迅速发展和 5G 的出现，为 VR 产业的进一步发展与飞跃注入了一剂强心剂。5G 技术带来的高带宽和低时延等优势，将为 VR、AR 及相关音视频业务的发展提供关键支撑，云 VR、VR 实时直播开始兴起。

5.3.2　虚拟现实技术的基本概念

1. 虚拟现实技术的定义

虚拟现实（Virtual Reality，VR）是在计算机仿真技术、计算机辅助设计与实时计算机技术、传感技术、图形学、多媒体技术、网络技术、人工智能、心理行为学等学科的基础上发展起来的交叉学科，随着虚拟现实技术的逐渐成熟，它已在科学可视化、医学、CAD/CAM、教育娱乐等领域获得广泛的应用。

使用虚拟现实技术，用户可以利用计算机生成一种特殊环境，通过使用各种特殊装置将自己"投射"到这个环境中，借助数据手套、三维鼠标、方位追踪器、操纵杆等设备对环境进行控制或操作，从而实现不同的目的。虚拟现实中的"虚拟"指的是运用多种软件技术和硬件资源搭建在计算机系统中的一个虚拟环境（Virtual Environment，VE），"现实"指的是通过多种传感器接口，使得用户"沉浸"到虚拟环境中，产生接近现实的视觉、听觉、触觉感受，并且能够通过设备和动作与该环境进行"直接交互"。虚拟现实技术使用户能够在虚拟的环境中拥有真实的体验，用户不再拘泥刻板而抽象的数字信息，而是使用人类最擅长并且习惯的视觉、听觉、触觉、动作、口令等参与到信息环境中。

2. 虚拟现实技术的特点

Burdea G 在 1993 年的 Electro 93 国际会议上发表 "Virtual Reality System and Application"，文中提出虚拟现实技术的三个特征，即"3I"特征：沉浸性（Illusion of Immersion）、交互性（Interactivity）和想象性（Imagination）。

1）沉浸性：计算机生成的虚拟世界给使用者带来一种身临其境的感觉。虚拟环境中，设计者通过具有深度感知的立体现实、精细三维声音及触觉反馈等多种感知途径，观察和体验设计过程以及设计结果。一方面，虚拟环境中可视化的能力增强，借助于新的图形显示技术，设计者可以得到高质量、实时、深度感知的立体视觉反馈。另一方面，虚拟环境中的三维声音使得设计者能够更为准确地感受物体所在的方位。触觉反馈使得设计者在虚拟环境中抓取、移动物体时能直接感受到物体的反作用力。在多感知形式的综合作用之下，用户能够完全沉浸在虚拟环境中。

2）交互性：人能够以很自然的方式跟虚拟世界中的对象进行交互操作或者交流，着重强调使用手势、体势等身体动作（主要是通过头盔、数据手套、数据衣等来采集信号）和自然语言等自然方式的交流。计算机能根据使用者的肢体动作及语言信息，实时地调整系统呈现的图像和声音。设计者可以采用不同的交互手段完成同一个交互任务。例如，进行某个零件的定位操作时，设计者可以通过语音命令给出零件的定位坐标点，或者通过手势直接将零件拖到定位点来表达零件的定位信息。各种交互手段在信息输入方面有各自的优势，语音的优势在于不受空间限制，而手势的直接操作优势在于运动控制的直接性。

3）想象性：是指通过用户沉浸在"真实的"虚拟环境中，与虚拟环境进行各种交互，从定性和定量两方面综合集成的环境中得到充分认识。虚拟环境可使用户沉浸其中并且获取新的知识，提高感性和理性认识，从而使用户深化概念和萌发新意。因而可以说，虚拟现实可以启发人的创造性思维。

5.3.3　虚拟现实系统的分类

按照系统的交互和浸入程度，虚拟现实系统可以分为以下四类：

1）桌面式虚拟现实系统：使用个人计算机或者低性能工作站来实现仿

真，把计算机的显示屏作为用户观察虚拟环境的窗口，采用立体图形、自然交互等技术，产生三维空间的交互场景，通过键盘、鼠标和力矩球等输入设备操纵虚拟世界，实现与虚拟世界的交互。在桌面 VR 系统中，用户缺乏完全沉浸的体验，但由于它结构简单、成本和价格比较低而且组成灵活，易于普及。

2）沉浸型虚拟现实系统：该系统为用户提供完全沉浸的体验，可分为"穿戴式虚拟现实系统"和"投影式虚拟现实系统"，使用户体验到置身于真实世界之中的感觉。它通常利用头盔式显示器或其他设备，把参与者的视觉、听觉和其他感觉封闭起来。并且提供一个虚拟的感觉空间，利用位置追踪器、数据手套、其他受控输入设备、声音等使得参与者产生一种身在虚拟环境中，并能全心投入和沉浸其中的感觉。穿戴式虚拟现实系统，由于视野较小使沉浸感相对较差。投影式虚拟现实系统能够很好地把观察者与现实环境分隔开，还能供多人同时参与，但是技术复杂、费用较高。

3）增强现实性的虚拟现实系统：即增强现实（Augmented Reality，AR），此类系统使用户能够看到真实世界与虚拟对象的叠加画面，它将真实世界和虚拟环境组合在一起，既可减少构成真实环境的计算，又能够对实际物体进行操作。虚拟对象提供用户无法凭借自身感觉直接感知的信息，从而加强用户对真实世界的认识。常见的增强现实性的虚拟现实系统有：基于单眼显示器的系统、基于台式图形显示器的系统、基于光学透视式头盔显示器的系统、基于视频透视式头盔显示器的系统等。典型的例子是医生在虚拟手术中，可以通过透视性头盔显示器同时看到手术现场的情况和手术中所需的资料。关于增强现实技术后面的章节中还会进一步论述。

4）分布式虚拟现实系统：该系统又被称为共享型虚拟现实系统，是一种基于网络连接的虚拟现实系统。利用计算机构造一个真实世界的模拟，地理上分散的用户可通过网络共享该环境，并与周围的环境及在相互之间进行交互，在同一时间交流与合作共同完成某项工作。它提供了一种可共享的虚拟空间，使得地理上分散的用户在同一时间进行交流与合作，共同来完成某项工作。分布式虚拟现实的应用很多，如 1983 年美国用于军事训练的 SIMNET 系统，1993 年瑞典计算机科学研究所开发的 DIVE，IBM 公司开发的用于电子商务的 VR commerce 等。

5.3.4　虚拟现实的应用

虚拟现实技术极大地扩展了人类感知和认识世界的能力，使人类可以摆脱时空的限制，去经历和体验早已发生或尚未发生的事件，观察和研究同一事件在各种假设条件下发生和发展的过程。可以深入到人类生理活动难以到达的宏观或微观世界进行研究和探索，从而为人类更好地认识世界和改造世界提供全新的手段和方法。通过虚拟环境所保证的真实性，用户可以根据在虚拟环境中的体验，对所关注的客观世界中发生的事件做出判断和决策。虚拟现实技术的这些性质使得它在军事、商业、教育、娱乐、医疗等领域有着广泛的应用。

军事：使用虚拟现实技术可以建立起逼真的模拟战场环境，演变出各种战场态势，可以克服地域和硬件条件的限制，达到训练战术指挥员指挥能力和战斗员的作战技能的目的。DARPA 和美国陆军共同制定的 SIMNET 研究计划，将分散在不同地点的地面坦克、车辆仿真器通过计算机网络联合在一起，进行各种复杂任务的训练和作战演练。在美国海军中开发了名为 VESUB 的仿真器，用于甲板训练。美国空军研制出多种类型飞机的仿真器，还有分布式战斗训练网络环境，用于飞机团队的训练。

商业：利用虚拟现实技术，制造厂商的设计师可以在制造实物模型之前，在电脑中制作逼真的三维模型，便于及早地发现设计缺陷，缩短设计周期并降低成本。还可以在网络上建立虚拟商店，展示产品的三维模型。顾客借助网络足不出户，便能全面地了解产品的详细情况。

教育：将虚拟现实技术应用于教育，不论是浩瀚无边的宇宙，还是肉眼难以分辨的分子原子，学生都能够通过虚拟现实系统自由地观察，从而加深他们对世界的理解，激发想象力。学习导游的学生，可以在虚拟世界中游览各大景区，熟悉景区情况，进行讲解练习。一些有危险性或者高难度的实验课程或者操作培训，也可以通过虚拟现实技术来完成。为医学院学生研制的医疗手术训练的系统，能够利用 CT（Computed Tomography）或 MRI（Magnetic Resonance Imaging）采集的数据，在计算机中建立人体或体内某器官的三维几何模型，并为模型赋予相应的物理特征（韧度、密度、组织比例等）。借助数据手套或机械手等高精度的交互工具，在计算机建立的虚拟环境中进行模拟手术，以达到对学生的训练或进行研究的目的。

娱乐：第一个大规模的 VR 娱乐系统"BattleTech"，将每个"座舱"仿真器联网进行组之间的对抗，3D 逼真视景、游戏杆、油门、刹车和受到打击时的晃动给用户很强的感官刺激。图 5-21 所示为使用虚拟现实技术查看飞机内部设计。

图 5-21　使用虚拟现实技术查看飞机内部设计

5.3.5　虚拟现实技术在工厂规划中的应用

虚拟现实技术能够给使用者带来身临其境的感官体验，以其直观又易于修改的特性而备受关注。

（1）改善设计过程

许多制造商已经开始利用虚拟现实技术来辅助工程师的产品设计工作。虚拟现实技术与传统的三维动画设计最根本的区别就是传统动画的观察路径都是预先设定好的，用户只能按照事先设定的路径浏览场景；而基于虚拟现实技术的虚拟环境可以由用户在三维场景中任意漫游，产生一种身临其境的感觉。这样一来，很多不易察觉的设计缺陷能够轻易地被发现，减少由于事先规划不周全而造成的无可挽回的损失与遗憾，大大地提高了项目的评估质量。采用虚拟现实技术的虚拟环境系统可以提供一套进行规划、性能评价的有效工具，以利于更好地认识规划参数与设计结果之间的关系，发现潜在的缺陷和问题，试探解决问题的不同方法，从而使整个规划更加完善，规划审批效率更高。

（2）设计成果展示

在复杂的工厂规划工作中引入虚拟现实技术，使得工程师能直观地看到设计成果，及时地发现问题避免出现不合理的设计。二维图纸要求阅读者有一定的专业知识基础才能够充分理解，这不利于不同部门之间的交流协作。而借助虚拟现实技术，不同专业的工程师或者参与设计决策的工作人员能够跨越自身专业知识的局限性，充分地理解工厂的设计内容，方便其结合自身的专业知识或经验提出合理的建议。

虚拟现实技术所带来的各部门间的无障碍协作以及对设计内容的直观认识，使得工厂能够在满足材料流、工件流多种物流费用最小化等各项定量指标的同时，满足安全、美观、舒适等定性指标。为工人提供一个更加舒适的工作环境，提高工作效率。工厂 DMU 中包含了工厂的三维模型，通过文件类型的转换，能够很方便地将其导入到虚拟现实环境中。再在虚拟现实环境中进行一些简单的修改，例如添加材质、灯光、动作等，就能够为使用者呈现一个逼真的工厂。

（3）节约投资和运行费用

运用虚拟现实系统，我们可以很轻松随意地进行修改，所见即所得，只要修改系统中的参数即可。而不需要像传统三维设计那样，每做一次修改都需要对场景进行一次渲染。这样，不同的方案、不同的规划设计意图通过虚拟工厂规划实时地反映出来，用户可以做出很全面的对比，并且虚拟现实系统可以很快捷、方便地随着方案的变化而做出调整，辅助用户做出决定。采用虚拟现实技术进行先期技术成果的演示和论证，有助于发现设计中多余的措施和方案中各工种不协调的部分，及时地修正从而节省投资和运行费用。同时，演示论证也可发现设计中可能导致无法满足要求的设计不当之处，从而避免了施工或工艺完成后的返工。

5.3.6 增强现实技术概述

虚拟现实技术引入到布局规划领域可大大地缩减布局设计时间，提高了布局设计的质量，但它本身也存在一些弊端。厂房、车间等布局环境的建模工作费时费力，建模的结果也很难与真实的生产环境完全一致，从而导致布局仿真结果与真实情况出现偏差。针对这个弊端，由虚拟现实技术发展而来的增强现实技术逐渐走入人们的视野。增强现实系统将计算机产生的虚拟环境与真实环境融合，从而避免对环境的全面建模，减少了建模的工作量。

增强现实技术（Augmented Reality）是在虚拟现实技术的基础上发展起来的新技术，是通过计算机系统提供的虚拟信息与真实环境相结合增加用户对现实世界感知的技术。1997 年 Ronald T. Azuma 在他的论文中将增强现实定义为：虚实结合、实时交互、三维注册。它将计算机生成的虚拟物体、场景或系统提示信息叠加到真实场景的同一个画面或者空间中，从而实现对现实的"增强"。与虚拟现实技术相比，增强现实使用户观看到融合有虚拟物体的真实环境。增强现实是对真实世界的一种补充和增强，而不是完全代替真实的世界。

5.3.7 增强现实与虚拟现实的关系

增强现实技术是由虚拟现实技术的发展而逐渐产生的，因此两者之间虽然存在着密不可分的关系，但也有着显著的差别。

首先，增强现实与虚拟现实在沉浸感的要求上有着明显的区别：虚拟现实系统强调在虚拟环境中用户的视觉、听觉、触觉等感官的完全沉浸，需要将用户的感官与现实世界隔断从而沉浸在一个完全由计算机生成的虚拟空间之中。要实现这些目标通常都需要借助能够将用户的视觉与环境隔离的特殊显示设备，例如采用沉浸式头盔显示器（Immersive Head Mounted Display）。与之相反的是增强现实系统，不仅不需要隔离周围的现实环境，而是要强调用户在现实世界中的存在性，并且要努力维持其感官效果不改变。由于增强现实系统的目的是增强用户对真实环境的理解，需要将计算机产生的虚拟物体与真实环境融为一体，因此必须借助专门的显示设备将虚拟环境与真实环境融合，通常会采用的是透视式头盔显示器（See-Through head-Mounted Display）。

另一方面，增强现实与虚拟现实的配准精度（Registration，也称作定位、注册）和含义不同。在沉浸式虚拟现实系统中，配准是指呈现给用户的虚拟环境与用户的各种感官感觉匹配。这种配准误差是指视觉系统与其他感官系统以及本体感觉之间的冲突。心理学研究表明，各种感官的感觉中往往是视觉占了其他感觉的上风，因此用户会逐渐适应这种由视觉与本体感觉冲突所造成的不适应现象。而在增强现实系统中，配准主要是指计算机生成的虚拟物体与用户周围的真实环境匹配，并要求用户在真实环境运动的过程中依然能够维持正确的配准关系，较大的配准误差不仅会使用户无法从感官上确认虚拟物体在真实环境中的存在性和削弱虚拟物体与真实环境的一体性，甚至会改变用户对其周围环境的感觉，严重的配准误差甚至会导致用户完全错误的行为。

Milgram 根据用户界面中计算机生成信息的比例大小定义了一个从真实环境到虚拟环境的连续体，他认为增强现实是混合现实环境中的一部分。

如果说虚拟现实系统是试图把世界送入用户的计算机，那么增强现实系统就是要把计算机带进用户的真实工作环境中。增强现实是虚拟环境与真实世界之间的沟壑上的一座沟通的桥梁。

5.3.8 增强现实系统的支撑技术

由于增强现实应用系统在实现的过程中要涉及多方面的因素，因此增强现实技术所涉及的研究对象范围十分广泛，包括信号处理技术、计算机图形技术、图像处理技术、心理学、人机界面、分布式计算、计算机网络技术、移动计算技术、信息获取技术、信息可视化技术、显示技术和传感器技术等。增强现实系统虽然不需要为用户显示完整的场景，但是需要通过分析大量的定位数据和场景信息从而保证由计算机生成的虚拟物体可以正确地定位在真实场景中。总结起来，增强现实系统的工作过程中一般都包含以下四个基本步骤：

1）获取真实场景信息。

2）对真实场景和相机位置信息进行分析。

3）生成虚拟景物。

4）合并视频或直接显示。

系统需要根据相机的位置信息和真实场景中的定位标记来计算虚拟物体坐标到相机视平面的仿射变换，然后按照仿射变换矩阵在视平面上的相应位置绘制虚拟物体，直接通过光学透视式头盔显示器显示或者与真实场景的视频合并后，一起显示在显示器上。显示技术、定位与注册技术、交互技术以及虚实场景之间的融合技术是实现一个基本增强现实系统的支撑技术。

1. 显示技术

视觉通道是人类与外部环境之间最重要的信息接口，人类从外界所获得的信息有近80%是通过眼睛得到的。因此，增强现实系统中的头盔显示技术就显得尤为重要，是整个增强现实系统的关键问题之一。

增强现实系统可以通过多种设备来显示虚拟物体和真实场景的叠加，目前最常用的是透视式头盔显示系统。透视式头盔显示器又可以分为光学透视式和视频透视式头盔显示系统两种。图 5-22 所示为基于光学透视式头盔显示系统的结构，图 5-23 所示为基于视频透视式头盔显示系统的结构。

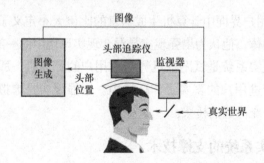

图 5-22　基于光学透视式头盔显示系统的结构

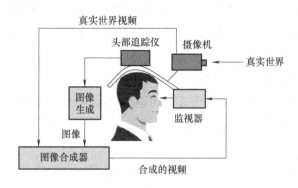

图 5-23　基于视频透视式头盔显示系统的结构

光学透视式头盔显示系统：包括了基于头盔的显示系统和基于投影的显示系统。光学透视式头盔显示系统具有简单、分辨率高、没有视觉偏差等优点，但同时也存在视野窄、延迟匹配难度高、定位精度要求高、造价高等缺点。光学透视式头盔显示系统利用玻璃等透明材质中光的透射和反射完成图像的叠加。用户透过斜放的透明板可以看到外部的场景，同时显示器中显示的图像经过透明板反射给用户。虚拟物体以半透明的状态和用户眼前的真实场景同时进入用户的眼睛。

视频透视式头盔显示系统：通过佩戴用户眼前的微型显示器遮挡用户的视线并利用显示器中显示的景象代替用户所看到的真实场景。由于增强现实系统只是对现实场景的补充，要求用户能看到真实场景，因此需要在用户佩戴的微型显示器上的适当位置安装摄像机，将该摄像机拍摄到的图像与虚拟物体图像进行合成处理后再由显示器显示给用户观看。这样用户从头盔中看到的景物仍然包含他本来应看到的真实场景，感觉就如同从头盔中透过来看到外面一样。与光学透视式头盔显示系统相比，视频透视式头盔显示系统有如下优点：视野较宽、匹配比较精确、能够完全遮挡住现实场景中的物体、由于输入了实际场景的数字图像而能够采用光学方法无法实现的附加定位策略。

基于视频透视式头盔显示系统和光学透视式头盔显示系统的不同特点，长期以来研究者普遍习惯于使用视频透视式头盔显示系统。

2. 定位与跟踪注册系统

三维环境定位注册是指：首先实时地检测出使用者观察的位置和视线方向。然后计算机根据这些信息来计算在投影平面中需要绘制的虚拟物体或显示的信息的映射位置以及显示的大小和角度。最后系统才能将虚拟物体或信息以适当的大小和角度实时地显示在显示屏的正确位置。三维定位注册技术是一个增强现实系统能否成功的决定因素。三维注册定位技术有三个核心问题：实时性（无延时）、稳定性（精确、无抖动）、鲁棒性（不受光照、遮挡、物体运动的影响）。在增强现实应用中，通常使用以下定位注册技术：

1）视频检测：使用模式识别技术（包括模板匹配、边缘监测等方法）识别视频图像中预先定义好的标记、物体或基准点，然后根据其偏移和转动角度计算坐标转换矩阵。

2）光学系统：使用 CCD（Charge Coupled Device）传感器，通过测量各种目标物体和基准上安装的 LED（Light-Emitting Diode）发出的光线来测量目标与基准之间的角度，然后通过这个角度来计算出移动目标的运动方向和距离。

3）全球卫星定位系统（GPS）：用于户外增强现实系统中跟踪和确定用户的地理位置。

4）超声波：原理与 GPS 类似，即利用测量接收装置与 3 个已知超声波源的距离来判断使用者的位置。

5）惯性导航装置：通过惯性原理来测定使用者的运动加速度；利用陀螺仪的方向跟踪能力，测量三个转动自由度的角度变化；利用加速度计测量三个平动自由度的位移。

6）陀螺仪：用于测定使用者的头部转动的角度，以判定如何转换视场中虚拟景物的坐标和内容。

7）电磁跟踪：通过感应线圈的电流强弱来判断用户与人造磁场中心的距离，或利用地球磁场来判断目标的运动方向。

电磁跟踪器由发射器和接收器两个部分组成。系统工作时，发射器利用三轴线圈向空间中发射低频磁场。通过接收器感应到的该低频磁场的强度和方向可以计算出用户头部的位置和方向。

8）机械装置：利用机械装置各个节点直接的长度和节点连接间的角度来定位各个节点。

使用视频检测方法进行定位不需要其他设备，且定位准确，所以这是增强现实系统中最常用的定位方法。通过在视频图像中匹配事先定义的图形模板来确定各种物体和基准的位置。模板一般由黑色封闭矩形框、图形或文字这两部分组成。黑色的封闭矩形可以使程序在视频场景中快速识别是否存在标记，内部的图形或文字用于匹配不同的虚拟图像。当系统场景中的定位标记被识别后，就可以重建从预定义标记到当前场景中标记的坐标转移矩阵，根据这个转移矩阵系统就可以绘制虚拟物体。模板在保证不会互相混淆的情况下，要尽量简单，以此提高图像的识别效率，满足增强显示系统的实时性需求。

3. 交互方法

增强现实的主要目的之一是实现用户与真实世界中的虚拟场景之间的自然交互，系统需要通过定位设备获取使用者对虚拟场景发出的行为指令，对其做出理解，并给出相应的反馈结果。增强现实应用系统通常使用以下三种方式来完成用户与系统之间的交互过程。

1）空间点：利用空间点的三维坐标系统将判断是否选中待操作的虚拟对象。如果选中的是一般三维虚拟物体，则用户可以改变物体的位置和姿态；如果选中的目标是系统的菜单或者其他虚拟工具，则用户可以使用它们的功能来确定下一步的行为。系统通常是通过二维或三维坐标来确定空间点的位置。例如可依靠鼠标在增强现实系统的二维屏幕坐标系下对空间中的三维目标进行选择。增强现实系统一般使用多个二维定位标记作为系统输入信息，通过对二维坐标的投影变换获取相应的三维空间坐标。与使用硬件来获取三维坐标的方法相比，这种借助模式识别技术来匹配模板从而进行定位的特殊定位标记方法，不但能够避免繁琐的线路连接，并且能够获得更加直观和自然的交互效果。

2）命令：在增强现实系统中，命令是指由一个或若干个空间点构成的特定状态或姿势，而在系统中这些姿势或状态已经进行了定义，对应了某些特定操作行为。例如通过空间点的状态组合，用户可以对虚拟对象进行选择、移动、删除、添加或其他操作，如果空间点的姿态与系统中预定义的组合不一致，则不能对当前的虚拟场景产生任何影响。在增强现实中，最基本的命令包括：接触、选择、触发和拖拽。通过组合使用这些基本命令，用户能够对虚拟对象完成多种操作。

3）特制工具：通常指空间位置输入硬件设备和系统软件的组合，例如虚拟控制面板的应用。对于某种特定操作，系统软件将为其定义一组功能集合。在系统操作的过程中，系统通过空间位置输入设备操作虚拟目标和使用虚拟控制面板的各个功能项，如按钮、选项、滑块、文字输入等。

4. 虚实无缝融合

增强现实的虚实无缝融合问题主要包含几何一致性和光照一致性两方面。为加强增强现实系统的真实感，丰富合成场景的层次效果，不仅需要使用三维注册技术精确地将虚拟场景配置在准确的位置上,还需要考虑如何实现虚拟场景与真实物体之间的互相遮挡、虚拟物体的阴影以及光照与环境一致性等效果。

由于目前增强现实系统主要的研究工作集中在跟踪、注册和交互技术上,光照及遮挡方面的研究相对较少,这也造成了增强现实系统中虚拟物体的真实度不高的现状。在使用视频透视式头盔显示器的增强现实系统中,真实场景和虚拟场景的融合是通过视频叠加的方式实现的。用户看到的真实场景,是摄像机实时拍摄的图像,而虚拟场景是由程序生成的,真实场景中的光源无法对虚拟场景的物体产生任何光照效果,从而使真实场景与虚拟场景间产生了显著的差异,但两者之间的光照一致性可以通过视频的再处理来实现。在基于投影的增强现实系统中,虚拟场景是通过投影的方式来和真实场景融合的,而且与视频透视式头盔显示器的增强现实系统相比,基于投影的增强现实系统无法将虚实场景光照放在一起来统一处理,因此其调整光照一致性的难度更高。

5.3.9 增强现实在工厂规划中的作用

与虚拟现实相比,增强现实在进行产品设计时有以下两个优点:

1)由于增强现实系统提供的是半沉浸式设计环境,使用者在对虚拟物体进行设计时能够看到真实世界。这个特点使得使用者在进行设计工作时感觉更加真实、安全和舒适。

2)增强现实系统安装方便而且成本低,不需要制作背景环境的模型,而这却是虚拟现实技术最大的弊端。

由此,增强现实系统能够克服虚拟现实系统的局限,同时发挥虚拟现实系统的长处。增强现实技术拥有巨大的应用潜力,正如 Fred Brooks 所说的增强现实是一种智能的扩充,把计算机作为用户更容易完成工作的工具。

在对新工厂进行规划或者对现有工厂进行改造规划时(例如增加新设备),建立一个完整的工厂模型的工作十分繁琐,而且不能保证模型能够完全与真实的工厂相符合。使用增强现实技术,可充分利用现有工厂环境作为真实场景,只需建立规划中需要移动或者增加的设备、设施的数字模型,就能够给规划人员提供融合了真实场景与虚拟模型的工厂规划效果画面。避免了大量繁琐的建模工作,节约了规划人员的时间和精力。与虚拟现实环境类似,增强现实的直观性有利于不同部门之间对规划设计内容的理解和交流,也更加有利于规划人员直观地判断工厂布局是否达到美观、安全等定性指标。

　　由于增强现实系统中模型的显示大小可以很容易地在模型信息文件中修改，所以不需要对数字模型本身进行任何修改，就可以将程序应用在真实的工厂环境中，并显示实际尺寸的模型，或者在缩小的工厂沙盘模型中显示缩小尺寸的模型。这一特点使得增强现实不仅仅能够辅助工厂的规划工作，也能够在不同的场合下很好地完成工厂展示工作。

第6章

数字化工厂规划的实现——基于 3D EXPERIENCE 的方法

达索系统是一家法国公司，其最有名的产品是 CATIA，它已成为当今航空工业 3D 设计领域事实上的标准。如果究其历史，会发现达索系统的成立要晚于 CATIA 的诞生。CATIA 诞生于 1977 年，而达索系统则在 1981 年由达索集团建立，至今已有将近 40 年的历史。CATIA 最初是由达索集团下的 15 名工程师开发出的电脑辅助设计软件，主要目的是辅助其飞机的设计与制造。

达索系统的发展历程可谓波澜壮阔，从最初只有 CATIA 产品，到后面 DEL-MIA、SOLIDWORKS、GEOVIA、BIOVIA、3DVIA、NETVIBES、ENOVIA、SIM-ULIA、3DEXCITE 等产品线的加入，逐渐形成今天完整的 PLM 解决方案。

在这个发展轨道上，达索系统将自己定位于一家科技公司，其宗旨为：为企业和个人提供 3D EXPERIENCE 环境，在可持续性方面进行创新，使产品、自然与生命达到和谐状态。它是通过一系列的研发，收购后再开发等工作，将自己的产品线不断丰富、整合，从而实现对当前业务的覆盖能力的。

达索系统的客户分布于诸多行业，首先它本身起家于航空与国防领域，后续在交通运输、高科技、船舶、消费品、零售、能源与建筑、金融服务、自然资源等领域也逐渐取得了长足的发展，尤其在交通运输领域，市场占有率和美誉度都非常高。近些年来达索系统也在医学、生命科学领域寻求发展，并收购了美国健康护理软件公司 Medidata，这家公司主要提供面向临床试验分析的解决方案。达索系统的这一动作与其追求产品、自然、生命高度和谐的理念相一致。

达索系统的业务覆盖能力让它有机会实现跨行业最佳实践的分享，比如高科技行业的一些高管认为，将汽车行业的总装工艺模式应用到自己的产品上有很强的参考意义。在过去将近 40 年的历史中，达索系统一直致力于以创新手段为客户创造价值，达索系统的发展经历了四个阶段。

第一个阶段，开始于 20 世纪 80 年代 CATIA 的发布，让客户可以使用 3D 技术创建并设计部件和装配。它改变了二维设计的手段，首次将三维设计应用于制造企业。

第二个阶段，开始于 20 世纪 90 年代初期，数字化样机（DMU）兴起并取代了物理样机。在这期间，达索提供 3D 部件仿真虚拟模型的整体设计环境，并最早将其用于飞机和汽车的设计。

第三个阶段，达索系统为数字化样机中的部件和装配增加了智能特性，并将 3D 数据的使用延伸到了整个扩展型企业内部的具体角色，这些角色需要了解达索的产品功能，以便丰富并补充产品数据，并对从设计到回收的整个产品生命周期进行管理。达索系统的 PLM 解决方案能够让全球不同规模和不同行业的企业在产品成型前设计、仿真并体验产品。

目前，达索系统早已进入了第四个阶段：3D EXPERIENCE，也就是三维体验平台，该平台将虚拟技术拓展到超越 PLM 的领域，它不仅以提高企业在其行业内的核心竞争力为目标，更为产品设计者、制造商、销售者以及最终消费者提供了愉悦的体验。这也是三维体验平台名称的由来。

6.1　三维体验平台的功能概述

三维体验平台即 3D EXPERENCE Platform 是一个业务体验平台，对于制造企业来讲，这种业务体验平台可以涵盖它自身的产品设计、工艺规划、制造安排、订单管理等诸多方面，它提供了建立数字化企业所需的必要工具和手段。三维体验平台所具备的这些能力都服务于企业，从一个现代化制造企业的有效运行出发，会发现它的管理工作非常耗时耗力，比如企业内部门之间的协调，与产业链上下游企业间的协调，制造工厂中出现的各种停线停产，库存系统的物料供应中断，设计出的产品被消费者投诉质量缺陷，或者功能缺失而不得不重新设计等。这些难题都是企业的管理者所面临的巨大的挑战，企业也迫切需要对这些挑战做出回应，理顺协同关系，提高信息化建设水平，采用更先进的设计工具，以及采纳更完善的质量管理体系等。达索的三维体验平台正是为应对这些挑战而研发的。

6.1.1　制造企业的变革需求

在当今转型升级的大背景下，各制造企业面临很多挑战，也让他们对技术与管理的变革需求显得更加迫切，通过对这些挑战的分析，可以发现当今的制造企业存在如下四个维度的需求。

1. 协作维度

第一个维度，是协作的维度。

尤瓦尔·赫拉利在其《人类简史》中写道："人类的发展史，就是协作的发展史"。协作使得渺小的人类力量可以实现一加一等于二，甚至大于二的效果。而协作的深度和广度也是我们区别于其他物种的重要特征。以此类比，对于一个企业来讲，协作的水平若能大幅提升，无疑会极大地增加它的创新能力和竞争能力。

当然，对于企业来讲，协作的内涵会更加具体，在一个新产品的研发过程中，研发部门和工艺部门之间，设计工程师和制造工程师之间，公司领导层和车间执行层面之间，都存在多种形式、多种内容的协同。例如，研发部和工艺部召开的工艺评审会，设计工程师小张打给工艺工程师小李的一通电话，或者某工厂经理发给 IT 主管的一封电子邮件等。

除此之外，任何一家企业并非像孤岛一样存在于这个世界上，它存在于零部件的上下游供应链中，存在于国内/国际贸易的交货周期中，存在于竞争对手的对标审视中，也存在于消费者的口碑中。

而如果一家企业能够将产业链的整合能力、订单的交付能力、竞品分析能力和客户美誉度的把控等诸多层面的信息与企业内部的研发系统和制造系统高度协同起来，那它必然是这个行业中的翘楚。当我们用这个视角去审视周围那些成功企业的时候，你会发现，他们无一不将协作做到了极致。

2. 建模维度

第二个维度，是建模的维度。

建模，是人类认识和评估这个世界的一个有效的方法，我国宋代科学家沈括就是一位建模的高手，他曾经为一次边境调查构建了一个三维的地图来表示相关地区的山脉、河流、道路等信息，这份地图用以测算行军路线、粮草的运输统筹等。当然当时他用到的材料是木头和锯末。得益于计算机技术的飞速发展，现在可以通过计算机建模的方法来更好地认识世界、改造世界。

对于一个现代的数字化企业来讲，3D 建模是一种基本能力，可以根据用户需求，在计算机中构建虚拟的产品形态。这个虚拟的产品可以有自己的机械结构，有自己的电子电路，甚至有自己的控制软件。

对比过去沈括的方法，现代的工程师有很大的进步。不仅可以实现三维几何的数字建模，还可以实现行为逻辑等的建模，比如在电子电路设计方面的产品建模。

3. 仿真维度

第三个维度，是仿真的维度。

仿真不同于建模，但仿真的基础是建模。模型是仿真的基础，仿真是对模型的推演，沙盘推演说的就是仿真。

对于企业来讲，仿真为工程部门评估产品本身的特性、产品的可制造性以及可维护性提供了手段。大家都知道，现在的高铁列车跟十年前的普通火车比起来，它的速度由大约 140 公里每小时，提高到了 350 公里每小时。随着速度的提升，列车的外形也发生了明显的变化，这种变化尤其体现在车头。如图 6-1 所示，早期的火车车头就像一个长方体，而且门窗以及散热孔的设计线条都是方正的矩形，车厢整体有凹有凸，这种车厢在列车飞速行驶的过程中就会产生很大的风阻，而且速度越快，这种阻力就越大。而高铁列车不同，它的车头设计非常具有流线型，不仅车头更加扁平，而且周边的功能性突出物都很好的设计到车厢内部，外形保持了很好的光滑度。这种车厢就具备平顺的流线型，这种车型在高速行驶的过程中就能极大地减少来自空气的阻力，从而使得高铁 350 公里每小时的速度成为可能，并能节省很多能源的消耗。这种列车外形的设计就有赖于基于空气动力学的 CAE 仿真分析技术，在这种仿真技术的支持下，设计人员可以通过对车体外形进行三维设计和风阻仿真分析的迭代，从而得出阻力较小、噪声较小的外形设计。

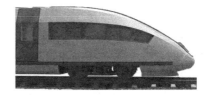

图 6-1　传统列车和高铁列车的车头

再比如，对于一个设计中的产品能否顺利地组装出来，以前的设计工程师可能需要制造出真实的零部件（样件），逐个进行组装，当发现某些零部件组装不了的时候，调整组装顺序重新组装；当调整组装顺序仍然不能完成装配的时候，可能就需要重新设计部件，改变其规格大小以实现顺利安装。这种方法非常耗时耗力，而现在可以通过虚拟的工位环境将设计中的产品数模进行组装仿真，这种组装仿真可以评估装配次序的可行性、工具的可达性以及零件和部件之间的装配间隙，或者干涉深度，从而快速评估一款产品是否可以顺利生产出来，这种仿真技术就是工艺仿真，它可以加速企业的研发流程，并使得设计的产品具备更好的工艺特性。

4. 智能化维度

第四个维度，是智能化的维度。

智能化，是应这个时代的要求而生的。在以往的企业或产品中，我们总能看到一些星星点点的智能化的影子，但不成规模，不成气候。比如早些年的高级轿车中，可以通过语音给汽车发送"打开收音机"的指令，而汽车也可以顺利地执行这个指令，看起来，有点语音控制智能化的影子。可是，要这个功能顺利实现，需要事先录入一段录音，每当重复这个语音"打开收音机"的时候，汽车就可以自动打开收音机。假如发出的这个指令由男声变成了女声，或者由声音低沉的小张换成了调门较高的小李，再或者由"打开收音机"变成了"把收音机打开"，这个指令就不能被顺利执行了，因为它识别不出来。

同样的汽车的例子，当今的智能化则可以实现这样的场景，不论小张还是小李，不论是男声还是女声，不论你用普通话还是广东话，甚至不论你发出的是英文指令还是中文指令，汽车都可以顺利识别，并帮您打开收音机，它甚至还能给您对话，问您需要调整到哪个频道。

这种级别的智能化的背后，是语音识别技术、语义分析能力、网络搜索能力、对话上下文管理以及语音合成等技术的提升。当然也可以说这是云计算和大数据的技术，但这样描述太过笼统。事实上，人工智能、云计算和大数据分析在任何一个应用场景中，都有一些非常专业的技术以及较高的门槛，若想将其能力发挥出来，需要在这些细分领域中深耕细作，并各个突破。所以，如果一个企业希望能够在其企业管理或产品研发过程中应用智能化技术，我们"道阻且长"。

6.1.2 三维体验平台的四个象限

与企业这些层面的需求相对应，达索三维体验平台中的应用可以分为四个象限，分别满足数字化企业的四类需求。如图 6-2 所示为 3D EXPERIENCE 平台的四个象限。

（1）社交和协作象限

在社交和协作象限中，它涵盖了一系列的应用，帮助企业实现全流程的 3D 生命周期管理，企业可以依此将项目、产品、部门与人员协同起来，实现高效的协作。

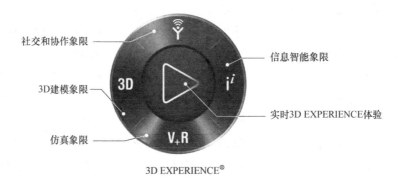

图 6-2　3D EXPERIENCE 平台的四个象限

（2）3D 建模象限

在 3D 建模象限中，它涵盖了一系列的功能模块，它可以实现从分子建模到星球体量的建模工作，用模型描述现实世界，用模型规划理想世界。

（3）仿真象限

在仿真象限中，它涵盖了 CAE 有限元分析以及工艺设计和仿真能力，企业可以依此实现对现实世界的预演和评估，用虚拟世界仿真现实世界，用仿真手段改善产品，完善与自然的关系。

（4）信息智能象限

在信息智能象限中，它涵盖了大数据与人工智能的应用，企业可以依靠数据挖掘和机器学习的能力，大大拓展对市场、消费者以及自身产品质量方面的监测和优化能力，从而使决策更加准确。

在三维体验平台中的四个象限，既相互区分，又相互关联，这些关联体现在他们共享单一数据源，并实现了数字连续性。

（1）单一数据源

在一个制造企业中，每天都会生成大量的数据，这些数据可能是设计模型、设计 BOM、生产订单、质量统计或者是工艺路线，这些数据往往由不同部门生成，也有可能被不同的人员访问。

在当前诸多企业的现状当中，很多部门的数据往往各自管理、各自维护，并拥有自己专门的 IT 系统来负责管理这些数据。每当兄弟部门需要跟他们索取一些信息时，他们往往会通过邮件，或者共享文件的方式将数据拷贝给他们。而当这种数据的索取变得非常频繁和常规的时候，他们往往在不同的 IT 系统之间进行系统集成，通过程序来实现这种信息的拷贝。这种拷贝很容易导致信息不一致的情况，因为数据有它自己的时效性，当它发生变更或者版本迭代的时候，往往不能保证被拷贝的数据是最新的。

而在三维体验平台中，可以避免这一切。三维体验平台四个象限中的所有数据都已经结构化，并在其底层的数据库中唯一存在，这样一来，不同部门的人员就可以根据自己的协作空间和用户权限去访问自己所需的数据，而不必去从周边的 IT 系统中拷贝数据。

能否实现单一数据源，是判断是否能够建立数字化企业的一个标杆。当前几乎所有的制造企业都能够熟练地应用各种 PDM/CAD/CAM/ERP 或者 MES 系统来实现自己企业在研发管理、三维设计、加工编程或者制造现场管理等方面的数字化应用。但是，这些企业仍然存在各种协作方面的问题，例如，研发端生成的数据无法快速传递到制造端进行工艺审查，MES 系统当中的工艺路线需要重新搭建，而无法消费工艺端生成的工艺主数据等。

一般来讲，这些企业会利用系统集成的技术，将上述所需信息进行传递，通过中间表单或数据库访问的方式，来实现数据流的传递。

而三维体验平台则实现了单一数据源的理念，在三维体验平台的框架之内，实现了以数据流的方式进行信息传递。

（2）数字连续性

数字连续性是从一个企业的运营逻辑出发来讲的，不论是从研发、工艺、制造、销售、维修维护这条研发流程来看，还是从订单、生产计划、采购、生产排程、执行监控、订单交付这条供应链的角度来看，上述各个环节信息传递的时效性，往往决定了企业运作的效率。

企业各部门的每个业务场景中，都会产生大量的信息，比如设计部门生成设计图纸，生产部门制定生产计划，质量监控部门收集每个批次产品的质量监控信息等。在以往很长的一段时间内，这些信息的传递方式也经历了多种形式的演变，如图6-3所示。这种演变可以做如下概括：

图6-3 文档与模型

1）信息载体，由纸质文档转变为电子文档。

2）信息组织方式，由离散的文件转变为结构化存储的数据模型。

纸质文档在制造企业中存在了很长时间，甚至现在，仍然可以在很多地方看到这些文件。比如，在 20 世纪 80 年代，很多企业存在手写手绘的设计图纸，当时工程师的主要工作环境就是木板＋丁字尺＋三角板，自此之后在 20 世纪 90 年代初还有一场轰轰烈烈的"甩图板"运动，它的历史不必详说，但足以说明在那个历史时代，手写手绘的信息创建方式和信息承载方式是很不方便的。

纸质文档的另外一个例子是在生产车间，工人作业所需的指导文件，仍然是纸质的，它有可能是被打印机打印出的一份物料清单，也可能是包含某个零件的加工精度要求的二维剖面图。

而电子文档则在计算机技术普及之后被大量应用，并随着一系列的计算机软件的诞生，形成了三维设计图纸、三维作业指导书等。这些文档的主要特点是：它们不再依托于纸张，完全可以在计算机网络中进行传递。

虽然电子文档在信息载体这个层面有所进步，但它的组织方式却没有明显的改变。比如，虽然人们不再将纸质文件由工程师的办公室跑步交付到生产车间，而是以电子邮件或者其他的通信技术将这些文件发送到车间，但他们仍然没有脱离文件的思维方式。他们仍然在以文件的方式思考问题和解决问题，而这种思考方式将大大限制企业协作水平的提高。因为信息传递在企业的协作模式中，本身就是一个伪命题。

如果从数据模型的角度来思考这些问题，问题将变得简单许多。假设在一个制造企业中，它有自己的一个信息中心，企业各个部门所生成的、所消费的所有信息都被这个信息中心所容纳，并被管理。比如设计部门创建的三维模型被保存到这个信息中心里，工艺部门所创建的工艺路线也被保存在这个信息中心里，甚至连生产部门所生成的生产计划也被保存在这个信息中心里。与此同时，工艺部门在设计工艺路线的时候，可以参考设计部门创建的三维模型，生产部门在制定排程计划的时候，也可以参考工艺路线中的工时节拍信息，那么此时，就不需要将这些被参考的信息用邮件在各个部门之间传递。

在这种模式下，只需要确保这个信息中心里面的信息能够被有效管控即可，也就是说，哪些类型的信息可以被谁创建、访问、参考、修改以及审批等，都需要有效地控制起来。那么此时，就可以认为这个信息中心的所有信息被一个数据模型所管理。在这种模式下，企业可以被认为实现了数字连续性。

其实在很多企业中，或者说很多工业软件中，他们都在某种程度上实现了这种数字连续性，但实现的范围和成熟度都比较小。比如在某个企业的 MES 系统中，它往往存在一个工艺主数据模型，在它的 CAPP 系统中也会存在一个工艺主数据模型，而这两个工艺主数据往往颗粒度不一致，结构也不一致，那么它可以实现部门级的数字连续，却很难实现企业级的数字连续。在这里并不想强调 MES 和 CAPP 系统应该设计完全一样的工艺主数据，而是说，应该存在一个工艺主数据，使得 CAPP 和 MES 系统都能够在其架构之上有效地运行。

6.1.3 三维体验平台的数字化制造理念

在历史的不同阶段，数字化制造的内涵是有明显不同的，随着技术的不断进步，数字化制造的含义也会不断地深化和拓展。

当前，很多企业会建立起自己的三维工厂，并实现全工厂的浏览漫游，查看工厂内的设备布局、产品的位置摆放，并检查输送线路的通畅与否。

同时，人们将产品进行数字化描述，建立起它的三维数字模型，从而将其装配次序、装配关系以及所需工具在虚拟环境中进行校验，这就是通常意义上的数字化制造。它一般涉及虚拟产品、虚拟工厂、虚拟工艺过程等信息，它能够在工艺过程合理性、工位资源适配性、设备/人员负载均衡性、工具可达性、操作人员可视性等角度对制造过程进行规划、评估和优化。这种手段在国内外的航空工业、汽车制造业中的应用已经非常成熟，并已经在提高产品质量、缩短新产品量产时间，以及节省企业变更成本等诸多方面显示出强大的威力。

接下来，本章将从第二节开始，讲述数字化制造的理念如何在一个企业中逐步实现。

6.2 BOM 与 PPR 模型

在第 2 章中，介绍了数字化工厂的"PPR 模型"，即产品、过程和资源模型。在本节，将介绍在三维体验平台上是如何定义 PPR 模型的。

6.2.1 从 EBOM 到 MBOM

实现数字化制造，首先要有产品的数字化描述，而要描述一个产品，必然要先弄清楚它的物料清单。

物料清单，即 BOM（Bill of Material），它是制造企业记录产品所需物料的一个列表，按照用途划分，它又可以分为很多种类型，比较重要的有 2 个，即 EBOM 和 MBOM。

EBOM 即 Engineering BOM，它是设计部门产生的数据，产品设计工程师根据设计需求或者功能需求对产品进行三维设计并指派物料名称、物料编码等信息。EBOM 是整个 BOM 系统中的基础数据，它可以演变成其他形式的 BOM 结构。从层级结构上来讲，EBOM 的层级结构反映了产品在设计功能层面的意图。如果该物料清单是以三维的方式展现，可以称其为 3D EBOM。

图 6-4 所示为三维体验平台中的 3D EBOM，图 6-4a 是由设计部门完成的发动机三维模型，它包含了这个发动机每个零件的名称、编号以及尺寸和形状信息，也包含了发动机各个零部件之间的装配位置。图 6-4b 中的视图，展现了该发动机各个部件之间的总成关系，这个总成关系体现了发动机设计工程师在功能定义层面的定义。此时，它并没有考虑产品按照何种次序进行装配。在三维体验平台中，这个数据是直接从研发工程师的协作空间中检索得到的。

 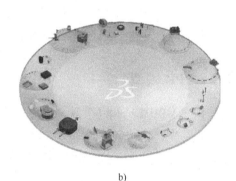

a)　　　　　　　　　　　　　　　　　　b)

图 6-4　3D EBOM 示意图

完成 3D EBOM 的获取，就需要将其重构成 MBOM 结构。

MBOM 即 Manufacturing BOM，它是应用于制造现场的 BOM，是由工艺工程师根据产品自身的装配需求创建的物料清单。首先，它是由 EBOM 或者 PBOM 演变而来，并且包含了某些工艺辅料节点，这些节点可能是 EBOM 所不具备的，比如某些消耗性物料、清洗剂、打磨耗材等。其次，它的层级结构完全体现了产品在工厂中的装配关系，这和 EBOM 中的层级结构有所不同。

如图 6-5a 所示，在三维体验平台中，可以将发动机的 3D EBOM 拆分并重构成为完全反映发动机在车间中装配时所遵循的装配层级结构。同时，在合适的位置为该结构添加辅料信息，并标明用量。

在重构此 MBOM 结构的过程中，可以使用三维体验平台中的"分配助手"（指派助手），如图 6-5b 所示，在该助手中，可以将左侧三维视图中的待分配

3D EBOM，消耗式地分配到右侧的 MBOM 节点中去，通过这样的分配，可以确保 BOM 重构不会丢失，且不会重复。由此，就可以完成从 EBOM 到 MBOM 的转换工作。

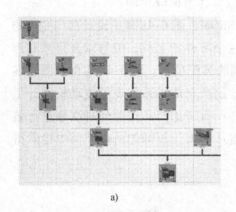 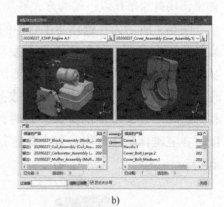

a)   b)

图 6-5   三维体验平台上的 MBOM 示意图

6.2.2   PPR 模型

当创建 MBOM 结构时，就必须弄明白在三维体验平台中，工艺数据是如何组织的。首先，它的名称叫作"PPR 工艺数据模型"。达索系统将工艺数据模型概括为"产品""制造 BOM""工艺路线"与"生产资源"之间的关联关系（见图 6-6）。

在这个数据模型当中，可以做如下解释。

1. 3D EBOM

3D EBOM 是作为工程数据出现在此 PPR 数据模型中的。它作为工程设计部门的输出物，既包含三维数模信息，又包含物料信息。

首先作为 BOM 的一种，它属于一种物料清单即 Bill of Materials，每一个父装配单元包含所有子装配件、中间件、零件及原材料，也包含由它构成装配单元的零件原材料的数量。当然如果在一些特定的制造行业，它的称呼可能会有所变化，比如在轮胎制造业，或者在电池制造行业，它可能被称为"配方"。作为 BOM 的每一个节点，都有其物料编码、物料名称、定额等信息与之对应。

其次作为 EBOM 即 Engineering BOM，其名称就决定了它的父子结构关系，必然是以工程设计角度出发而形成的上下级关系，它描述的是产品的设计结构。

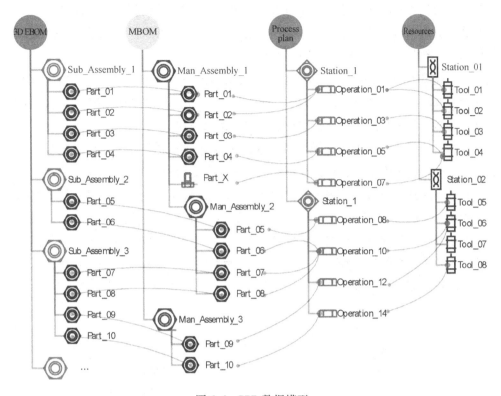

图 6-6　PPR 数据模型

最后它作为 3D EBOM，代表了其中的物料都有三维模型与其对应。每个零件，它的尺寸大小、几何形状、公差标注信息，或者制造需求信息等都一个或者多个由 CAD 软件创建的几何模型与之对应。

2. MBOM

制造 BOM 即 MBOM，由其名称也可以得知，它的父子结构关系反映了最终产品在生产过程中，其每一个零件、装配件和最终产品的装配层级。这种层级关系，描述的是产品的装配结构。与前述中的 3D EBOM 相比，3D EBOM 由设计工程师搭建，反映的是产品的设计结构；而 MBOM 则由工艺工程师或者制造工程师重构，反映的是产品的装配结构。

而作为 MBOM，它的绝大部分物料信息，由 3D EBOM 继承而来。事实上，在达索的三维体验平台上，MBOM 就是通过对 3D EBOM 的消耗式分配得到的一个结果。由图 6-6 可知，3D EBOM 中的每一个节点，都被分配到了 MBOM 视图中，但其层次关系和配额数量等信息可能会被拆分或重组。

举个例子，在一个发动机的 BOM 信息中，3D EBOM 可能有缸体、缸盖、水箱，以及负责紧固这几个部件的 5 个螺栓构成。为简单化起见，可以认为这个产品的层级结构可能是发动机→缸体、缸盖、水箱、紧固件→螺栓 1、螺栓 2、螺栓 3、螺栓 4、螺栓 5，如图 6-7 所示。

在此 BOM 结构中，5 个螺栓被设计人员归到一个层级当中，它们可能拥有共同的物料编号和名称，但作为 3D EBOM 的一个元素，它们却有不同的位置信息，这些信息都是通过几何模型在空间中表达出来的。

注：在某些企业的设计规范中，这些螺栓有可能被设计成一个几何体，并通过 5 来表达其数量。这种设计规范往往导致不能顺利实现三维工艺的设计。

接下来就要重构 MBOM，而 MBOM 的层级结构很可能是这样的，发动机→螺栓 3、螺栓 4、螺栓 5、水箱，总成 1→缸体、缸盖、螺栓 1、螺栓 2。它代表了先用螺栓 1 和螺栓 2 将缸体、缸盖组合成一个工艺中间件——总成 1，然后再通过螺栓 3、螺栓 4、螺栓 5 将水箱与前面的总成 1 结合起来。如图 6-8 所示为 MBOM 示意图。

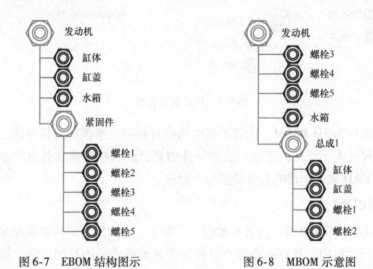

图 6-7　EBOM 结构图示　　　　图 6-8　MBOM 示意图

由此可见，MBOM 反映的是产品的装配层次关系。

而这种重构过程，则是通过将图 6-9 所示的左侧的 3D EBOM 消耗式分配到右侧的 MBOM 中实现的。

然而，MBOM 中的所有节点，并不完全来自于 3D EBOM，有些节点是 MBOM 新建出来的。比如在上述的例子中，工艺工程师在搭建 MBOM 的过程中，发现需要胶水来黏合总成 1 与水箱，那么在此时，就需要在如图 6-10 中的 MBOM 结构中将胶水一项加进去，并注明其数量（容积或其他计量单位）。而设计工程师在其 3D EBOM 中并不会体现此物料信息。

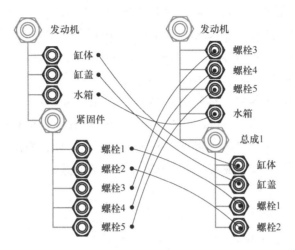

图 6-9　EBOM 转换为 MBOM

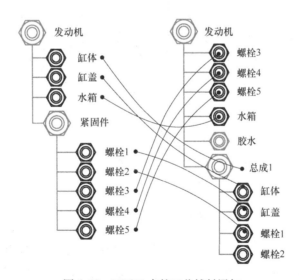

图 6-10　MBOM 中的工艺辅料添加

3. 工艺路线

完成了 MBOM 的重构之后，产品物料层面的工作就告一段落了，需要将产品的工艺次序定义出来。比如，谁先安装，谁后安装，需要多少时间，放到哪个工位安装等。

首先根据产品自身的装配特点，以及将在其中生产的工厂自身的约束条件，将其工艺次序进行初步的排布，如将在什么样规格的生产线中进行生产，包含

207

多少个工位等。一般而言，企业在这方面有自己的规范或者行业惯例来约束。比如在汽车的总装线中，习惯将其分为内饰线、底盘线、外饰线、门线、检测线等线体，根据制造资源要求以及节拍要求再将每个线体划分为不同的工位。

在此过程中，需要通过有向无环图（DAG 图）来定义物料的安装次序，如图 6-11 所示。在此有向无环图中，每个节点代表不同的工艺步骤，而这些工艺步骤之间，可能存在各种各样的次序约束。比如，Operation_4 需要先于 Operation_3 和 Operation_5，而 Operation_1 一定要在 Operation_5 和 Operation_2 完成之后才能开始等。这些约束关系可能受制于多种因素，如果打乱这些次序，可能导致安装路径出现干涉，或者导致安装质量隐患等问题。

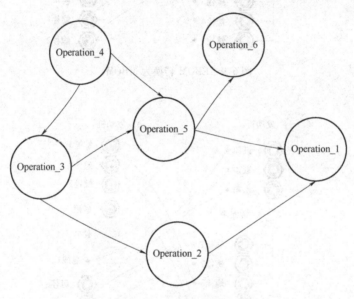

图 6-11　有向无环图

定义好工艺次序之后，还需要将工时定额信息加入工艺路线中，工时定额的准确与否，对于流水线式生产系统尤其重要和敏感。在达索系统的三维体验平台中包含了"标准工时测定"方法。它允许企业中的 IE 工程师（工业工程工程师）基于常用的时间测量系统，比如 UAS、MTM、MEK 和 STD 等，或公司专有时间标准有效可靠地分配、分析和管理执行特定工艺操作所需的时间。这些时间分析系统所需的工时卡片已经包含在软件界面中，并且可在时间分析过程中输入。在提供上述默认工时卡的同时，还允许企业根据自己的规范自定义工时卡。

当工艺次序叠加工时信息，就需要考虑工时平衡，三维体验平台具备自动工时平衡的能力。可以在考虑工艺次序约束的条件下，将整条产线的所有工艺步骤按照工时叠加均衡的原则，将其自动排布到不同工位中。如图 6-12a 所示，初始系统中包含 8 个工艺步骤，这 8 个工艺步骤分别取名为蓝色-1、蓝色-2、蓝色-3、褐色-1、褐色-2、绿色-1、绿色-2、绿色-3，这些工艺步骤按各自颜色及序号有先后的约束关系，如蓝色-1、蓝色-2 和蓝色-3 是按次序先后完成的。同时蓝色-2 和褐色-2 之间也有明确的先后制约关系，也就是说，褐色-2 必须要在蓝色-2 完成之后才能开始。假定通过前面的标准工时测定所有工艺步骤的时间是 10s，他们的加总时间为 80s。

在实现自动线平衡之前，需要确定目标系统的子系统数量。假定目标系统包含 3 个子系统，此时三位体验平台要将这些工艺步骤合理地排布到目标系统中，在排布过程中，它既会考虑工艺之间的先后约束关系，又会考虑三个系统之间的工时平衡，其结果如图 6-12b 所示，可知此生产系统的节拍为 30s。

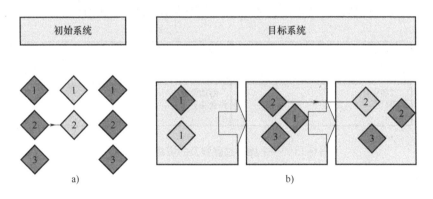

图 6-12　自动线平衡

4. 工艺资源

工艺资源泛指工厂内除去产品及其零件之外的所有可见物品及其附属物。比如输送设备、工作台、AGV 小车（Automated Guided Vehicle）、工人（Worker）、工具（Tool）、机器人（Robot）、数控机床（NC Machine）以及各种料箱料架等。

在构建工艺资源结构树的时候，一般会按照工厂的逻辑结构来组织相关数据，例如工厂-产线-工位-工人/机器人-工装-工具等。这些资源需要具备相应的三维模型与之对应，并包含该资源自身的规格信息。

资源节点也有自己的特定规格，比如在达索的三维体验平台中，工艺资源分为三大类：

（1）主要资源

主要资源可以主动作为，比如工人、机器人、数控机床等，他们可以自动或者主动实现一些工艺过程。

（2）二级资源

二级资源与主要资源相对应，比如扳手、焊枪等。一般来说，他们会通过主要资源的行为起作用，比如工人拿起扳手去拧紧一个螺栓，此时是工人作为主要资源，通过使用二级资源扳手，来完成拧紧螺栓这个工艺过程。

（3）附加资源

附加资源一般不直接参与工艺过程，但它对工艺过程的完成起到间接作用，比如一份作业指导书，或者一段 NC 代码。

仍然是上述例子，工人通过阅读作业指导书的相关信息，拿起扳手，顺利地将螺栓拧紧在正确的位置上。此时，作业指导书是附加资源，扳手是二级资源，工人是一级资源。资源的组织形式和相互关系如图 6-13 所示。

主要资源		资源矩阵	扳手1	锤子2	作业指导书
工人1		工人1	√		
工人2		工人2		√	√
二级资源		附加资源			
扳手1		作业指导书			
锤子2					

图 6-13　一个操作过程涉及的资源及其类型

6.3　工厂布局

工厂布局是进行工艺仿真的基础，只有完成了工厂三维布局，虚拟的三维工厂为工艺仿真提供了仿真环境，各种类型的工艺仿真才能得以进行。

当前，三维厂房设计、三维工厂布局技术已经非常成熟，但是在传统上，特别是在过去很长一段时间里，很多企业仍然依靠二维手段来实现工厂的布局设计。探讨导致这种现象的原因，主要是受制于早年三维设计的应用不够广泛，二维 CAD 工具大行其道，导致许多国家标准、国家规范以此为依据，使得施工单位、产线供应商等协作单位都以二维布局图作为交付标准，给三维工厂布局技术的推广造成了障碍。

这就好像 USB 的 Type-C 接口标准，业界都知道 Type-C 接口更加便利，比如正反可插、与雷电协议共用接口、可更大功率供电、可接显示器等，但是由于现存的 Type-A 设备还非常多，所以不能一刀切地全部换成 Type-C 接口，但这是一个必然的趋势。

达索的三维体验平台，可以让企业轻松地创建工厂的三维布局，可以快速地进行初步设计或概念设计，以供讨论或评审，同时它允许在初步方案的基础上不断细化设计，不断地进行改进和修正。进行工厂的三维布局，需要按照以下几个步骤来进行。

6.3.1　定义资源

任何资源在三维体验平台中都有其特定的类型，每种资源类型也都有各自的特征，从资源的使用方式上可以将资源进行分类。

（1）工作资源

工作资源就是可以主动完成工艺任务的资源，比如机器人、机床，或者工人、AGV 小车等，这些资源的主要特点是，它们可以主动作为，可以使用工具或者独立地完成某个特定的工艺过程。

（2）非工作资源

非工作资源是跟工作资源相对的，它们并不能主动地完成一个工艺过程，比如一把扳手，在没有工人握持的情况下，它不能完成任何工艺任务，它们的主要特点就是被动，具体来说，非工作资源主要是指一些工具设备类的资源，比如焊枪、扳手、传感器等。

（3）组织资源

组织资源跟上述两种资源都不同，它主要是表达与工艺过程相关的位置信息，比如工位号、产线名，或者某个具体的站台、某个输送线路等。

除了从使用方式的角度去区分资源分类，还可以从资源的自身运行逻辑角度给资源分类，从这个角度来说，资源往往可以区分为如下类型。

（1）可编程资源

可编程资源容易理解，比如机器人拥有自己的机器人程序，可以将机器人程序导入机器人控制器，控制它的行为。同样地，NC 机床也可以在 NC 代码的支持下完成自己的作业任务。

（2）不可编程资源

不可编程资源与可编程资源相对，不可编程资源在三维体验平台中不能拥有自己的逻辑或者行为，比如组织资源都是不可编程资源。

从上述两个维度对资源类型进行分类后，可以对三维体验平台中现有的资源类型进行如下整理，见表6-1。

表 6-1　三维体验平台中的资源类型

资源类型	显示方式	非/工作资源/组织资源	编程/非编程资源
面积		组织资源	不可编程资源
制造单元		组织资源	不可编程资源
机器人		工作资源	可编程资源
工作者		工作资源	可编程资源
传输		工作资源	可编程资源
传送带		工作资源	不可编程资源
NC 机器		工作资源	可编程资源
工业机械		工作资源	不可编程资源
检查		工作资源	可编程资源
控制设备		工作资源	可编程资源
逻辑控制器		工作资源	不可编程资源
工具设备		非工作资源	不可编程资源
存储器		非工作资源	可编程资源
传感器		非工作资源	不可编程资源
用户定义		非工作资源	可编程资源
制造产品		非工作资源	不可编程资源

6.3.2　放置对象

在完成资源类型定义之后,需要将资源模型放置到工厂中。工厂中的各类资源都有自己的三维模型与之对应,在排布这些三维模型时,可以使用对齐、旋转或者分布的方式将其放置在正确的位置上。

当单击对齐图标时，可以选择右对齐、左对齐、上对齐或者居中对齐的选项，这跟 Office 软件中的对齐选项含义相近，但有一点不同，即这里的对齐指的是三维对齐。

同样地，当单击旋转图标时，可以选择 U，V 轴进行旋转。

当单击分布图标时，可以选择 U 轴或者 V 轴，此时会沿着选定的轴将多个资源沿着此轴对齐并间距相等的方式进行放置。

放置对象也是一个布局规划的过程。在对象放置过程中，可以使用前面第 5 章提到的布局方法设计好各类资源的布局方案，再进行对象放置。

6.3.3　使用资源库

资源库是进行工厂三维布局的利器，一般来说，资源库中包含的资源都是企业长期积累的结果，在企业的发展历程中，它们会把企业经常用到的，不同规格的，适用于不同工艺场景的各种工具、加工设备、机器人以及输送系统等进行筛选、评估、整理，并纳入企业资源库中进行管理。资源库中的内容会随着企业的发展不断丰富完善，并变得日益适用于本企业的业务。

达索三维体验平台允许企业用户进行个性化资源库的定制和管理，同时，它也具备通用资源库，它已经包含 450 多个用于工业厂房布局的资源，企业可以以此为蓝本进行扩充、丰富、重新组织或者删减等工作，使其更加符合自身的需求。

在这个资源库中，资源的范围包括：加工工具、存储器、材料处理设备、基础设施（Infrastructure）和配件。

就其资源库中包含的资源分类来讲，又包含：参数资源、非参数资源、部件装配和图元形状。

一些资源附带了预定义的连接器端口，这些连接器端口在快速布局的操作中非常有用，它会帮助布局设计的时候精准地捕捉到其他对象，并使用连接器对齐、捕捉，以及将两个对象连接到一起。比如在一个大型的工作场地，需要在其外围创建安全护栏，如果这些安全护栏定义了连接器端口，那么在进行护栏布局的时候，只需点选这些端口，它便可以快速地将成百上千的护栏分段连接成一个完整的护栏围墙，这种操作使得布局精准而高效。

有部分资源可以进行参数化定义，比如某些料箱、料架或者输送系统，可以快速通过它们的长度、宽度、高度等信息进行定制，通过这些参数的设定，料箱料架的层数，或者某个滚床输送机的传动辊子数量便可自动生成出来。这种参数化的布局方法可以大大地提高三维布局的效率。

6.4　工艺仿真

工艺仿真是数字化企业验证生产工艺的先进手段，工艺仿真用于探究产品的可制造性，并从中发现工艺设计或者产品设计上存在的一些问题。

长期以来，企业研发的新产品，往往需要试生产这个环节，而且这个环节的时间周期往往非常冗长。在这个冗长的周期中，企业可以通过试生产，发现当中存在的一些问题，这些问题往往分为以下几类：

（1）设计问题

设计问题主要是指产品自身的问题，从一个设计工程师的角度出发，该产品的设计特性或者设计参数完全可以满足客户的需求，但是从工艺工程师的角度出发，它不能被顺利地制造出来。比如，某个零件的装配路径非常狭小，需要更改周边部件的尺寸，才能顺利地将该零件安装上去，此时需要找到设计工程师，做出设计变更，以便顺利地完成产品的装配工作。

（2）工艺问题

跟设计问题不同，在试生产过程中，假如碰到的问题可以通过更改工艺次序，或者更改所使用的工具型号，即可实现产品的顺利装配，此时就把问题归结为工艺问题。这类问题往往只需要更改工艺指导文件，即可解决。

（3）工装问题

在某些复杂产品的生产过程中，需要一些工装卡具来辅助完成产品的安装或者加工，而这些工装卡具往往是通过外协方式，从外协部门或者专门的工装设计公司采购而来的，若在试生产过程中，发现工装卡具设计不合理，比如出现了一些干涉情况，或者工人不可视不可达的情况，就要联系外协部门来更改它们的工装设计图纸，重新生产合乎要求的工装，以顺利地实现产品的安装工作。

值得一提的是，虽然对这些问题做了上述三种类型的分类，但现实情况中，这三者之间的边界往往比较模糊。比如，某些问题既可以通过更改设计来解决，也可以通过更改工艺或者更改工装的方式来实现，此时，就需要在产品品质、更改成本或者工艺实现的难度之间来进行平衡，在权衡三者孰轻孰重之后，确定问题的解决方式。

上述问题一般会集中在试生产的过程中被发现和解决。对于一些复杂大型产品的生产规划，过去这些问题往往很晚才被发现。例如，某新型号汽车产品需要进行生产的时候，在20世纪中期到20世纪末，很多问题都是在汽车量产阶段才被识别出来并逐步解决。而在 21 世纪，随着诸多仿真手段的采用，很多汽车厂商在汽车工程设计的时候，就已经识别并解决了大部分的问题。

从同一时期横向来看，企业间的信息化建设水平不同，工艺知识积累不同，它们识别和解决这些问题的能力也有很大差距。如何解决这类问题，在多大程度上解决这些问题，什么时段解决这类问题，是企业非常关心的话题。

数字化工厂中的工艺仿真为企业解决这些问题提供了很好的手段，通过工艺仿真，可以实现虚拟试生产，在虚拟的三维工厂中，通过工艺仿真，识别和发现各种设计问题、工艺问题以及工装设计的问题，它不需要物理工厂的存在，只要具备虚拟的三维数字化工厂，在其中仿真各个工艺过程、验证工艺次序、评估可制造性，这就是虚拟制造的理念，它的核心技术就是数字化工厂的工艺仿真。在工艺仿真的环节，可以将完整的工艺方案进行逐一的三维验证，这种验证甚至可以在物理工厂完全没有建立起来的时候去完成。这样一来，就为企业实现了"早发现、早解决、早量产"的目标，可为企业节省大量的更改成本，因为问题发现的越晚，更改成本越高，比如当外协厂商为企业提供的某个工装还没有批量制造出来的时候，或者这个工装仅仅处于设计状态的时候，就可以获取到它的三维模型进行工艺仿真，一旦发生问题，可以要求外协部门进行更改。相比之下，如果外协部门的工装已经批量制造出来，并安装到真实的生产车间内，这个时候发现问题再进行修正，付出的成本就非常昂贵了。那些先进的制造企业与落后企业之间的重要差异之一，往往就在于此。

当然，有了数字化验证手段后，也不可能将试生产的环节完全去除，事实上，很多企业在试生产的环节还有非常详细的阶段划分，比如小批试制、小批量试等，在这些不同的阶段，都有各自的评估目标和评估标准，这是跟行业紧密相关的。即便如此，如果可以将工艺仿真的手段纳入企业的研发流程中去，无疑可以极大地缩短这些环节的时间，并将问题的识别和解决时机提前，这对于节省企业成本、缩短研发周期和提高企业的竞争力方面具有非常现实的意义。

工艺仿真对于一个制造企业来说如此重要，那它的具体内容有哪些呢？一般来说，按工艺的类型来进行区分，包括装配仿真、人机工效仿真和机器人仿真。具体如下。

6.4.1　装配仿真

装配仿真是制造企业最为广泛的工艺类型，产品的组装、安装或者维修维护都涉及这种类型的仿真。在装配工艺中，需要考虑多种因素，比如装配次序、装配工具、装配环境等要素，都会对装配过程和装配质量产生影响。图 6-14 所示为装配仿真。

图 6-14　装配仿真

　　诸如在航空发动机的装配过程中，工程师可能需要通过试装试制的方法，确定整个发动机的装配工艺需要哪些步骤，需要哪些工具，以及需要多少时间等。这些问题在试制之前往往不能完全确定下来，而试装试制的过程周期又特别长。因此，如果能采用装配仿真的办法，将上述的工艺步骤、工装资源以及工时确定下来，会为企业节省大量的时间和成本。

　　在达索三维体验平台中，装配仿真模块可以按照工艺要求，在工位环境下，将产品按照其预定义的装配次序进行虚拟装配，并可以输出干涉报告，以及最小间隙的曲线，在这种功能的支持下，工程师可以非常容易地判断装配工艺的可行性、所用工具的可达性以及装配次序的合理性。

　　在装配仿真中，达索的三维体验平台还可以计算无干涉路径。即在零部件的安装位置和原始位置之间，自动计算出一条没有干涉的装配路线出来，如图 6-15 所示。

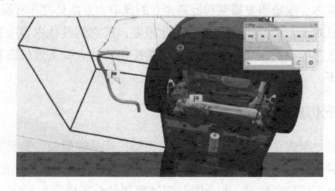

图 6-15　无干涉路径计算

在产品装配工艺中，尤其是在产品的维修工艺中，工程师往往需要将零部件从非常狭小的空间中拆解出来，此时需要拆解多少外围零件才能顺利地将目标零部件取出，是一个令人头痛的问题。在无干涉路径自动计算的功能支持下，工程师可以非常快速精准地计算出这个结果，为快速部署执行度高的维修工艺提供有价值的参考方案。

6.4.2　人机工效仿真

产品的装配、零件的安装，或者生产加工过程，不可避免地需要工人或工程师的参与，因此，人的因素是工艺过程中不可或缺的因素。具体来讲，工人的体型是否适合完成这项工作，工艺过程对于工人来说是否全程可见，以及工人操作姿态是否舒适等，这些都是企业需要考虑的问题，因为这很大程度上决定了最终产品的品质。在某种程度上讲，这些因素甚至决定了产品是否可以顺利地生产出来。因此人机工效仿真对企业来讲，是非常重要的仿真领域。

三维体验平台的人机工效仿真，可以帮助企业建立非常精准逼真的人体模型，该模型可以用于模拟产品、工艺资源以及工艺过程之间的各种复杂关系，这种仿真可以从多个维度评估产品设计的合理性、工艺过程的可行性以及工艺资源的适配性。

要进行人机工效仿真，首先需要在工位环境中插入人体模型。在产品的中间装配状态，工位三维布局已经设置完毕，此时可以插入一个人体模型来完成相关的装配工作。选择该工位的资源节点，在其下插入人体模型，如图 6-16 所示。可以对此工人进行定义，比如人口属性（美国、日本、加拿大、法国、英国、德国、韩国、印度）、性别（男性、女性）、姿态（站立、坐下），或者他所在族群的体型（5%、50%、95%）。

工人处于操作位置的时候，可以对工人进行可达性分析，如图 6-17 所示。完成人体基本属性定义之后，将其放置到工位环境中，然后对其肢体的触及范围进行分析。首先可以选择分析对象（左手、右手、双手、腿部），然后对此对象进行触及分析。

此时人体周边会出现多种颜色的触及边界显示，这些边界代表了不同类型的可靠操作模式，其解释如下：

1）精确的运动或连续高度重复动作的活动范围边界。

2）中等重复的动作区域边界。

3）偶尔进行的低重复的动作区域边界。

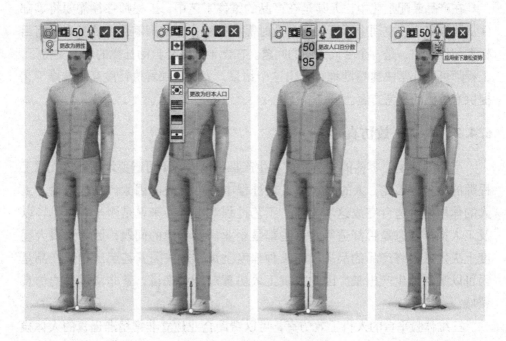

图 6-16　定义人体基本属性

4）很少触及的，基本不会重复进行的活动的区域边界。

可以根据这些动作边界来合理规划需要进行的工艺操作，确保一些精细的装配任务位置，被规划到一级活动区域之内。

图 6-17 是对可达性的评估，在同样的工位环境下，还可能需要对工人的操作姿态或操作任务进行评分，在这个领域，国际上有通用的人因工程风险评估工具 RULA（Rapid Upper Limb Assessment）快速上肢评估法，在三维体验平台中，已经将此评估标准嵌入到软件当中，可以打开相关界面进行仿真分析。图 6-18 所示为 RULA 评分。

在图 6-18 中，可以看到，工人正在进行轮胎安装的作业，在此姿态下，打开 RULA 分析界面，设定工人负载，选择姿势的频次等信息，系统会自动计算出基于 RULA 标准的系统评分。该评分包含上图右侧的每个身体部位的细节评分，也包含整体的评分。在此评分标准下，一般认为：

1）1~2 分，可接受。

2）3~4 分，需要研究改进。

3）5~6 分，需要尽快研究改变姿态。

4）7 分，需要立即改变姿态。

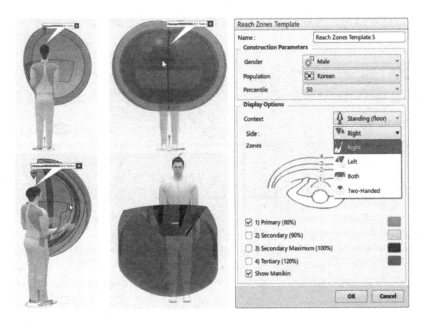

图 6-17　人体模型库

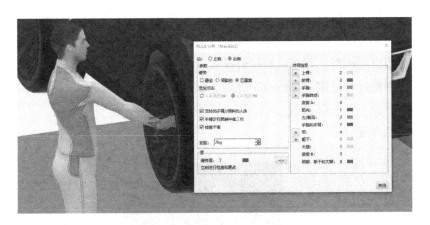

图 6-18　RULA 评分

在此分析模式下，还可以通过身体不同部位的颜色显示来直观地了解到需要改进的部位在哪里，从而为优化操作姿态提供借鉴。当明确这些操作姿态的舒适度并经过场景匹配和优化之后，就可以把这些姿态保存到系统的姿态库中（见图 6-19），每当有类似的工位环境和类似的零件安装时，就可以调用这些姿态库，快速部署工人的操作工艺。

人机工效仿真对工人的工作环境有显著的优化能力，当企业常规性地对自身工人进行人机工效学分析的时候，就会发现企业的产品装配质量也会有明显的改善。这是因为，可靠的操作姿态会保证可靠的工艺质量。

图 6-19　人体姿态库

通过人机工效仿真模块，还可以对工人的操作视野进行分析，如图 6-20 所示。可视性是评估工人操作可靠性的另外一个保证。在三维体验平台中，可以打开人体模型的视野，并可以对视野模式（阅读、符号辨识、颜色辨识等）、人的视距等参数进行设定。这些设定完成之后可以看到图 6-20 中间的两个视野信息展示，即此工人能够看到什么，其视野焦点的内容是什么，以及是否可以看到手中的操作细节等。

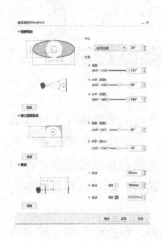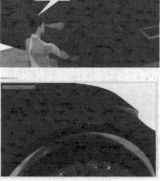

图 6-20　视野分析

视野分析在一些狭小空间内精密设备安装或维护的场景中应用非常广泛，它保证了操作的可靠性。

6.4.3　机器人仿真

工业机器人也称机械手，或者机械臂，它是面向工业制造领域的自动化装置，一般来讲它会包含多个关节，具备多自由度，在配合多种末端执行器的情况下，可以自动地完成相应的作业任务。

末端执行器可能包含：

1）机器人抓手。

2）喷涂枪。

3）毛刺清理工具。

4）弧焊焊枪。

5）电焊焊钳。

6）其他。

此外，除了这些末端执行器之外，还可能有各种其他的辅助性设备，比如，碰撞传感器、视觉识别系统、压力传感器等，这些设备会负责相应的信息采集或者信息输出，从而辅助机器人及其末端执行器完成相应的工作，这些业务场景可能包含搬运、点焊、弧焊、机加、喷涂、铆接和喷丸（见图6-21）。

图 6-21　机器人作业场景

这些作业场景都是由机器人的末端执行器来完成的，它能完成哪些作业场景，基本取决于末端执行器的特性。同时机器人本身也是因应这种业务场景而设计出来的，它会因为不同厂家、不同型号而具备不同的特性。比如有的机器人更注重高负载下的动作稳定性，有的机器人更注重动作轨迹的精度，有的机器人更注重动作的速度等，根据这些要求，厂家设计开发了不同的系列和型号，这些型号都是机器人厂家根据不同企业的不同工艺要求设计出来的。构成这些差异的主要因素，主要取决于机器人的三维几何尺寸、各个轴的运动范围及运动特性，比如线性速度、线加速度、角速度、角加速度和行程限制等。此外，这些差异还取决于机器人伺服电器的低频特性、过载能力以及控制精度等特性。

机器人的控制逻辑，主要由机器人的控制器决定。

三维体验平台的机器人解决方案，可以让规划人员创建机器人，在三维环境下布局到工位或者产线环境，并创建机器人的任务，从而分析机器人任务的可行性，输出干涉仿真报告，输出离线程序等工作，主要包括如下步骤。

1. 创建机器人

机器人本身是具有自身运动特定的运动机构，要创建一个机器人模型，首先要获取它的三维部件模型。在此基础上定义机器人各个轴之间的运动约束关系。图 6-22 所示为运动机构创建。

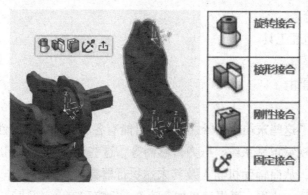

图 6-22　运动机构创建

在图 6-22 中，要想建立机器人的运动约束，需要选择两个运动部件之间的结合方式，如旋转结合、棱形结合（线性滑动）、刚性结合或者固定结合等几种结合方式，在定义这些结合方式的时候，需要用到两个部件的贴合面、旋转轴或滑动轴以及部件间距等信息。这种结合方式往往区分为命令结合和非命令结合，命令结合的部件可以在后续的动作示教中发出动作指令，从而带动其他非命令结合部件的动作。

照此步骤，逐步将机器人的 6 个轴（更多或更少）全部建立运动约束关系，并设定每个运动结合的速度/加速度限制、行程限制等信息，机器人的创建工作的第一阶段就完成了。

接下来需要验证机器人的反向运动（IK 求解），系统会自动分配反向运动求解器，经过反向求解之后，机器人便能够自适应地调整姿态，以便在后续完成焊接、装配，或者其他类型的动作仿真。

在真正使用创建的机器人做任何仿真任务之前，还需要为此机器人设置资源类型、添加运动控制器、定义安装点、定义工具更换位置等信息、定义 Home

Position 等信息，以便机器人后续的仿真应用得以实现。

与此类似，工位环境中除去机器人本体外，还有焊枪、自动化工装等运动机构，这些运动机构也需要按照构建机器人的方式去定义他们的运动特性，以便在后续的仿真场景中配合机器人实现焊接、搬运等业务场景。

2. 创建机器人任务

在工位环境布置完成的情况下，需要对机器人进行任务仿真，在三维体验平台中，有如图 6-23a 中的序列编辑器和图 6-23b 中的工具箱面板，在此面板中，可以选择对应的机器人动作（移动、抓取、释放、焊接等），并配合序列控制语句（循环、判断、等待等）将整个机器人的动作编辑出来。

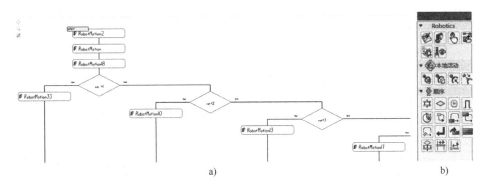

图 6-23　机器人任务编辑

3. 输出离线程序

机器人示教完成之后，可以选择特定的机器人 OLP（Off Line Programming）转换器，将机器人动作编译成机器人的控制语言，并导入现场的物理机器人中。

6.5　物流优化

在三维体验平台中构建起数字化的三维工厂之后，可以在其中进行各个维度的仿真，比如，前面 6.4 节介绍的针对工厂工艺过程进行可行性验证。在此基础之上，还可以在整个工厂的范围内，驱动各个仿真事件，让生产工位、产品、输送系统等元素联动起来，形成整个生产系统的联动运行。在这个环节当中，可以评估整个生产系统的瓶颈、节拍、设备故障等相关因素。

在这个环节当中，应用的是离散事件仿真技术，达索三维体验平台将工厂内发生的所有工艺过程、物料输送过程、设备故障和修复过程等事件，视作随机发生的离散事件，当然这些事件都有自己的时间约束，通过仿真引擎，将这些事件按照时间顺序处理并推理演进，从而推测生产系统可能发生的状况，在这种理论的指导下，通过对比工厂的不同布局、不同物流策略等方式，实现假设性分析和迭代优化。这是一种事件驱动的仿真世界观，它通过观察虚拟世界的行为逻辑和表现，来推演真实生产系统可能发生的问题，从而在问题发生之前就将其解决。

一般来讲，实施一个物流仿真项目，会有图 6-24 所示的流程，包括六大环节。

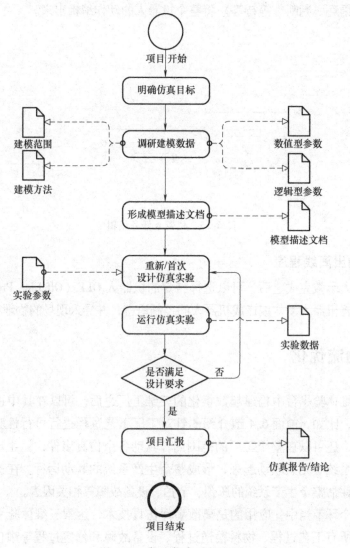

图 6-24　物流仿真项目流程

1. 明确仿真目标

物流需求调研是在进行物流仿真之前就要进行的工作，在此环节中，需要明确进行物流仿真的目的何在？也就是说，进行的所有物流仿真工作都是有其特定目的在里面的，比如，可以分析生产系统的瓶颈在什么地方？或者，需要确定生产系统中所需的最小量的 AGV 小车要多少台？再或者，需要明确明年的生产计划在此生产系统中是否能够顺利达成等。

2. 调研建模数据

明确了仿真目标，就需要针对仿真目标进行一系列的调研。就调研的信息类型来说，主要有下面几种：

（1）建模范围

建模范围，是指我们需要对生产系统的哪个部分进行建模，比如，是对输送系统建模还是对工位流水线建模？是对单个工厂建模还是对整个工业园区建模。这些都是在建模范围探讨的时候确定的事项。

（2）数值型参数举例

CycleTime：循环时间，就是某个工位/工序处理两件产品之间的时间间隔。

MTBF（Mean Time Between Failures）即平均故障间隔（时间/次）。

MTTR（Mean Time To Repair）平均修复时间（小时/次）。

（3）逻辑型参数举例

FIFO（First Input First Output），先进先出的策略：例如对于一个料箱来讲，它随时会将仓储系统送来的物料纳入其中，也由于生产线上的消耗，随时会有工人将物料取走放到工位上去装配。那么此时如果工人优先选取最先放进料箱的物料拿去装配，这种策略就是先进先出-FIFO。如图 6-25 所示，进入的顺序为 4、3、2、1，出去的顺序是 4、3、2、1。这种策略很像普通排队情况，先到的先服务。

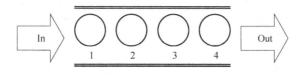

图 6-25　FIFO 策略

LIFO（Last Input First Output），后进先出的策略：同样的例子，如果工人优先选择最后放进料箱的物料拿去装配，这种策略就是后进先出-LIFO。如图 6-26 所示，进入的顺序是 4、3、2、1，出去的顺序是 1、2、3、4。这种策略很像给一把手枪装弹，最后装上的子弹，总是最先被打出去。

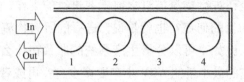

图 6-26　LIFO 策略

循环选择（Cyclic Order）：假如一个工人完成本工位的工作后，需要将半成品搬运到后续的若干并行工位中进行后续加工。若后续的若干并行工位是轮替接收此工人的半成品，那么这种策略就是循环选择的策略。如图 6-27 所示，工人将半成品搬运至后续的三个并行工位的顺序永远是 1、2、3、1、2、3，往复循环。

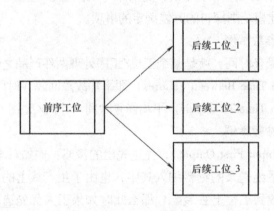

图 6-27　循环选择

按优先级选择：同样的例子，如果后续若干工位中，有某个工位中的机器是新购型号，作业模式更加科学，更快更好，此时我们可以选择将半成品优先送到这个工位，那么这种策略就是按照优先级选择。它有助于提高整个产线的节拍或者提高质量。如图 6-28 所示，工人会优先将半成品搬运至工位 2 加工，只有工位 2 处于忙碌状态且后续工位 1 或者工位 3 处于等待状态时，才尝试将产品搬运至工位 1 或者工位 3。

按比例选择：同样的例子，若后续工位中，三个产品的生产节拍是固定的 1∶2∶3，那么工人搬运半成品的顺序也应当是固定的 1∶2∶3，那么此时，我们可以直接在系统中进行设定，确保后续工位的生产能够不缺料，如图 6-29 所示。

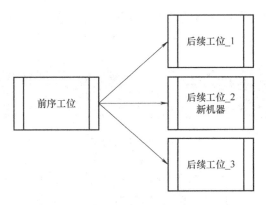

图 6-28　按优先级选择

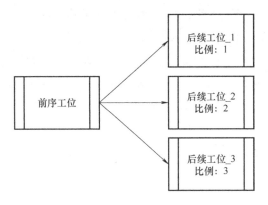

图 6-29　按比例选择

3. 形成模型描述文档

在完成建模数据调研之后，就可以形成一份模型描述文档，该文档应该详细地描述模型建立的范围、方法，以及各种类型的参数。当模型建立完成之后，模型与描述文档中的所有参数保持一致，包括数值型参数和逻辑型参数，该文档的主要作用是，确保模型的建立，符合物流仿真的目标。

4. 设计仿真实验

仿真实验的设计跟物流仿真的目标紧密相关，仿真实验的设计是进行假设性分析和多方案比选的主要手段，在试验的定义中，需要将物流模型的多个运行条件进行罗列，并将其组合成不同的试验选项，当遍历每一种试验条件的时候，物流模型会将运行结果输出到表格中以便仿真人员进行判断。

5. 运行仿真实验（迭代）

当完成仿真实验的设计之后，就需要运行这些仿真实验，不同的实验有不同的运行参数,也会导致模型会有不同的统计报表输出。以对 AGV 小车的分析为例,这些统计报表可能包含图 6-30 所示的信息。

名称	转移的产品	状态时间/s							经过的总距离/mm	使用率(%)
		空闲	空行程	负载的行程	正在加载	正在卸载	已阻止的传送			
2020-7-10_AGV KIVNON 800*800 A.1 (AGV KIVNON 800*800.5)	0	100	30.135	0	0	0			33770	23.057
2020-7-10_AGV KIVNON 800*800 A.1 (AGV KIVNON 800*800.4)	0	50	48.848	24.258	5	0			80415.996	59.759
2020-7-10_AGV KIVNON 800*800 A.1 (AGV KIVNON 800*800.3)	0	0	47.992	25.114	5	0	30.562		80416.485	59.76
2020-7-10_AGV KIVNON 800*800 A.1 (AGV KIVNON 800*800.2)	1	0	0	25.97	2.137	5	80.561		28566.65	25.33

图 6-30　仿真报告

图 6-30 中,对于五辆同样规格的 AGV 小车,他们分别运送了 4 个、1 个、1 个、0 个和 3 个零件,同时他们有各自的运行状态(空闲、运送、空驶、满载行驶、卸载、阻塞、停车等)时长对比,由此就可以非常轻松地判断哪个小车负载太重,哪个小车负载太轻,以及如何进行调整。这种工作状态的对比,还可以用如图 6-31 所示的饼图显示出来。

再举例,假如某个工位旁边的物料总是无处堆放,此时可以对此料箱进行仿真分析。当模型建立完毕,可以在此工位旁边设置一个无限容量的缓存区,运行模型之后得出类似图 6-32 所示的图表。

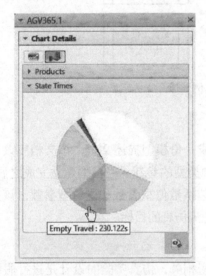

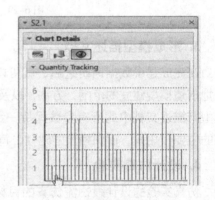

图 6-31　工作状态饼图　　　　　图 6-32　缓存区物料存量

可以发现,在日常的生产过程中,这个缓存区中的零件数量总是在 1~5 之间徘徊,最少不少于 1,最多不多于 5,因此我们可以在此工位旁边放置一个容量为 5 的料箱,即可保证不再出现物料堆积的情况。

当谈到运行仿真实验的时候,就必须说明仿真时钟的概念。在工厂的日常运行中，如果需要评估一年的生产情况，我们就得等待一年，然后获取这一年的统计数据。但在模型中，仿真时钟的速度取决于计算机的运行速度，和我们给它设置的运行参数，一般来讲，真实系统实际运行若干天、若干年，用计算机仿真可能只需要几分钟。这也是为什么采用物流仿真的方式评估真实工厂的生产情况的原因之一。

6. 形成仿真结论

仿真结论是物流仿真的最后一个环节，在此环节会把整个物流仿真迭代运行的过程进行梳理，通过仿真数据的整理，论证出生产系统改造或优化的证据链条，并将优化措施精准地体现到真实的生产系统中去。

仿真结论以各种报告或汇报幻灯片的形式存在，这些报告和幻灯片文件可以作为车间或生产线模型的一个组成部分，在三维体验平台统一模型管理下进行分发，作为模型修改和完善的依据。

第 7 章
数字化工厂实施案例

近十多年来，数字化工厂的理念在世界和中国的各个企业中得到了广泛的应用，而且这种应用也在各个企业中产生了巨大的经济效益。

首先，在传统的制造部门中，当产品还处于研发阶段的时候，就可以将其导入虚拟的数字化工厂中进行虚拟生产，以此为手段验证其生产工艺，排除在真正的生产过程中可能出现的生产资源不适配，或者产能瓶颈等问题。

其次，在不以产品生产交付为目标的企业，比如在水电工程施工领域，施工单位交付的是一座水坝，这座水坝不可能以流水线式的方式进行建造，但三维体验平台仍然可以在其施工规划的过程中发挥作用。比如基于三维体验平台可以实现施工场地的三维规划和仿真，排除其施工组织计划中的不合理因素，使得水坝的施工周期得到优化。在这种行业中，数字化制造的理念也开始得到越来越多的推广，可以称其为"数字化建造"。数字化建造脱胎于数字化制造，其关注点又不同于传统制造业，并在实践中得到施工单位和业主的高度评价。

本章将介绍数字化工厂规划的两个案例，第一个案例源自传统制造业，该企业以产品交付为目的，属于"智能制造"的范畴；第二个案例源自水电施工行业，施工单位不再以交付批量的产品为目标，而是以交付一座如期运行发电的水坝为目标，属于"智能建造"的范畴。

7.1 智能制造案例

7.1.1 案例背景

某高科技公司已经建厂几十年，在历史上创造着辉煌的足迹，并且随着产品线的拓展，在行业内建立了最全的产品种类，随着全球化的进程持续扩大市场体量也随之扩大，并获得更强的竞争优势。

随着市场变化的节奏，公司面临越来越多的内外部压力，突出体现在产品更新换代周期越来越短，新产品研发越来越快，生产端的问题暴露得越来越明显。

在这个背景下，公司需要突出解决生产效率问题，通过数字化制造项目实现柔性定制化生产，满足客户频繁变动的需求；建立经营活动数据化、移动可视化的能力，满足整体运营需求。通过数字化工艺仿真分析、测试验证工具，解决生产现场存在了几十年"工艺评审靠经验、方案验证靠样机、公差装配靠暴力、产线物流靠喊话"的问题，使用工艺仿真工具进行前期的验证，大大缩短投产周期和调试时间，在仿真中解决暴露出的问题，使"投产即量产"的概念可以得到极大程度的满足，从而减少上述生产端在实际投产后暴露的问题，来减少公司的内部压力，进一步提升市场竞争力。

就此，通过针对性地导入工艺仿真工具，切实解决研发领域及制造领域工艺相关的痛点问题。主要通过对以下几个点的突破形成整体层面的能力建设和带动解决以上生产相关问题。

1. 导入工艺仿真软件，具备可制造性仿真能力

在充分收集现有业务需求及痛点的基础上，结合高科技领域行业的先进经验，制定详细的工艺仿真导入策略，梳理工艺仿真实施范围、方法和工具，确保工艺仿真的导入能切实解决开发项目及生产过程中的实际问题。依据确定的实施范围，参考优秀的工艺仿真供应商提供的专业工具，有选择性地引入必需、急需的仿真模块，以代表机型、代表产线为切入点，具备初步的可制造性仿真功能。项目实施过程中逐步扩大仿真实施范围至所有机型、全部产线，并结合人员培训、硬件配置、团队建设、技术支持、二次开发等，使公司具备可制造性仿真能力。

2. 辅助产品开发，缩减项目周期，减少修模次数

使用工艺仿真工具装配仿真模块，在开模前即产品设计阶段，对产品数模进行装配仿真验证，结合产线的实际情况对人员、工装、工具、夹具、物料等环境干涉问题进行详细分析，提前暴露零部件干涉、装配路径干涉、工具干涉等问题。新结构方案的装配仿真验证及问题解决方案虚拟验证都能输出详细的装配分析报告，为产品研发工程师提供有利的技术支持。输出完整的产品装配动画，直观地展示装配过程，可与 MOM 系统（制造运营管理系统）集成直接投

射到产线工位，指导产线生产。前期暴露、充分验证、优选实施，工艺仿真软件势必会成为缩减项目周期，减少修模次数的有利工具。

3. 产线物流优化有据可依，生产物流效率的全面提升

使用工艺仿真工具产线物流模块，对产品产能、工时、节拍等进行全面的仿真分析，充分暴露生产问题点及瓶颈环节。实现生产线及工厂布局的全三维设计和完全的可视化，并实现生产线及工厂布局与制造工艺的关联。对新产线投入、老产线优化、物流优化进行产线物流仿真，客观地分析项目目标及达成期望，为投资项目提供有力的支持。

4. 构建数字化工艺仿真管理平台，建立健全工艺仿真数据库

规划及建设数字化工艺仿真管理平台，依据有效而清晰的实施方法论，进行工艺仿真的标准建立、数据传递、并行设计、报告发布等全流程贯通，确保工艺仿真的实施效果。从数据角度打造数字化工艺仿真数据库，包括工艺数据、工艺仿真、产品数模、工装设备库、产线物流等数据库，为工艺仿真工具的有效、大范围的导入提供数据支持。

基于以上项目目标制定项目实施各阶段清晰的里程碑节点、任务交付内容及推进问题点闭环，使项目推进过程始终处在有效控制之下，降低整个项目的风险，达到预期的目标。同时为确保数字化项目的实施及数字化工艺平台在其他公司的推广，需要针对性地提出具备可操作性的整体复制推广机制。着眼于未来的发展目标，制定集团的数字化工艺流程体系，并提出满足全球经营、制造的性能目标要求的基础架构建议，确保有效地支撑全球化工艺体系。

7.1.2 技术路线

达索对于制造业行业有成熟的总体解决方案，分别针对总装、工厂规划、物流仿真等各个方面，基于该公司已经提出的明确需求，通过具体功能展开进行梳理后进行匹配，推荐使用三维体验平台来解决该项目的工艺问题。

达索的三维体验平台是集成的、协同的数字化工艺平台，可以覆盖工艺规划、管理、工艺细节仿真、工时系统和布局系统；有企业工时系统、标准工艺库、标准资源库的支持。由于制造系统要承接来自 PLM 并与 ERP、MES 等系统接口，达索的产品具备对应的能力，以实现信息流的定制化流转，以实现从研发到制造全流程必要环节的介入。

三维体验工艺平台与现在的 3D 产品设计平台通过数据接口集成，是面向数字化 3D 工艺设计、仿真验证的平台。图 7-1 所示为该平台的一个主要系统架构

（图中的 DELMIA 属于达索数字化工厂产品线，目前已经包括在三维体验平台中）。三维体验平台具有如下优势或特点：

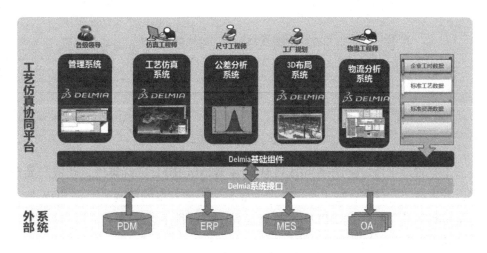

图 7-1　达索工艺平台系统架构

1）先进的资源仿真：在完成工艺设计之后，可以进行详细的资源仿真，包括人机功效分析、机器人仿真、机加仿真和 3D 工厂布局。

2）详细的仿真和调优：在完成资源仿真之后，可以进行工厂的物流分析，通过 3D 的物流场景建模和瓶颈分析，实现产线的物流布局、物流策略的调优。

3）公差和尺寸链分析：在资源仿真过程中，可以进行产品的装配尺寸链公差分析，通过基于装配过程的尺寸链分析，按照设定的公差、装配基准、装配顺序对影响产品质量的重要尺寸进行计算和根源性分析，并根据分析结果对整个方案进行优化。

4）便捷的交付物输出：可以实现机加代码的输出，以及机器人的离线编程。

基于以上系统架构和平台优势，针对该公司拟实现的项目内容，分别提出以下解决方案：IT 架构解决方案、可制造性分析仿真方案、工厂规划和物流解决方案、公差分析解决方案，并最终提出整体解决方案的优势。

1. IT 架构解决方案

三维体验平台的数字化制造解决方案针对当前的企业 IT 平台框架，为实现基于 3D 的数字化工艺设计、仿真验证平台，并结合当前的 IT 框架和业务现状，实现信息集成。图 7-2 所示为信息集成架构。

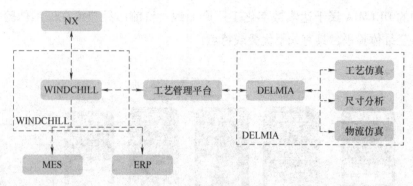

图7-2　信息集成架构

工艺管理平台与公司使用的 PLM 系统 WINDCHILL 进行集成，获取产品数据，并进行工艺设计；在工艺平台内完成整体工艺方案的编制后，将 BOM 信息传至三维体验平台中的 DELMIA 仿真工具中，进行工艺仿真、工厂布局仿真、物流仿真以及尺寸链分析。

在从工艺管理平台中获取到相关的 BOM 和模型信息后，将逐步完成各个层级的仿真任务，如图7-3所示。产品数据从 WINDCHILL 和 NX 中获取，工时信息在三维体验平台内定义或从 WINDCHILL 内零件的工艺数据中获取，结合资源信息（设备、工装和工具）部分从 WINDCHILL 系统内获取（工装），部分从设备管理系统内获取（三维设备模型通过三维体验平台导入或重建），从而获得比较全面的数字化仿真数据。

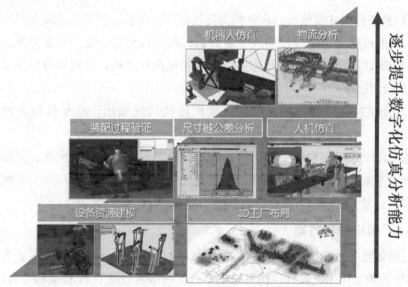

图7-3　数字化仿真能力层级建设

2. 可制造性分析仿真方案

在获取 BOM 和模型资源信息后，可以建立与真实生产系统对应的数字化工厂。数字化工厂建立之后，可以开展各个专业的可制造性分析。图 7-4 所示为真实系统与数字化工厂。

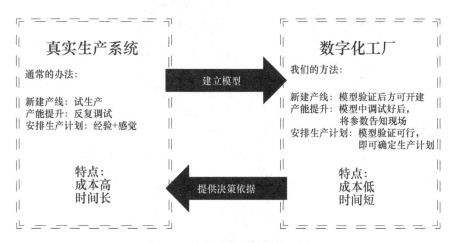

图 7-4　真实系统与数字化工厂

由前述工作完成数字化工厂基础数据导入后，可以逐步在三维体验平台中建立数字化工厂的模型，并以此模型进行各项布置和优化工作，用于提供决策信息给实际生产系统，以减少实际现场调试、优化时间。

具体来说，其工作内容包含以下几个方面：

1）资源布置和优化：用户使用 DPM Assembly 提供的 3D 工具可以方便地对装配生产线或工位进行 3D 布置和优化。

2）进行工艺过程的仿真和分析：使用 DPM Assembly 可以对装配过程进行仿真分析，与机器人和人机应用结合，可以实现机器人装配和工人装配的 3D 仿真验证。在仿真过程中可以动态地检查干涉。

3. 工厂规划和物流解决方案

根据该事业部的需求以及与技术人员的交流，结合具体的技术需求和三维体验平台多年来在制造行业的实施经验，可以归纳出该事业部工厂和物流的解决方案。图 7-5 所示为物流解决方案数字化仿真。

方案针对该事业部焊装的现有业务流程而设计，为规划部门建立协同、集成的 3D 工艺设计/仿真平台，并提供生产线三维布置、空中输送线空间分析、人机工程学仿真分析、工业机器人仿真分析、机械化输送系统仿真分析、基于产线的工艺方案验证等支持手段，能够提高规划部门的工厂设计准确度与效率。
具体来讲，3D 工艺设计/仿真平台具有以下特点：

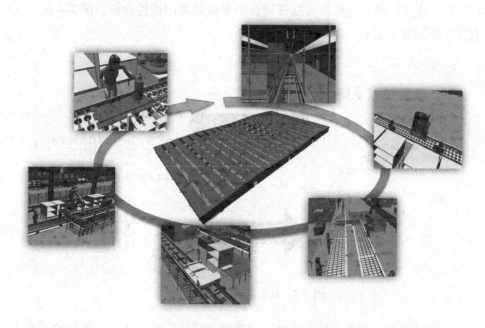

图 7-5 物流解决方案数字化仿真

1）提供集成的工艺设计平台，可以不再使用 AutoCAD、Excel 等软件进行
焊接工艺投图，避免了在不同软件之间进行切换造成的效率低下；事业部规划
人员在进行工厂规划时，只需一个集成的三维体验环境，所有的仿真与分析数
据、中间过程数据都可以在 PPR Hub 当中进行管理。图 7-6 所示为 PPR 树，
图 7-7 所示为工艺仿真平台功能对应。

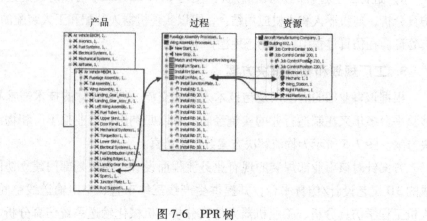

图 7-6 PPR 树

图 7-7　工艺仿真平台功能对应

2）提供多达 1500 + 的标准机器人库的支持，该事业部焊接工艺人员无须另外创建机器人模型，可以直接从库中进行调用；达索机器人焊接解决方案包括了 1000 + 的各种标准工业机器人，焊接工艺人员可以方便地调用其中的各种标准工业机器人的数学模型进行选择，从而快速完成产线的 3D 布局。机器人库中的机器人具有高级机器人控制器，可以模拟机器人的动作。

3）提供人员、自动化设备的仿真功能，确保方案设计的合理性。使用三维体验平台提供的便捷的人机和机器人任务仿真功能，可以根据前期工艺设计结果，快速生成 3D 场景，并可视化地仿真机器人动作，进行人和机器人协同工作的方案验证，同时机器人仿真完成后支持离线编程下载。图 7-8 所示为人机仿真，图 7-9 所示为机器人及设备仿真。

图 7-8　人机仿真

图 7-9　机器人及设备仿真

在进行人工方案验证时，可以仿真人员视野、工作高度、操作姿态舒适度等，验证工艺布局合理，保证人机工效学。

4）使用 3D 布局工具，确保工厂布局是经过仿真验证的可靠结果，提高布局方案的指导性。三维体验平台的 3D 布局工具是可视化的 3D 布局，同时是经过综合仿真验证后的 3D 布局，因而具有很高的准确性和现场指导性。图 7-10 所示为 3D 工厂布局仿真。

图 7-10　3D 工厂布局仿真

根据需求以及跟工艺人员的交流，结合具体的技术需求和达索多年来在制造行业的实施经验，归纳出物流规划解决方案，如图 7-11 所示。

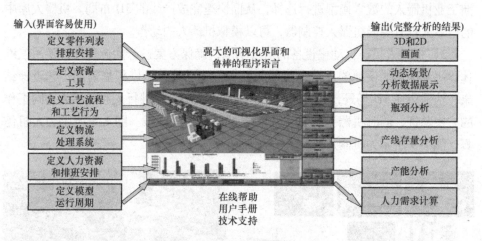

图 7-11　物流规划整体解决方案

该方案针对物流规划的现有业务流程而设计，为工艺部门建立快捷高效的物流仿真平台，该平台具有 3D 的物流分析模式，支持自动化的饼图、柱状图表的输出，可以分析产线瓶颈、产线存量及人力需求等。具体来讲，该方案具有以下特点：

1）具有强大的可视化界面，可以直观地查看特定场景下的物流过程。如图 7-12 所示为物流过程仿真。

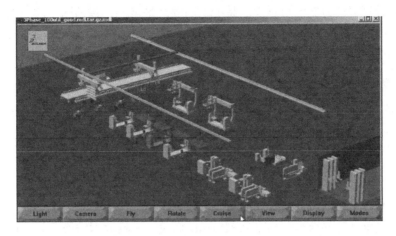

图 7-12　物流过程仿真

2）具有强大的分析能力，可以方便地输出产能、利用率、缓存占用率等信息。图 7-13 所示为物流仿真信息查看。

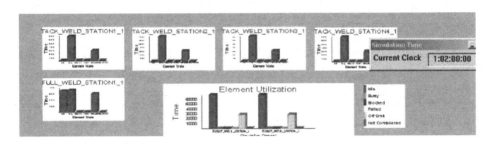

图 7-13　物流仿真信息查看

3）通过对物流的不同方案进行仿真实验并输出报表，提供决策依据。

线边物流仿真涉及的因素非常复杂，用户首先明确现有的物流方案，这包括主线每个工位所需的零件清单，每个零件的存储位置、输送方式，以及不同工位所需零部件的混搭配送方式。

通过在物流模型中对此方案进行验证，评估配送效率，评估是否会影响主线生产，评估物流路径的拥堵程度等，如果发现影响主线生产，我们将根据经验对配送方案进行调整，并到模型中重新验证，直至对物流方案完全满意。可以根据车间的不同返修率计算特定工位的工位节拍和 Buffer 容量。车间会有很多检查返修等质量问题，而且这是不可避免的。这些检修的工作可能会影响生产线的生产。需要在其中定量计算出检修最合理的生产节拍，可以满足正常生产的需要。

4）计算混产方案的可行性。装配车间混产是常态，包括同一产品的不同配置。可以在仿真中评估特定混产方案是否合理，即特定的混产比例是否影响整体的产量要求。

4. 整体解决方案带来的优势

三维体验平台针对该公司提出的总装、工厂和物流规划方案极大地提高了其工艺水平，并帮助该事业部建立起适合自己的企业资源和标准工艺设计流程。

结合以往在装配领域的成功案例和最佳实践，可以简单总结为：

1）具有大量真正制造业的成功应用案例。

2）三维体验平台可以与多种 3D CAD 集成，产品数据转换后就可以顺利地流转到工艺平台，提高设计/工艺协同的效率，也能提高供应商协同的效率。

3）在复杂的装配工艺中，通过快速生成 3D 工艺仿真场景，并进行工艺过程仿真，使工艺设计和工艺过程仿真协同进行，互相印证。

4）具有成熟的线平衡工具和知识库（资源库、工艺库等）模块，并在国内客户拥有良好的使用反馈。

结合以往在工厂和物流规划领域的成功案例和最佳实践，可以简单总结为：

1）拥有大量真实客户的成功案例。

2）工厂规划拥有多种工具（如三维布局、设备仿真、人机工程学分析工具等）支持复杂方案的规划设计。

3）拥有完全的、天然的 3D 物流仿真环境，而非 2D 的原始仿真界面。

4）具有强大的分析功能，并良好地集成 Excel 等数据表格。

5）支持模型的快速创建（无须编程），也支持高度的定制化模型创建（需要编程）。

7.1.3 项目收益

数字化制造的成功实施不是一蹴而就的，它是一个长期规划和分步实施的过程。但是数字化制造给制造企业带来的效益已得到广泛的认同。经过初步统计，在整体 PLM 系统架构下实施数字化制造解决方案，为该高科技制造业企业带来了以下整体效益（见图 7-14）。

该公司通过数字化制造解决方案的实施，整体提升了该事业部的工艺设计水平，从而实现了更好地管控生产质量，为该事业部产品研发的整体能力和整体竞争力水平的提升做出了贡献。

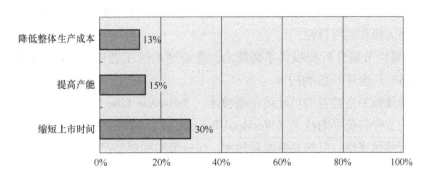

图 7-14　数字化制造实施的整体效益

7.1.4　核心技术与解决的问题

通过该项目的引入和实施，该公司在以下领域建立了 3D 数字化工厂手段和能力：

1）建立与产品设计集成的数字化工艺设计和验证环境，实现工艺的早期介入，减少后期设备调试和试生产过程中的工艺问题。

基于三维体验平台的数字化制造解决方案是与 3D CAD 产品进行集成，两者之间的数据格式通过转换可兼容，实现快速的数据流动，即三维体验平台可以直接使用 3D CAD 的产品数据进行工艺设计和仿真验证，如果工艺需要产品变更，也可以将仿真结果和产品变更的要求快速地传递给产品部门，提高效率。

2）建立无缝集成、基于 3D、协同的数字化工艺设计和仿真验证平台，实现协同环境下的工艺设计和实时仿真验证。

基于三维体验平台的数字化制造解决方案是一个集成 3D 数字化工艺设计、3D 数字化工艺仿真验证、3D 数字化物流仿真验证的协同 3D 数字化工艺平台。通过三维体验平台的实施可以实现实时的工艺仿真验证，即在工艺设计过程中可实时地对工艺方案进行仿真验证，以保证工艺方案的可行性，并可以实时地对多个工艺方案进行对比分析，以选择最佳工艺方案，并积累最佳工艺实践，形成自己的工艺知识库。

3）建立 3D 工艺仿真验证能力，保证工艺设计的可行性。

通过数字化制造解决方案的实施，该事业部可以建立以下 3D 工艺仿真验证能力：

1）3D 工人操作仿真验证，包括工人装配操作等的可达性分析、视野分析、舒适性分析、受力分析等，保证安全生产和生产质量。

2）3D机器人任务仿真验证，机器人可达性分析、多机器人联合仿真等，保证机器人操作的可行性。

3）建立节拍分析和线体平衡能力，在前期消除工艺瓶颈，提高资源（工人、设备、厂房等）的利用率。

三维体验平台独特的自动线平衡技术（Automatic Line Balancing）和直观方便使用的工作负荷平衡技术（Workload Balancing），保证工艺人员可以有效、快捷地进行线体平衡，以提高资源利用率，保证节拍和规划产能的达成。

4）建立3D物流仿真和优化能力。

3D物流仿真解决方案提供了强大的基于3D的生产系统的仿真能力，相较于传统的2D物流仿真手段，其更直观、更利于团队内部及与供应商的交流。

5）建立了标准工艺和工艺知识库，并为以后标准工艺和工艺知识库的丰富和完善打下基础。

三维体验平台独特的集成化架构能帮助建立和有效使用标准工艺库或工艺知识库。通过本项目的实施，该事业部初步建立了基本的标准工艺库或工艺知识库，并在此基础上可以持续完善并建立管理规范，以规范化后续丰富完善及使用标准工艺库或工艺知识库的工作。

7.2　智能建造案例

正如本章开头的阐述，数字化工厂的理念脱胎于传统制造业，但其应用却不止于此。在水电施工领域，数字化工厂的理念也得到了应用和扩展，我们可以将其称为"数字化建造"或者"数字化施工仿真"，是实现智能建造的基础。在这个领域中，达索三维体验平台的仿真技术也通过了实践的检验，并为企业创造了巨大的经济效益。在此章节，将以案例的方式来阐述在水电施工仿真领域的应用详情。

7.2.1　案例背景

某水电勘探设计研究院正在进行某水电站的设计开发工作，该水电站采用堤坝式开发，装机容量为数千兆瓦，属于大型工程。工程枢纽由砾石土心墙堆石坝、左岸溢洪道、左岸泄洪洞、左岸放空洞和右岸地下厂房式引水发电系统等建筑物组成。其中砾石土心墙堆石坝最大坝高达300多米，是我国乃至世界上的高坝之一。

在此项目中，该设计院计划引入数字化施工仿真的技术，希望达索的数字化工厂解决方案可以将在传统制造业中的数字化工艺规划、工艺仿真和离散事件仿真技术应用到水电施工领域中，并为该设计院解决施工组织优化、施工方案验证等实际问题。具体来讲，希望此次项目可以为该设计院进行如下层面的验证：

1）进行施工的设计方案预演，找到施工组织的瓶颈，通过瓶颈优化找到特定限制条件下最优的施工方案。将方案以可视化的方式进行演示，仿真过程中实时看到资源配置情况（报表或者曲线图的形式）、大坝浇筑状态等。

2）希望通过离散事件仿真技术，根据已有物料运输方案和大坝填筑过程施工方案，对大坝特定高程以下填筑物料运输进行虚拟仿真，从而来验证运输机具配置和道路等级预设的合理性；对大坝填筑过程施工方案进行虚拟仿真，从而来验证坝面施工机具配置以及物料运输能力和坝面施工能力的平衡度。

3）通过仿真模拟来优化原有的物料运输方案和大坝填筑过程的施工方案。

这个项目是达索数字化工厂 DELMIA 产品线（目前 DELMIA 产品线已经包括在三维体验平台中）在水电施工仿真领域的第一次应用，可能会碰到通常项目中不会出现的一些问题和困难。因此，该设计院和达索系统紧密合作，在项目开始之前就进行了充分的技术测试，其中主要的风险点如下：

1）水电行业模型体量较大，以该项目为例，施工单元拆分上万级，对工作量、软件计算量以及硬件条件也提出更高的要求。

2）由于该水电站是采用高土石坝的坝型，具有工艺相对复杂、物料平衡较混凝土坝更为突出的特点，因此建模的复杂度相对于一般的流水线作业模式更高。

7.2.2　技术路线

数字化工厂所依托的数字化制造技术，不仅在制造业中应用广泛，也在大型土建施工的规划和仿真中得到了应用，并体现了巨大的价值。大型土建施工中，水电工程施工又是其中最具代表性的一个范畴。水电工程施工涉及的工艺类型有爆破工程、土方开挖、土方运输、混凝土工程施工、灌浆工程施工、导流截流、地下工程开挖等；它涉及的工程机械有摊铺机械、自卸汽车、凸振碾、挖掘机、混凝土浇灌设备等。

从数字化工厂的角度出发（当然对于水电工程施工的"工场"来说，将其称为数字化工场可能更为合适），水电工程施工的要素是：

1）施工单元：单元工程是水利水电上的基本单位，相对于建筑工程上的分项工程，它是可由几个工序（或工种）施工完成的最小综合体，是日常质量考核的基本单位。

2）施工工艺：施工工艺是水利水电上某个施工单元的施工方法，比如摊铺、碾压、检测等。

3）施工资源：施工资源是水电施工所需的车辆、设备等，比如自卸汽车、凸振碾、挖掘机等。

这三大要素与 DELMIA 中的 PPR 数据模型是高度匹配的：Product→施工单元，Process→施工工艺，Resource→施工资源（见图7-15）。

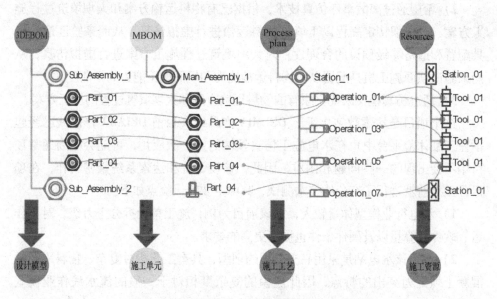

图7-15　施工要素与 PPR 数据模型的对应关系

从宏观角度来看，三维体验平台自身的工艺规划工艺仿真和离散事件仿真模块，与解决水电工程仿真所需要的坝面施工工艺模拟、物料供应、机械配置、交通设置等均有相应的交集。

由此一来，施工单位完全可以按照制造业数字化工厂的理念去模拟水电施工的过程。这种模拟可以称之为水电工程施工仿真，它是对水电工程的开挖、填筑（浇筑）、运输等复杂施工过程建立数学模型，借助计算机的高速运算、大容量存储、图形图像直观显示等特性以及算法进行数字模拟，研究系统参数的变化对系统结果的影响，相关数据可以为合理决策提供支持。

水电施工仿真可以为施工单位和业主带来巨大的效益。

首先，设计院和施工单位在编制施工组织计划的过程中，需要考虑施工导流、交通运输、水文/气象条件、土石方供应计划以及资源需求等方面的因素，这些因素都会制约施工任务的开展，并在某种程度上影响施工计划的可行性。而施工仿真技术可以帮设计院或者施工单位在虚拟环境中去验证这些制约因素在哪些环节起作用，起到多大的作用，并帮助施工单位采取相应措施去应对这些制约因素。

其次，设计院和施工单位所编制的施工组织计划往往不能全面地考虑施工现场碰到的各种意外状况，比如，挖掘机的开发空间不够，或者某个涵洞对于45T 的自卸汽车通过性不够等情况。而施工仿真技术则可以对这些工况进行仿真，确保涵洞的设计和开发空间预留充足，确保施工计划如期进行。

再次，业主对于施工周期的优化有强烈的需求。因为提前竣工、提前发电，对业主来说意味着非常现实的经济回报，而施工仿真技术可以帮助用户对多个施工计划进行比选和择优，现实世界中，施工单位只能在一个地方建造一个水坝，并且只能建造一次。而在三维体验平台的虚拟环境中，则可以按照不同的方案建造同一个水坝，并对多次建造的方案进行迭代优化。

在水电施工项目中，施工交通是制约项目进度的一大因素。通常来讲，施工交通包含的对象有，整个施工场地的公路系统、在公路上运行的自卸汽车，以及施工现场的各种涵洞、桥梁。图 7-16 所示为水电施工交通系统示意图。

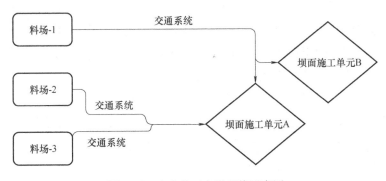

图 7-16　水电施工交通系统示意图

施工交通相关参数较多，具体来讲，施工交通的目的是把料场的土石方运送到相关坝面施工单元上，让坝面的施工机械完成摊铺、碾压、检验等工作。图 7-16 中，料场-1、料场-2 和料场-3 都会有土石方采出，并通过在交通系统中运行的自卸汽车将土石方运送到坝面施工单元上。在这个交通系统中，料场-2 和料场-3 会共用公路，料场-1 则是完全单独的道路系统。

施工现场的公路需要事前进行分级，并按照不同的公路等级修建。公路等级高的路段可能需要修建更多的车道，同时自卸汽车在不同等级的公路上行驶时，其最高限速也是不同的。在如上的案例中，由于料场-2和料场-3共用某些路段，在其上行驶的自卸汽车数量必然要比其他部分路段更加密集，因此，其公路等级也需要更高。

交通系统中，并非只用公路这样一种规格的道路，还有涵洞和桥梁。在某些桥梁中，并不允许多辆满载的自卸汽车同时上桥，但允许两辆空驶的自卸汽车上桥。这些规则，都对道路系统的通过能力产生了制约和影响。

此外，料场-1、料场-2、料场-3在项目中的启用时间可能并不相同。有可能在大坝填筑的早期，料场-2并没有启用，而料场-3是全程启用的，这就会导致某些公路的路段需要在项目的后期阶段进行等级规格的提升，以确保不会出现道路拥堵。与此同时，虽然三个料场都负责向同一个施工单元输送土石方，但三个料场配送的比例和频次是不同的，而这种比例也会随着施工进度的变化而进行调整。

最后，在具体的施工安排中，既有可能多个料场负责同一个施工单元的土石方运输，也有同一个料场向多个施工单元运输物料的情况。如上图中料场-1既负责坝面施工单元A的土石方运输，也负责坝面施工单元B的土石方运输。

以上内容，都跟道路系统相关，然而交通系统并非单指道路系统，运输土石方的自卸汽车也有不同的规格。比如，可能有高吨位的自卸汽车和低吨位的自卸汽车共存，并以不同比例出现在道路系统中。这些不同的自卸汽车在不同等级的公路，以及不同的桥梁和涵洞中都有不同的行车速度、不同的停车距离以及不同的加速度和刹车速度。

交通系统影响的主要是土石方的运输计划，该计划直接影响了坝面上的作业原料充足与否。而坝面上的作业过程也非常复杂。运送到坝面上的土石方需要经过卸料、摊铺、碾压、检验等工序才能完成填筑的工作，这些工作也是需要相关的施工机械来完成的，比如推土机、自行式凸块振动碾、自行式振动平碾等。而这些施工机械也有不同的规格，比如自行式振动平碾就分为18吨和26吨两种规格。

就摊铺工序来说，它的首要条件是要有及时的土石方运送到坝面上来，足够的土石方量是摊铺工序开展的基础。除此之外，此工序还需要推土机进行土石方的摊铺工作，推土机的数量、行进速度、摊铺单元的长宽规格，以及铺料厚度，都是摊铺效率的影响因子。

摊铺工序完成之后，需要对摊铺的土石方进行碾压，在具体的施工过程中，可能需要针对同一个施工单元进行2遍静碾和6遍振碾，而且静碾和振碾的行车速度也受施工要求的严格约束。如果一个施工单元是严格的长方形，并且宽度是碾压设备的整数倍，则它的施工时间可以非常快速地计算出来。如果施工单元并非规整的形状，可能需要针对某些部位进行多次重复碾压，以确保满足施工要求，此时的施工时间就需要一定的经验系数来计算得出。

整个大坝的施工过程除了受到各类工程机械规格以及数量方面的制约之外，还会受到水文条件、气象条件以及地质条件的制约。具体到对施工计划的影响，就是对施工日历排布的制约，比如雨雪天气会对道路系统产生重大影响，根据以往的历史气象条件，可以将冬季的施工天数缩减为正常施工天数的一半，并以此驱动整个大坝施工计划的演进速度。

根据以上的仿真条件，项目组建立了完整的水电施工模型，包含了周边道路系统模型，以及坝面施工模型，对整个大坝进行了完整周期的施工推演，分析了整个施工计划可能出现的瓶颈，并针对性地提出了改善建议。

比如，在针对某段公路系统的分析中，项目组根据建立的仿真模型进行了往来车辆的统计，如图 7-17 所示。

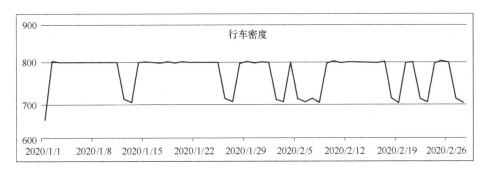

图 7-17　行车密度示意图

根据此行车密度示意图，可以得知，按照坝面上的输送要求，它的日均行车数量大概在 800 左右，可以据此信息将该段公路定级，并按此规格修建这条公路，基本满足运输的要求。

再比如，在针对施工强度的分析中，坝面上各个区域的施工是各有各的物料运输计划，各有各的施工机械，并不会混用；但大坝施工要求上下游的施工区域进度要低于中间区域的施工进度，这样才不会导致中间低洼积水。在此要求下，项目组又输出了各区域的施工高程的生长曲线，如图 7-18 所示。

由图 7-18 可知，曲线 1 代表的中间区域施工高程的进展明显高于周边区域，此时可能导致施工强度的不均匀，必须进行调整，在多次迭代之后，项目组调整了中间区域的碾压机械规格，重新运行模型后，得出图 7-19 所示的结果。

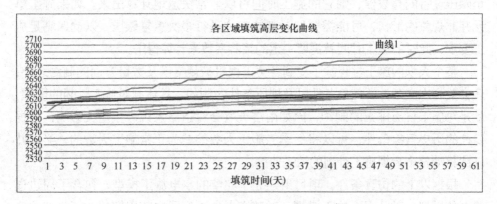

图 7-18　各区域填筑高层变化曲线

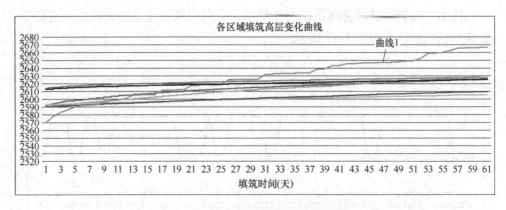

图 7-19　调整后的填筑高层变化曲线

由图 7-19 可知，各个不同区域的施工进度趋于平稳的齐头并进的态势，可知各区域施工强度基本平衡，符合大坝施工的基本要求。

7.2.3　项目收益

此项目为达索数字化工厂解决方案在大土建施工领域的第一次应用，设计院和达索系统均在此项目中投入了大量的资源，并为此进行了广泛的技术探索，以求数字化施工仿真技术在此细分行业中的落地生根。

本项目由设计院提供项目施工技术，由达索提供仿真技术，共同探讨数字化工厂仿真技术在水电行业施工过程中的应用。经过项目初步确定三维体验平台仿真技术在水电行业的适用性，形成了整套水电行业施工仿真技术流程，为其他水电施工项目采用三维体验平台虚拟仿真奠定了技术基础。

参 考 文 献

［1］张浩，樊留群，马玉敏. 数字化工厂技术与应用［M］. 北京：机械工业出版社，2006.

［2］周济，李培根，周艳红，等. 走向新一代智能制造［J］. Engineering，2018，4（01）：28-47.

［3］"新一代人工智能引领下的智能制造研究"课题组，周济. 中国智能制造的发展路径［J］. 中国经济报告，2019（02）：36-43.

［4］德国工业 4.0 工作组. 把握德国制造业的未来——实施"工业 4.0"攻略的建议. 德国联邦教育研究部，2013.

［5］陈炳森，张曙. 生产系统学［M］. 上海：同济大学出版社，1992.

［6］郑大钟，赵千川. 离散事件动态系统［M］. 北京：清华大学出版社，2001.

［7］夏丽华. UML 建模、设计与分析：从新手到高手［M］. 北京：清华大学出版社，2019.

［8］谭火彬. UML 2 面向对象分析与设计［M］. 北京：清华大学出版社，2019.

［9］雷万云，姚峻. 工业 4.0：概念、技术及演进案例［M］. 北京：清华大学出版社，2019.

［10］朱少民. 软件工程导论［M］. 北京：清华大学出版社，2009.

［11］程国全，等. 物流系统规划概论［M］. 北京：清华大学出版社，2018.

［12］The Industrial Internet Reference Architecture v 1.9｜Industrial Internet Consortium https：//www.iiconsortium.org/IIRA.htm.

［13］JAMES A TOMPKINS，JOHN A WHITE，YAVUZ A BOZER，et al. 设施规划［M］. 伊俊敏，袁海波，等译. 北京：机械工业出版社，2007.

［14］马汉武. 设施规划与物流系统设计［M］. 北京：高等教育出版社，2005.

［15］季金花. 制造企业工厂布局规划中数字化工厂技术的研究与应用［D］. 上海：同济大学，2010.

［16］G BERIO，F B VERNADAT. New developments in enterprise modelling using CIMOSA［J］. Computers in Industry，1999，40（2-3）：99-114.

［17］T WILLIAMS. The Purdue Enterprise Reference Architecture［J］. Computers in Industry，1994，24（2-3）：141-158.

［18］TIAN C，YI J，DE R，et al. Contemporary Integrated Manufacturing System Based on Three-layer Structure in Process Industry［J］. Basic Automation，2002.

［19］GREEFHORST D，PROPER E. Architecture Principles：The Cornerstones of Enterprise Architecture［M］. Springer，2011.

［20］WEN X，XU X，WANG G，et al. An extended GRAI model for enterprise process diagnosis［J］. International Journal of Computer Integrated Manufacturing，2007，20（2-3）：189-198.

［21］QING L I，QIANLIN T，YAOTANG C，et al. Smart manufacturing standardization：reference model and standards framework［J］. Computer Integrated Manufacturing Systems，2018.

[22] 刘亮. 复杂系统仿真的 Anylogic 实践 [M]. 北京：清华大学出版社，2019.

[23] 万珊. 工厂规划中工厂数字模型的研究与应用 [D]. 上海：同济大学，2011.

[24] 宋翘伊. 基于 Plant Simulation 的数字化车间柔性生产线的仿真与优化 [D]. 上海：同济大学，2016.

[25] 杜余刚. 虚拟制造技术在汽车冲压生产线上的设计研究 [D]. 上海：同济大学，2007.

[26] 孙威，张浩，朱志浩，等. 数字化工厂技术在生产线规划中的应用 [J]. 计算机辅助工程，2005，14（3）：44-46.

[27] 曹方莹. 数字化工厂中工厂规划方法的研究与应用 [D]. 上海：同济大学，2011.

[28] 孙威蔚. 工厂规划和运行维护过程中数字化工厂技术的研究和应用 [D]. 上海：同济大学，2013.

[29] 艾顺利. 数字化工厂中工厂规划协同平台的研究与应用 [D]. 上海：同济大学，2012.

[30] 蔡春明. 基于 BIM 的工厂规划信息管理系统的设计与开发 [D]. 上海：同济大学，2015.